多语言电子商务系统研究

孟祥和　徐　涛　主　编
万福成　马　伟　副主编

電子工業出版社
Publishing House of Electronics Industry
北京 • BEIJING

内容简介

本书系统地介绍了多语言电子商务系统的基本概况及所涉及的关键技术，得到了国家科技支撑计划项目和中央高校基本科研业务费专项资金项目的资助。本书主要围绕目前多语言电子商务平台，详细介绍了平台所应用到的各类关键技术。全书分为 3 个部分，共 13 章。第一部分为引言，主要介绍了电子商务系统的产生、发展以及应用等相关内容；第二部分为民族特色农产品多语言网络交易系统，主要介绍特色农产品电商平台的展示、交易、物流以及用户管理等相关功能；第三部分为多语言电子商务系统信息检索及数据挖掘相关技术，主要介绍了特色农产品电商平台的搜索引擎、跨语言检索以及数据挖掘等相关技术。

本书适合作为电子商务系统研发人员及从业人员的参考用书。

图书在版编目（CIP）数据

多语言电子商务系统研究 / 孟祥和，徐涛主编. —北京：电子工业出版社，2019.9

ISBN 978-7-121-37376-3

Ⅰ. ①多…　Ⅱ. ①孟…　②徐…　Ⅲ. ①电子商务—研究　Ⅳ. ①F713.36

中国版本图书馆 CIP 数据核字（2019）第 191798 号

策划编辑：张正梅
责任编辑：张正梅　　　特约编辑：余敬春 等
印　　刷：三河市华成印务有限公司
装　　订：三河市华成印务有限公司
出版发行：电子工业出版社
　　　　　北京市海淀区万寿路 173 信箱　邮编：100036
开　　本：720×1 000　1/16　印张：18.75　字数：245 千字
版　　次：2019 年 9 月第 1 版
印　　次：2019 年 9 月第 1 次印刷
定　　价：89.00 元

凡所购买电子工业出版社图书有缺损问题，请向购买书店调换。若书店售缺，请与本社发行部联系，联系及邮购电话：（010）88254888，88258888。

质量投诉请发邮件至 zlts@phei.com.cn，盗版侵权举报请发邮件至 dbqq@phei.com.cn。

本书咨询联系方式：（010）88254757。

前　言

多语言电子商务平台是通过多种语言（民族语）为用户提供商品交易服务的综合平台。可以满足不同语言的用户在同一网络平台下，发布和浏览所需语言的商品信息，同时将整个交易流程实现多语言化。我国是一个拥有多个民族的国家，语言也具有多样化，如藏语、蒙古语、维吾尔语等。随着互联网的普及，国家对民族地区经济发展的支持，通过电子商务来发展民族地区经济是一个较好方向。作者团队所开发的电子商务平台是以汉语为中心，同时实现了藏语、蒙古语、维吾尔语等多种语言的产品展示。

为了帮助多语言电子商务系统的研发人员和从业人员以及该领域的培训机构全面、系统地了解多语言电子商务系统相关知识，我们团队组织经验丰富的研发人员编写了本书，详细分析了电子商务系统的各个模块、运用到的关键技术以及基于用户数据的智能化分析技术。

本书分为三部分，共 10 章，内容涵盖了多语言电子商务系统简介、民族特色农产品多语言网络交易系统介绍、多语言电子商务系统信息检索及数据挖掘相关技术开发等，并结合实用的案例来解释理论知识，内容翔实、条理清晰、语言流畅、图文并茂，便于读者掌握和研读。

本书的主要特色如下：

（1）本书以民族特色农产品电子商务交易平台为案例，结合主流的电子商务交易平台详细阐述了多语言电子商务系统的各个模块、关键技术、基于用户数据的智能化分析等。

（2）本书按照循序渐进的学习规律来编排章节，首先为读者总体介绍电子商务平台、然后介绍电子商务系统的各个模块，最后探讨电子商务平台运用的核心关键技术及基于数据的智能化分析。

（3）本书注重技术分析流程，详细介绍了每个核心技术的实现流程，对于初学者也能够理解相关技术的实现过程。

本书的主编为孟祥和、徐涛，副主编为万福成、马伟，孟祥和对全书进行了策划和统稿，并负责编写第 1 章和第 11～13 章，徐涛负责编写第 2～5 章，万福成负责编写第 6～8 章，马伟负责编写第 9、10 章。

本书是作者在总结项目开发和实验教学经验的基础上编写而成的，编者在探索教材建设方面做了许多努力，也对书稿进行了多次审校，但由于编写时间及个人水平有限，本书难免存在一些疏漏和不足，希望同行专家和读者给予批评和指正。

作者

2019.4

目　录

第一部分　引　言

第三部分 多语言电子商务系统信息检索及数据挖掘相关技术

1

第一部分

引　言

第 1 章

多语言电子商务系统概述

多语言电子商务系统，顾名思义就是以多种语言为用户提供商品网络交易服务的综合平台。使不同语言用户在同一网络平台下，发布和浏览多种语言的商品信息，同时可以提供多语言的交易流程，从而达到网络交易商品的目标。“商务”解决做什么的问题，而“电子”则解决怎么做的问题。我国拥有多个民族，语言也具有多样化，如藏语、蒙古语、维吾尔语等。随着互联网的普及，经济的全球化进程，国家对少数民族的支持，想要在电子商务领域取得成功，建立多语言的电子商务系统将是一个必然的趋势。

第一节　电子商务的产生与发展历程

一、电子商务的产生

电子商务最早产生于 20 世纪 60 年代，在 90 年代迅速发展。早在 1844 年美国人莫尔斯发明了电报之后，人们就开始用电报传递信息，随着科技的发展，人们还通过电话、传真来传递信息。这些都是电子商务的开端。1991 年，互联网向公众开放之后，电子商务开始迅速发展。

在 20 世纪 60～90 年代是基于 EDI 的电子商务。电子数据交换（Electronic

Data Interchange，EDI）是一种在公司之间传输订单、发票等商业文件的电子化手段。有了 EDI 技术可以实现部门与部门之间、公司与公司之间的数据交换与处理。由于使用 EDI 可以减少甚至消除贸易过程中的纸面文件，因此 EDI 又被人们称为“无纸贸易”。从技术上讲，EDI 包括硬件与软件两大部分。硬件主要是计算机网络，软件包括计算机软件和 EDI 标准。从硬件方面讲，20 世纪 90 年代之前的大多数 EDI 都不通过 Internet，而是通过租用的电脑线在专用网络上实现的，这类专用的网络称为增值网（Value-Added Network，VAN），这样做的目的主要是考虑安全问题。但随着 Internet 安全性的日益提高，作为一个费用更低、覆盖面更广、服务更好的系统，它已表现出替代 VAN 而成为 EDI 的硬件载体的趋势，因此有人把通过 Internet 实现的 EDI 直接叫作 Internet EDI。从软件方面看，EDI 所需要的软件主要是将用户数据库系统中的信息，翻译成 EDI 的标准格式以供传输交换。由于不同行业的企业是根据自己的业务特点来规定数据库的信息格式的，因此，当需要发送 EDI 文件时，从企业专有数据库中提取的信息，必须翻译成 EDI 的标准格式才能进行传输，这时就需要借助相关的 EDI 软件来帮忙。

在 20 世纪 90 年代后是基于互联网的电子商务。互联网对电子商务的推动主要表现在两个方面：一方面，网络建设和应用的技术门槛和成本大幅度降低，消费者得以进入网络世界；另一方面，网络不仅改变了个人的工作方式和生活方式，更改变了个人的消费方式，消费者的需求大大促进了电子商务的发展。

基于 Internet 的电子商务比基于 EDI 的电子商务具有以下一些明显的优势。

（1）费用低廉：由于互联网是国际的开放性网络，使用费用很便宜，一般来说，其费用不到 VAN 的 1/4，这一优势使得许多企业尤其是中小企业对其非常感兴趣；

（2）覆盖面广：互联网几乎遍及全球的各个角落，用户通过普通电话线就可以方便地与贸易伙伴传递商业信息和文件；

（3）功能更全面：互联网可以全面支持不同类型的用户实现不同层次的商务目标，如发布电子商情、在线洽谈、建立虚拟商场或网上银行等；

（4）使用更灵活：基于互联网的电子商务可以不受特殊数据交换协议的限制，任何商业文件或单证都可以直接通过填写与现行的纸面单证格式一致的屏幕单证来完成，不需要再进行翻译，任何人都能看懂或直接使用。

二、电子商务的发展现状

我国电子商务发展正在进入密集创新和快速扩张的新阶段，日益成为拉动我国消费需求、促进传统产业升级、发展现代服务业的重要引擎。以下对 2018 年电子商务发展现状进行分析。

我国电子商务发展虽然很快，但在社会群体中，发展迅速的群体与发展缓慢的群体比例非常不平衡。占比比较大的群体包括大学生以及办公室工作人员，占比比较小的是中小学生和农村外出务工人员。同时这也说明电子商务发展的路太窄，忽略了城市郊区尤其是农村地区的发展。我国农村人口众多，若能充分开发农村市场让农民熟悉和使用互联网，加快农村互联网建设将大大地促进我国电子商务的发展，更重要的是保障了整个社会电子商务发展比例的平衡。《2017—2022 年中国电子商务服务行业发展前景分析及发展策略研究报告》表明，就世界范围来看，近年来全球经济增长的不稳定因素越来越多，大危机爆发的可能性越来越大，经济下行压力较大，但是随着互联网技术的不断发展，电子商务的异军突起，给世界和地区经济的发展创造了一个重要的机遇。

最近几年世界主要国家和地区的电子商务无论在规模上还是在数量上都实现了高速发展的基本态势。例如美国的电子商务发展，无论是从专业化程度还是电子商务相关产业开发方面都在世界范围内代表着先进水平。我国电子商务起步较晚，但是庞大的消费群体和成熟的互联网技术正在成为我国电子商务爆发式增长的强劲动力。据工业和信息化部统计数据显示，截至 2018 年 6 月，我国网民规模已经突破 8.02 亿人，相比 2017 年增长了 3000 万人。短短一年内竟有如此神速的增长，这充分说明互联网对人们生产生活的影响正在逐步深化并呈现加速态势。而且移动互联网的使用者已经达到 7.88 亿人，移动互联网的出现和普及更是给电子商务的发展插上了一双强大的翅膀。2017 年全国电子商务交易额达 29.16 万亿元，同比增长 11.7%。巨大的市场发展前景吸引了大批投资纷纷转向电子商务领域，同时电子商务网站之间的竞争也越来越激烈。如淘宝、京东、天猫、1 号店、唯品会等专业程度更高的电子商务网站在争夺消费者方面都拿出了自己的看家本领。

在电子商务产生之初，曾经有业内人士坦言，影响电子商务发展的三大不利因素为信用、支付以及物流。随着支付宝、财付通等第三方支付平台的建立和不断完善，目前影响电商发展的支付问题基本上得到解决。但是物流成本又成为影响电商发展的一个重要因素。物流成本高给电商的发展造成不利影响。而且物流服务质量不高也是造成电商发展受阻的一个重大原因，物流时间长，而且在运输过程中规范性和高效性不足。一些商品在经过物流到达买家手中之后经常出现破损现象。同时也正是这些时间长、质量差的特点使得一些本该进入电商流通领域的生鲜农产品迟迟迈不出自己的脚步。在制度层面，之前我国电子商务发展所面临的主要制约因素是信用、支付以及物流。另外，电子商务的信用问题也成为进一步影响电商持续发展的一个重大问题。虽然政府部门频频出台政策为完善这一问题创造了良好的环境，但是在这些问题上又会产生新的问题。当前，以淘宝网为例，制定了严格的信用管理机制。消费者在购物过程中可以对电商的信用随时进行监督和管理，这有效解决了电商发展过程中信用问题没人管的现象，为电子商务的发展打下了坚实的基础。

当前我国企业已经开始意识到电子商务蕴藏的巨大市场潜力，但是企业在长期的传统市场开发与维护中已经形成思维定式，企业内部的部门也是围绕着传统的市场开发策略而设置的，面对突如其来的电子商务时代不能在最短的时间内适应。有的企业虽然建立了自己的电商平台，但是对于营销、推广、资源整合等多方面工作一头雾水，浪费了大量的成本，付出了不小的代价。因此，有的企业借助第三方电商平台开始为自己的产品寻找新的营销渠道，但是第三方平台电子商务内部信息管理也存在着很大的机制缺陷，电子商务与企业内部资源规划还是应当由企业通过更加深入的工作来完成，需要内部部门适应这种新的营销渠道。目前这些方面还存在一些不足，例如销售部门得到的消费者订单，物流配送部门和售后部门不能及时跟进，反应速度慢，造成消费者时间成本增加。再例如营销推广，没有根据电子商务环境的特点进行很好的整合。因此，在这些不利因素的影响下一些企业的电子商务系统虽然建立起来，但是在内部资源整合方面还有很长的一段路程要走。

从电子商务发展的现状来看，我国电子商务像一个新生命，正在经历着茁壮成长的关键阶段。这一时期同时也存在一些问题，例如网络技术不足导致的安全漏洞对于交易安全和个人信息保护造成的重大威胁；网购中商家和买家诚信意识不足导致的市场秩序混乱；物流服务质量与电子商务发展速度不同步等现象都是一些亟待解决的问题。

目前经济全球化与网络化已成为一种潮流，世界各国都在关注这一商务发展的大趋势。电子商务是在开放网络环境下，基于客户端/服务器端应用方式，实现消费者的网上购物、商家之间的网上交易和在线电子支付的一种新型的商业运营模式。电子商务以其相对低廉的成本、简化的贸易流程、超越时空限制的经营方式和预期的巨大利润，吸引着众多厂商。

三、电子商务的定义

迄今为止对电子商务还没有一个权威的定义。我们所见到的大都是人们从不同角度出发，对电子商务形成的不同认识。本书总结为：电子商务是指利用现有的计算机硬件设备、软件和网络基础设施，通过一定的协议连接起来的电子网络环境进行各种各样商务活动的方式。通俗地说，电子商务就是利用国际互联网进行商务活动的一种方式。

（1）广义的电子商务：指企业利用 Web 进行的全部商务活动，包括电子交易、客户管理、物资调配、企业内部商务活动（如生产、管理、财务等）和企业间的商务活动，是企业利用电子手段实现各种商务活动及其运作管理的整个过程。

（2）狭义的电子商务：也称为电子交易，主要是指利用 Web 提供的通信手段在网上进行的交易活动，包括通过互联网买卖产品和提供服务。在因特网开放的网络环境下，基于浏览器或服务器应用方式，实现消费者的网上购物，消费者与商户之间的网上交易和在线电子支付，是一种新型的商业运营模式。

电子商务是因特网爆炸式发展的直接产物，是网络技术应用的全新发展方向。因特网本身所具有的开放性、全球性、低成本、高效率的特点，也成为电子商务的内在特征，并提升了电子商务作为一种新的贸易形式所具有的价值，它不仅会改变企业本身的生产、经营、管理活动，而且将影响到整个社会的经济运行与结构。总之，电子商务形成了新的生产力，必将成为 21 世纪主流商务模式和国民经济增长的“发动机”， 将对社会经济发展产生深远影响。

电子商务系统是指企业在互联网或其他网络上，以实现企业电子商务活动为目标，进行产品和服务的电子化交易所涉及的计算机系统。

第二节　电子商务的特点及功能

一、电子商务的特点

电子商务在全球各地通过计算机网络进行并完成各种商务综合服务活动。在一个不太长的时间内，电子商务已经改变了人们长期以来习以为常的各种传统贸易活动的内容和形式。与传统商务形式相比，电子商务表现出以下几个特点：

（1）市场全球化。凡是能够上网的人，无论是在南非还是在北美上网，都将被包容在一个市场中，成为上网企业的可能客户。

（2）交易的快捷化。电子商务能在世界各地瞬间完成传递与计算机自动处理，而且无须人员干预，加快了交易速度。

（3）交易虚拟化。通过以互联网为代表的计算机互联网络进行的贸易，双方从开始洽谈、签约到订货、支付等，无须当面进行，均通过计算机互联网络完成，整个交易完全虚拟化。

（4）成本低廉化。由于通过网络进行商务活动，信息成本低，足不出户，可节省交通费，且减少了中介费用，因此整个活动成本大大降低。

（5）交易透明化。电子商务中双方的洽谈、签约，以及货款的支付、交货通知等整个交易过程都在电子屏幕上显示，比较透明。

（6）交易标准化。电子商务的操作要求按统一的标准进行。

（7）交易连续化。国际互联网的网页，可以实现 24 小时的服务。任何人都可以在任何时候向网上企业查询信息，寻找问题的答案。企业的网址成为永久性的地址，为全球的用户提供不间断的信息源。

二、电子商务的功能

电子商务可提供网上交易和管理等商务活动全过程的服务。因此，它具有企业业务组织、信息发布与广告宣传、咨询洽谈、网上订购、网上支付、网上金融与电子账户、信息服务传递、意见征询和调查统计、交易管理等各项功能。

（一）企业业务组织

电子商务是一种基于信息的商业进程，在这一进程中，企业内外的大量业务被重组，使整个企业更有效地运作。企业对外通过 Internet 加强了与合作伙伴之间的联系，打开了面向客户的窗口；对内则通过 Intranet 提高业务管理的集成化和自动化水平，以实现高效、快速和方便的业务活动流程。

（二）信息发布与广告宣传

电子商务可凭借企业的 Web 服务器来发布 Web 站点，在 Internet 上发布各类商业信息和企业信息，以供客户浏览。客户可借助网上的搜索引擎工具迅速地找到所需商品信息，商家则可利用网上主页和电子邮件在全球范围内做广告宣传。与以往的各类广告相比，网上的广告成本最为低廉，宣传范围覆盖全球，同时能给顾客提供最为丰富的信息。

（三）咨询洽谈

在电子商务活动中，顾客可以借助非实时的电子邮件（E-mail）、新闻组（News Group）和实时的论坛（BBS）来了解市场和商品信息，洽谈交易事务，如有进一步的需求，还可用网上的交互平台来交流即时的图文信息。网上的咨询和洽谈能超越人们面对面洽谈的限制，提供多种方便的异地交谈形式，甚至可以在网络中传输实时的图片和视频片段，产生如同面对面交谈的感觉。

（四）网上订购

网上订购通常都是在产品介绍的页面上完成的，它提供了十分友好的订购提示信息和订购单。当客户填完订购单后，系统会通过发送电子邮件或其他方式通知客户确认订购信息。通常，订购信息会采用加密的方式传递和保存，以保证客户和商家的商业信息不会泄露。

（五）网上支付

对于一个完整的电子商务过程，网上支付是不可缺少的一个重要环节。客户和商家之间可采用电子货币、电子支票、信用卡等系统来实现支付，网上支付比起传统的支付手段更为高效和方便，可节省交易过程中许多人员的开销。不过，由于网上支付涉及机密的商业信息，所以，需要更为可靠的信息传输安全性控制以防止欺骗、窃听、冒用等非法行为出现。

（六）网上金融与电子账户

网上支付需要电子金融来支持，即银行或信用卡公司以及保险公司等金融机构为客户提供可在网上操作的金融服务，而电子账户管理是其基本的组成部分，信用卡号或银行账号都是电子账户的一种标志，其可信度需配合必要的技术措施来保证，如数字凭证、数字签名、加密等手段的应用，为电子账户操作提供了可靠的安全保障。

（七）信息服务传递

交易过程中的信息服务传递，如订货信息、支付信息、物流配送信息等均可通过各种网络服务来实现。另外，信息是交易商品的一种形式，如软件、电子读物、信息服务等，可直接通过网络传递到客户手中。

（八）意见征询和调查统计

在网页上采用“选择”“填空”等问卷调查方式收集用户对产品及服务的反馈意见，使企业的市场运营形成一个回路。通过反馈意见的分析和交易数据的统计，可以了解用户的需求和爱好，有效地把握市场的发展趋势，使企业获得改进产品、扩大市场的商业机会。

（九）交易管理

在商务活动中，对整个交易过程的管理将涉及人、财、物多个方面以及企业与企业、企业与客户、企业内部等各方面，因此，交易管理涉及商务活动的全过程。电子商务的发展将会提供一个良好的交易管理的网络环境及多种多样的应用服务系统，进而促进电子商务获得更广泛的应用。

三、电子商务的分类

因特网上的电子商务可以分为三个方面：信息服务、交易和支付。主要内容包括：电子商情广告；电子选购和交易、电子交易凭证的交换；电子支付与结算以及售后的网上服务等。主要交易类型有企业与个人的交易（B2C方式）和企业之间的交易（B2B 方式）两种。参与电子商务的实体有四类：顾客（个人消费者或企业）、商户（包括销售商、制造商、储运商）、银行（包括发卡行、收单行）及认证中心。按照不同的标准，电子商务可以划分为不同的类型。

（一）按商业活动运作方式分类

（1）完全电子商务：即可以完全通过电子商务方式实现和完成整个交易过程的交易。换句话说，完全电子商务是指商品或者服务的完整过程都是在信息网络上实现的。它使双方超越地理空间的障碍来做电子交易，可以充分挖掘全球市场的潜力。

（2）不完全电子商务：即指无法完全依靠电子商务方式实现和完成完整交易过程的交易，它需要依靠一些外部要素，如运输系统等来完成交易。

（二）按电子商务应用服务的领域范围分类

（1）企业对消费者（也称为商家对个人客户或商业机构对消费者，即 B2C）的电子商务。商业机构对消费者的电子商务基本上等同于电子零售商业。目前，Internet 上已遍布各种类型的商业中心，提供各种商品和服务，例如有鲜花、书籍、计算机、汽车等商品和服务。

（2）企业对企业（也称为商家对商家或商业机构对商业机构，即 B2B）的电子商务。商业机构对商业机构的电子商务是指商业机构（或企业、公司）使用 Internet 或各种商务网络向供应商（企业或公司）订货和付款。商业机构对商业机构的电子商务发展最快，已经有了多年的历史，特别是通过 VAN 上运行的电子数据交换，使企业对企业的电子商务得到了迅速扩大和推广。公司之间可能使用网络进行订货和接受订货、合同等单证和付款。

（3）企业对政府机构的电子商务。在企业-政府机构之间的电子商务可以覆盖公司与政府组织间的许多事务。目前我国有些地方政府已经推行网上采购。

（4）消费者对政府机构的电子商务。政府将会把电子商务扩展到福利费发放、自我估税及个人税收的征收方面。

（5）消费者对消费者的电子商务。

（三）按开展电子交易的信息网络范围分类

（1）本地电子商务通常是指利用本城市内或本地区内的信息网络实现的电子商务活动，电子交易的地域范围较小。本地电子商务系统是利用 Internet、Intranet 或专用网将下列系统连接在一起的网络系统：参加交易各方的电子商务信息系统，包括买方、卖方及其他各方的电子商务信息系统；银行金融机构电子信息系统；保险公司信息系统；商品检验信息系统；税务管理信息系统；货物运输信息系统；本地区电子数据交换中心系统。本地电子商务系统是开展远程国内电子商务和全球电子商务的基础系统。

（2）远程国内电子商务是指在本国范围内进行的网上电子交易活动，其交易的地域范围较大，对软硬件和技术要求较高，要求在全国范围内实现商业电子化、自动化，实现金融电子化，交易各方需具备一定的电子商务知识、经济能力和技术能力，并具有一定的管理水平和能力等。

（3）全球电子商务是指在全世界范围内进行的电子交易活动，参加电子交易的各方通过网络进行贸易。涉及有关交易各方的相关系统，如买方国家进出口公司系统、海关系统、银行金融系统、税务系统、运输系统、保险系统等。全球电子商务业务内容繁杂，数据来往频繁，要求电子商务系统严格、准确、安全、可靠，需要制定出世界统一的电子商务标准和电子商务（贸易）协议，使全球电子商务得到顺利发展。

第三节　电子商务的应用领域

电子商务整合了 Internet 和现实市场的巨大资源，其触角已深入生产、贸易、消费的各个领域。

一、电子商务在制造业中的应用

制造业是工业生产的主体。在传统的制造业企业中，产品开发能力和市场营销能力相对于其制造能力都比较弱，其内部产业链大多呈现两头小、中间大的畸形特征，对企业外部资源的发掘和利用能力以及市场应变能力都较差。在世界经济一体化的今天，制造企业必须优化内部组织结构，在技术研发、产品销售、售后服务等方面有一个根本性的突破，才能发展和保护自己的核心竞争力。

（一）利用电子商务实现供应链管理

对于制造业来说，供应商、制造商和经销商都有一致的利益关系，他们相互之间既是竞争对手，也是合作伙伴。利用电子商务可以促进企业之间的分工合作、资源共享，使上下游合作企业之间形成一个“供应链”。供应链上相邻的企业之间存在着供需关系，这种关系由过去单纯的买卖关系转变为以合作为主的共生关系。供应链的畅通程度往往决定着各企业的经济效益，这种供需关系必须高效、协调地运作，各企业的利益最大化目标才能得到实现。

（二）利用电子商务提升企业的产品开发能力

企业的新产品开发能力是企业核心竞争力的主要组成部分，体现在企业对市场需求变化的反应速度。通过电子商务网络，企业可以进行市场调查，直接、快速、有效地获得客户对产品的意见和建议，以便做出迅速的反应，制定出新产品开发的计划。企业的新产品开发能力还体现在企业的研发力量上，企业不仅要有自己的主体研发队伍，还可以通过电子商务网络向社会寻求技术支持，和大专院校、科研院所进行远程合作，组建“虚拟研发组织”，借助科研单位的研究基础、技术优势开发适应市场需求的新产品。

（三）利用电子商务拓展企业的产品市场

产品向客户展示是销售中必不可少的环节。传统的实物展示需要投入较多的人力、物力，展示的时间、场地极为有限，这都会影响客户对产品信息的全面掌握。而在电子商务网站上展示产品，则可以利用多媒体技术，从图、文、声、色、视频影像等多方面对产品进行展示和全面介绍，客户足不出户就如同身临其境，不仅信息量大、传递快、辐射面广，而且展示成本低。另外，企业还可以加入行业联盟电子商务网站，通过行业联盟网站的信息发布和需求链接，有效地扩展企业的产品市场，发展新客户。

（四）利用电子商务提升企业的管理水平

从 20 世纪 80 年代开始，在制造型企业中兴起了以“零库存”为目标的管理方式变革，诸如准时制生产（Just In Time，JIT）、计算机集成制造系统（Computer Integrated Manufacturing System，CIMS）、物料需求计划（Material Requirements Planning，MRP）、制造资源规划（Manufacturing Resource Planning，MRP）等。这些管理方式的实现，无一不是建立在企业信息系统基础上的。电子商务的发展，更是把这些现代管理方式推进到了空前的水平。

如 IBM 的 PC 系统集团，从 1996 年开始应用电子商务高级计划系统，通过该系统，生产商可以准确依据销售商的需求来生产，这样就使库存保持在很低的水平，从而把库存成本降到最低。DELL 公司早在互联网发展初期就率先推出了跨功能的 Internet 战略，将通过电话直销升级为通过网络建立与客户的互动关系。1997 年，DELL 为大型和中型顾客引入了面向顾客的“主页”程序，并为尽快满足顾客的某一特定商务需求而设立了定制式网站，通过电子商务网络直接将终端客户的需求信息准确、快速地传送到设计、供应、生产、配送等各个环节，以低成本、高质量满足客户个性化的需求，并简化了整个订货程序，降低了交易费用。DELL 的先发制人策略迫使其竞争者如 Compaq、Apple 和 IBM 等进行防御性回应，但这些“被迫进入”的公司还是不得不将一部分市场份额向 DELL 拱手相让，DELL 现已成为全球最大的个人电脑制造商之一。

此外，电子商务的发展必将促进企业的信息化建设，对企业内部的组织变革、流程优化，以及管理手段和管理技术的更新换代都有极大的推动作用。

二、电子商务在贸易领域中的应用

电子商务因贸易而产生，伴随着贸易而发展。时至今日，贸易领域仍然是电子商务的主战场。电子商务给贸易带来的变革和影响主要表现在：

（1）贸易方式突破了传统市场的地理限制，市场表现全球化。在网络贸易方式下，传统的交易场所转移到了开放、移动的 Internet 上，无论在世界的哪个国家、哪个地区，只要一接入 Internet 就可以方便地使用其提供的各种服务，享用庞大的全球信息资源。国对国或区域对区域的贸易地理方向已为全球化方向所替代，整个世界的一般商品市场都是开放的，贸易选择可以在全球范围内进行。在网络贸易方式下，企业一开始就面对着国际市场，而不必一步步向外延伸，将国内的经营活动扩展到国外。对于经济落后地区的企业及广大中小企业来说，传统贸易方式下信息不充分和信息不对称等不利条件在相当程度上得到了改善，贸易机会较为公平地被所有企业共享。

（2）改造了传统贸易流程，大大提高了贸易效率。在传统贸易方式下，买卖双方从谈判、订货到收货、付款完成一笔贸易，中间需要十多个环节，签订十多项纸面单据。并且营销、谈判、订货、销售、分发、支付等商务活动往往要在不同的场所进行。同时，在大量贸易单据流转过程中，买方和卖方对贸易数据和纸面单据的处理工作产生大量的时间延误，数据的重复输入还可能产生错漏。而网络贸易将大部分商务活动集中在网上进行，将纸面单据的编制、传递简化为信息的流动，大大节省了人力、物力、财力和时间，提高了贸易效率。另外，贸易效率的提高还能为企业带来更多的贸易机会。

（3）使贸易的主体和客体发生着变化。作为贸易主体的买方和卖方，由于在网络贸易条件下可以便捷地利用网络收集和获得信息，因此可以跨过中间商直接联系起来。这对于处于中间商地位的众多贸易公司来说无疑是一个重大的挑战，必须在网络环境中寻找自己的新定位。于是一种新的贸易主体便应运而生，这就是专门提供贸易信息收集、分析、处理、咨询及交换的网络公司。这种虚拟公司的存在是基于对信息资源的专业性和某种程度上的垄断，以此可以从信息上联合和操纵更多的买者和卖者，使买卖双方对其产生一定的信息依赖。另外，贸易的客体也发生了新的变化，传统的贸易客体指的是构成消费品和生产资料的商品贸易和服务贸易。随着经济的发展，信息贸易将从服务贸易中独立出来成为一种全新的贸易形式。这种信息贸易不仅包括现代信息产品的交易，还包括无形资产的许可上，如计算机程序、游戏、书籍、音乐、图像等各种可以数字化的信息产品的交易。电子商务将为其提供强大的技术支撑。信息贸易必将随着信息产业在未来产业中的基础地位的确立而蓬勃发展，与产品贸易和服务贸易三分天下。

三、电子商务在金融业中的应用

电子商务需要电子金融的支持，网上金融服务的发展将直接影响到电子商务的发展。在电子商务环境中，数字货币的广泛使用将银行等金融机构推到了电子商务的前台，银行已不再是辅助机构，它将直接参与交易环节中去，充当交易认证和交易支付中心的角色。由电子商务衍生出来的网上金融服务主要有：

（1）综合授权服务系统。此系统是通过 ATM、POS 联网，使各家商业银行的 ATM 柜员机可以自动受理其他银行的银行卡，同时，商场、酒店、旅馆等消费场所的特约商户 POS 终端也可以接受各家银行的信用卡。

（2）支付清算服务系统。此系统是统一、高效的同城结算、票据结算及支付自动化的网络系统，可以提高结算支付的速度和效率，加快资金周转，并实现与其他城市的支付清算系统的互联。

在这两个服务系统的支撑下，电子商务的客户可以通过电子信用卡、电子支票、电子现金、电子钱包等电子金融工具去完成网上交易的结算。此外，电子商务在证券、保险业中的应用也在迅速发展之中，网络证券、网络保险已开始出现。

四、电子商务在农产品贸易中的应用

农产品的生产受自然条件影响，具有很大的不可预知性，农产品生产区域和生产者相对分散，交易量巨大，交易者众多，这些因素导致了农产品交易链较为复杂，交易信息的对称性较差，从而极大地阻碍着农产品生产产业化和流通的现代化。而电子商务的应用，恰恰可以在这些方面发挥作用。

（1）可以利用电子商务平台对农产品生产情况进行动态监测。作为农产品通常买方的农业产业化龙头企业、经销商、加工企业都可以通过电子商务平台随时掌握农产品的上市情况，以便及时调整市场营销策略。

（2）利用电子商务可以实现“订单农业”。种养大户、生产基地可以通过电子商务平台对各种采购订单进行挑选，并通过电子商务平台与买方进行洽谈、议价，选择效益最好的订单进行生产，由过去被动接受订单变为主动接受订单，使农民能在农产品市场竞争中处于相对平等的位置，以争得更多的利益。

电子商务平台还可为买卖双方提供一个便捷的信息沟通渠道，使双方随时了解产品生产情况及市场行情变化情况，对已达成的订单进行评估和修正，以降低农产品的不可预知风险，提高农产品贸易的履约率。同时，电子商务平台还能对买卖双方沟通过程中的所有“往来”进行记录、备案，从而保证了农业订单的信用、规范和顺利执行。改变了过去由于信息不对称使农民在农产品交易中经常处于受伤害的弱势地位。

第 2 章

多语言电子商务系统研发

第一节 电子商务系统的结构

一般的电子商务系统是由对其起着支撑作用的技术和环境两大要素架构起来的。在技术方面，自下而上分为三个层次：网络层、信息发布及传输层、一般业务服务层；在环境方面，包含有政策法规，安全与技术标准两大支柱。电子商务系统的一般架构如图 2-1 所示。

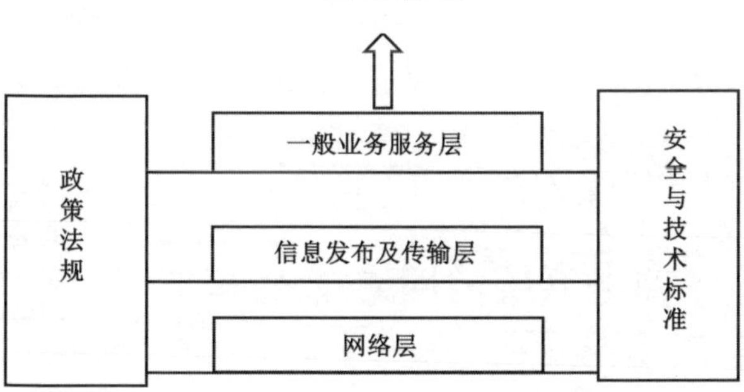

图 2-1 电子商务系统的一般架构

（1）网络层。网络层是电子商务系统的硬件基础设施，是信息传输的硬、软件系统。网络层的主要设施是 Internet，包含可服务于电子商务的有线电视网、无线通信网等。

（2）信息发布及传输层。信息发布与传输层的作用是利用网络层的功能，发布和传输电子商务信息。目前，最常用的方式是利用万维网（World Wide Web，WWW），按照 TCP/IP 协议将商品、商务信息以文本、声音、图像、视频等多媒体方式进行发布和传递。

（3）一般业务服务层。一般业务服务层实现的是标准的商务服务活动。如商品目录及价格表、电子结算支付工具、商品信息安全传递、交易各方身份认证等。

（4）政策法规。电子商务活动中涉及的税收、服务资质认定、服务定价等问题，需要政府制定相关的政策法规来进行规范。

同时，还需要制定一套符合电子商务特征的法律系统，以适用于商务纠纷仲裁、违约惩罚、打击侵权和欺诈行为等。由于电子商务的无国界特征，所以本国的电子商务立法必须要重视与国际惯例和国际商法的融通。

（5）安全与技术标准。安全问题是电子商务的核心问题。电子商务的安全一是指技术装备上的安全，即要保证信息存储与信息传输的安全；二是指抵御恶意入侵的能力。对这两方面的安全风险，都需要制定一些标准和手段来确保电子商务的安全运行。

电子商务赖以生存的信息传输系统和信息处理系统是多元化的。在不同的信息传输和处理系统中，数据信息的编码、格式及其物理性状可能有不同的要求和标准。因此，为了交易双方的顺利沟通，必须要制定出统一的技术标准。

第二节　电子商务系统的网络技术基础

电子商务因网络而诞生，伴着网络而成长。随着网络技术的成熟，电子商务的应用也更加广泛。网络平台与网络技术是电子商务应用及发展的技术基础。因此，电子商务的开展，就需要了解和掌握支持电子商务的计算机网络技术。

一、计算机网络概述

所谓计算机网络，就是将分布在不同地理区域的多个具有独立工作能力的计算机系统，通过通信设备和线路连接起来，配备功能完善的网络软件，实现资源共享和数据通信的系统。计算机网络是一个将分散的、具有独立功能的计算机系统，通过通信设备与线路连接起来，由功能完善的软件实现资源共享和信息传递的系统。简而言之，计算机网络就是一些互连的、自治的计算机系统的集合。

从定义中可以看出，计算机网络的构成元素：至少两台计算机互连；通信设备与线路介质；网络软件、通信协议和网络操作系统。

在计算机网络发展的不同阶段，人们对计算机网络提出了不同的定义，这些定义反映了当时网络技术发展的水平。

计算机网络的主要功能是实现计算机之间的资源共享、网络通信和对计算机的集中管理。除此之外还有负荷均衡、分布处理和提高系统安全与可靠性等功能。

（1）资源共享。硬件资源包括各种类型的计算机、大容量存储设备、计算机外部设备，如彩色打印机、静电绘图仪等；软件资源包括各种应用软件、工具软件、系统开发所用的支撑软件、语言处理程序、数据库管理系统等；数据资源包括数据库文件、数据库、办公文档资料、企业生产报表等；信道资源是通信信道可以理解为电信号的传输介质，通信信道的共享是计算机网络中最重要的共享资源之一。

（2）网络通信。通信通道可以传输各种类型的信息，包括数据信息和图形、图像、声音、视频流等各种多媒体信息。

（3）分布处理。把要处理的任务分散到各个计算机上运行，而不是集中在一台大型计算机上。这样，不仅可以降低软件设计的复杂性，而且还可以大大提高工作效率和降低成本。

（4）集中管理。计算机在没有联网的条件下，每台计算机都是一个“信息孤岛”。在管理这些计算机时，必须分别管理。而计算机联网后，可以在某个中心位置实现对整个网络的管理。如数据库情报检索系统、交通运输部门的订票系统、军事指挥系统等。

（5）负荷均衡。当网络中某台计算机的任务负荷太重时，通过网络和应用程序的控制和管理，将作业分散到网络中的其他计算机上，由多台计算机共同完成。

计算机网络的基本组成主要有计算机系统、数据通信系统、网络软件及协议三大部分。

（1）计算机系统。主要完成数据信息的收集、存储、处理和输出任务，并提供各种网络资源。计算机系统根据在网络中的用途可分为两类：主计算机和终端。

主计算机负责数据处理和网络控制，并构成网络的主要资源。主计算机又称为主机，它主要由大型机、中小型机和高档微机组成，网络软件和网络的应用服务程序主要安装在主机中，在局域网中主机称为服务器。

终端在网络中数量大、分布广，是用户进行网络操作、实现“人-机”对话的工具。一台典型的终端看起来很像一台 PC，有显示器、键盘和一个串行接口。与 PC 不同的是终端没有 CPU 和主存储器。在局域网中，以 PC 代替了终端，既能作为终端使用又可作为独立的计算机使用，称为工作站。

（2）数据通信系统。主要由通信控制处理机、传输介质和网络连接设备等组成。

通信控制处理机主要负责主机与网络的信息传输控制，它的主要功能是：线路传输控制、差错检测与恢复、代码转换以及数据帧的装配与拆装等。在以交互式应用为主的局域网中，一般不需要配备通信控制处理机，但需要安装网络适配器，用来担任通信部分的功能。

传输介质是传输数据信号的物理通道，将网络中各种设备连接起来。常用的有线传输有双绞线、同轴电缆、光纤；无线传输介质有无线电微波信号、激光等。

网络互联设备是用来实现网络中各计算机之间的连接、网与网之间的互联、数据信号的变换以及路由选择等功能，主要包括中继器、集线器、调制解调器、网桥、路由器、网关和交换机等。

（3）网络软件及协议。网络软件一般包括网络操作系统、网络协议、通信软件以及管理和服务软件等。网络软件的任务一是要帮助授权用户方便、安全地访问网络，使用网络资源；二是要管理和调度网络资源，提供网络通信和用户所需的各种网络服务。

网络操作系统（NOS）是网络系统管理和通信控制软件的集合，它负责整个网络的软、硬件资源的管理以及网络通信和任务的调度。目前，常用的计算机网络操作系统有：UNIX、Windows NT、Windows 2000 Server、Netware 和 Linux 等。

网络协议是实现计算机之间、网络之间相互识别并正确进行通信的一组标准和规则，它是计算机网络工作的基础。在 Internet 上传送的每个消息至少通过三层协议。

（1）网络协议（Network Protocol）：它负责将消息从一个地方传送到另一个地方；

（2）传输协议（Transport Protocol）：它管理被传送内容的完整性；

（3）应用程序协议（Application Protocol）：作为对通过网络应用程序发出的一个请求的应答，它将传输的信息转换成人类能识别的形态。

在网络应用范围越来越广泛的今天，各种各样的网络越来越多。对网络进行分类，使读者对现有的网络有一个清晰、整体的把握。正如对人进行分类，采取不同的分类标准就有不同的分类方案，如按照肤色分为黄种人、白种人、黑种人和棕种人，按照性别分为男人和女人等。对计算机网络，采用不同的分类方案也会得到不同的分类结果。

按照计算机网络的地理覆盖范围，可分为局域网、城域网和广域网。按照网络构成的拓扑结构，可分为总线型、星形、环形和树形等。按照网络服务的提供方式，可分为对等网络、服务器网络。按照介质访问协议，可分为以太网、令牌环网、令牌总线网。

局域网地理范围在 10km 以内，属于一个部门、一个单位或一个组织所有。

例如，一个企业、一所学校、一幢大楼、一间实验室等。这种网络往往不对外提供公共服务，其管理方便，安全保密性好。局域网组建方便，投资少，见效快，使用灵活，是计算机网络中发展最快、应用最普遍的计算机网络。与广域网相比，局域网传输速率快，通常在 100Mb/s 以上；误码率低，通常在 10^{-11}~10^{-8}。

广域网地理范围在几十千米到几万千米，小到一个城市、一个地区，大到一个国家、几个国家、全世界。因特网就是典型的广域网，提供大范围的公共服务。与局域网相比，广域网投资大，安全保密性能差，传输速率慢，通常为 64kb/s、2Mb/s、10Mb/s，误码率较高：10^{-7}~10^{-6}。

城域网介于局域网与广域网之间，地理范围从几十千米到上百千米，覆盖一座城市或一个地区。在计算机网络的体系结构和国际标准中，专门有针对城域网的内容，作为分类需要提出。但城域网没有自己独特的特点。后面在介绍计算机网络时，将只讨论局域网和广域网，不再讨论城域网。从这个意义上说，也可以把网络划分为局域网和广域网两大类。

拓扑结构是数学上的一个名词，从英文 Topology 音译而来。拓扑学是数学中一个重要的、基础性的分支。它最初是几何学的一个分支，主要研究几何图形在连续变形下保持不变的性质，现在已成为研究连续性现象的重要数学分支。计算机网络的拓扑结构是指网络传输介质和节点的连接形式，即线路构成的几何形状。

计算机网络的拓扑结构通常有 3 种，即总线型、环形和星形。应当说明的是，这 3 种形状是指逻辑结构，实际铺设线路时可能与画的形状完全不同。

总线型的网络是一种典型的共享传输介质的网络。总线型局域网结构从信源发送的信息传送到介质长度所及之处，并被其他所有站点看到。如果有两个以上的节点同时发送数据，就会造成冲突，就像公路上的车祸一样。

连入环形网络的计算机也由一个硬件接口入网，这些接口首尾相连形成一条链路，信息传送也是广播式的，沿着一个方向（如逆时针方向）单向逐点传送。

星形结构由一个中央节点和周围的从节点组成。中央节点可与从节点直接通信，而从节点之间必须经过中央节点转接才能通信。中央节点有两类：一类是一台功能很强的计算机，它既是一台信息处理的独立计算机，又是一台信息转接中心，早期的计算机网络多采用这种类型；另一类中央节点并不是一台计算机，而是一台网络转接或交换设备，如交换机（Switch）或集线器（Hub），近期的星形网络拓扑结构都是采用这种类型，由一台计算机作为中央节点已经很少采用。一个比较大的网络往往采用几个星形组合成扩展星形的网络。实际的网络拓扑结构，可能是总线型、环形、星形；也可能是这 3 种结构的组合，如总线型加星形，星形加星形，环形加总线型，环形加星形等。

二、计算机网络协议

网络协议是计算机网络中进行数据交换而建立的规则、标准或者说约定的集合。计算机网络协议同我们的语言一样，多种多样。

为了给网络协议的设计提供一个结构，网络设计者以分层的方式组织协议。一个协议层能够用软件、硬件或者两者的结合来实现。例如，HTTP 和 SMTP 这样的应用层协议几乎总是在端系统中用软件实现的，传输层协议也是如此。因为物理层和数据链路层负责处理跨越特定链路的通信，它们通常是实现在与给定的链路相联系的网络接口卡中。网络层通常是硬件和软件实现的混合体。

应用层是网络应用程序以及它们的应用层协议存留的地方。因特网应用层包括许多协议，例如 HTTP、SMTP 和 FTP 等。再例如我们每天都在使用的 DNS 域名系统。应用层协议分布在多个端系统上，一个端系统中的应用程序使用协议与另外一个端系统中的应用程序交换信息的分组。我们把位于应用层的信息分组称为报文。

因特网的传输层在应用程序端点之间传送应用层报文。在因特网中，有 TCP 和 UDP 两个传输层协议。TCP 向它的应用程序提供了面向连接的服务，这种服务包括了应用层报文向目的地的确保传递和流量控制。TCP 也将长报文划分成短报文，并提供拥塞控制机制，因此，当网络拥塞时，发送方可以抑制其传输速率。UDP 协议向它的应用程序提供无连接服务。这是一种不提供不必要服务的服务，没有可靠性，没有流量控制，也没有拥塞控制。我们把传输层分组称为报文段。

因特网的网络层负责将称为数据报的网络层分组从一台主机移动到另一台主机。在源主机中的因特网传输层协议（TCP 或者 UDP）向网络层递交传输层报文段和目的地址。

网络层包括著名的 IP 协议，该协议定义了在数据报中的各个字段以及端系统和路由器如何作用于这些字段。网络层也包括决定路由的路由选择协议，它使得数据报根据该路由从源传输到目的地。

网络层通过源和目的地之间的一系列路由器路由数据报，为了将分组从一个节点移动到路径的下一个节点，网络层必须依靠链路层的服务。特别是在每个节点，网络层将数据报下传给链路层，链路层沿着路径将数据报传递给下一个节点，在下一个节点，链路层将数据报上传给网络层。由链路层提供的服务取决于应用于该链路的特定的链路层协议，例如我们常见的以太网，WiFi 等。

因为数据报从源到目的地传送通常要经过几条链路，一个数据报可能被沿途不同链路上的不同链路层协议处理。例如，一个数据报可能被一段链路上的以太网和下一段链路上的 PPP 处理。网络层将得到来自每个不同链路的链路层协议的服务。我们把链路层分组称为帧。

链路层的任务是将整个帧从一个网络元素移动到邻近的网络元素，而物理层的任务是将该帧中的一个一个比特从一个节点移动到下一个节点。物理层的协议是和链路相关的，并且进一步与该链路的实际传输媒体相关。例如，以太网具有许多物理层协议：一个是关于双绞铜线的，另一个是关于同轴电缆的，还有是关于光纤的等。

路由器和链路层交换机都是分组交换机，它们不实现协议栈中的所有层次，链路层交换机实现了第一层和第二层；路由器实现了第一层到第三层。这意味着，路由器能够实现 IP 协议（第三层协议），而链路层交换机则不能，于是链路层交换机不能识别 IP 地址，但是能够识别第二层地址，例如 MAC

地址。但是，因特网中的所有主机都实现了所有 5 个层次的协议。

在发送主机端，一个应用层报文被传送给传输层。传输层收到报文之后，在报文上附上附加信息，即所谓的传输层首部信息，该首部信息将被接收端的传输层使用。应用层报文和传输层首部信息一起构成了传输层报文段，传输层报文段因此封装了应用层报文。

传输层则向网络层传递该报文段，网络层增加了网络层首部信息，例如源和目的端系统的地址等，由此产生了网络层数据报。该数据报接下来被传递给链路层，链路层增加它自己的链路层首部信息，创建了链路层帧。

所以，我们看到在每一层，一个分组都具有两种类型的字段：首部字段和有效载荷字段。而有效载荷即来自上一层的分组。事实上，发送端就是对应用层数据一层一层加头的过程，到接收端后，接收端再一层一层去掉头部信息，然后交给对应的应用程序。

第三节　电子商务系统的关键技术

一、编程语言 PHP

超文本预处理器（Hypertext Preprocessor，PHP）是一种通用开源脚本语言。语法吸收了C语言、Java和Perl的特点，利于学习，使用广泛，主要适用于Web开发领域。PHP 独特的语法混合了C、Java、Perl以及PHP自创的语法。它可以比CGI或者Perl更快速地执行动态网页。用 PHP 做出的动态页面与其他的编程语言相比，PHP是将程序嵌入到HTML文档中去执行的，执行效率比完全生成HTML标记的CGI要高许多；PHP 还可以执行编译后代码，编译可以达到加密和优化代码运行，使代码运行得更快。

PHP 是一种服务器端解释脚本语言，是编程语言和应用程序服务器的结合。其形式与 ASP 相当类似，当浏览器提交对某个 PHP 页面请求时，服务器把嵌入在页面中的 PHP 代码完全解释成为普通的 HTML 送给浏览器的一端，完成了整个 PHP 的调用。PHP 具有以下特点：

（1）速度方面，PHP 是一种功能强大的 CGI 脚本语言，语法是混合了 C、Java、Perl 和 PHP 式的新语法，执行网页的速度比 CGI、Perl 和 ASP 更快。

（2）具有很好的开放性和可扩展性，PHP 属于自由软件，源代码完全公开，任何程序员为 PHP 扩展附加功能非常容易。

（3）数据库支持方面，PHP 支持多种主流与非主流的数据库，如：DBA、dBase、Informix、mSQL、MySQL、Microsoft SQL Server、Sybase、ODBC、PostgreSQL、Oracle 等。其中，PHP 与 MySQL 是绝佳的组合，可以跨平台运行。

（4）面向对象编程方面，PHP 提供了类和对象。为了实现面向对象编程，PHP 4.0 及更高版本提供了新的功能和特性，包括对象重载、引用技术等。

（5）具有丰富的功能方面，对象式的设计、结构化的特性、数据库的处理、网络接口的应用、安全编码机制，PHP 几乎涵盖了所有网站的一切功能。

（6）可伸缩性性能方面，传统上网页的交互作用是通过 CGI 来实现的。CGI 程序的伸缩性不是很理想，因为它为每一个正在运行的 CGI 程序开一个独立进程。解决方法就是将经常用来编写 CGI 程序的语言的解释器编译进 Web 服务器。PHP 就可以以这种方式安装，虽然很少有人愿意这样以 CGI 方式安装它。内嵌的 PHP 可以具有更高的可伸缩性。

选择 PHP 开发多语言电子商务的原因是 PHP 可在不同的平台上运行。PHP 与目前几乎所有的正在被使用的服务器相兼容（Apache、IIS 等）。PHP 提供了广泛的数据库支持，易于学习，并可高效地运行在服务器端。PHP 是免费的，可从官方的 PHP 资源下载。

二、网页内容编程语言

超文本标记语言（HyperText Markup Language，HTML）。超文本标记语言是标准通用标记语言下的一个应用。“超文本”就是指页面内可以包含图片、链接，甚至音乐、程序等非文字元素。超文本标记语言的结构包括“头”

部分（Head）、和“主体”部分（Body），其中“头”部提供关于网页的信息，“主体”部分提供网页的具体内容。WWW 是一个包含世界范围内各个服务器和 PC 节点的网络资源架构。HTML 就是在 WWW 上发布信息的语言。通过 HTML 语言，人们把要发布的信息组装好，即编写为超文本文档，称为 HTML 文档，然后进行发布。

HTML 文件是由许多尖括号<>括起来的 HTML“标记”组成的。标记是用来分割和标记文本的元素，以形成文本的布局、文字的格式及五彩缤纷的画面。

HTML 文档可分为两大部分，即 HTML 文档的开头和 HTML 文档的主体(或正文)部分，主要标记包括：<html>< / html>，<head>< / head>和<body>< / body>等。HTML“标记”可以根据是否需要成对出现，分为单标记和双标记两种，而 HTML“标记”的属性是位于元素之后的，它的形式为：“属性、属性值”对。

HTML 文件的编辑软件有多种，如 WS，WPS，Notepad，WordPad，Windows 系统中的“记事本”，Linux 中的 Kedit，Lxy 等。比较常用的是一些“所见即所得”功能更为强大的页面编辑器，如 FronPage，Dreamweaver 等。这些编辑软件集代码编辑、效果显示功能于一身，可以很容易创建一个页面，而不需要在纯文本中编写代码。HTML 文件的编辑软件不仅可以实现编辑功能，而且可以满足代码的显示和查看。HTML 文件（文档）的扩展名可以是.html 或.htm。当整个 HTML 文件编辑完毕后，即可存盘。在完成 HTML 文件的编辑之后，可以在浏览器中进行效果展示，根据其在浏览器中的显示效果进行修改和完善。

使用规范的编程语言可以大大减少错误率，便于他人查阅和理解以及后期的修改和维护。HTML 编程规范主要包括使用小写标记、代码缩进书写、运用注释语句、慎用空格、引号的运用等方面。需要注意的是，如果确需出现属性值中引号嵌套的情况，则外层使用单引号、里层使用双引号。

三、网页样式编程语言

层叠样式表（Cascading Style Sheets，CSS）简称样式表，是近几年发展起来的一种制作网页的新技术。CSS 样式表是一组样式，以往如果想使 HTML 文档中的多个“标记”具有同种样式，必须各自设定其显示方式，但通过 CSS 只要定义一个样式就可以将它应用到多个使用该样式的标记上。因而大大简化了 HTML 文档的设计。

CSS 样式表可将网页内容结构和格式控制相分离，精确地控制文档中的布局、字体、颜色、背景、图像等效果的显示。其主要特点可概括如下：

（1）“改一变多”的特点。只需修改一个.CSS 文件，就可以改变所有正使用的样式页面的外观和格式。在修改页面数量庞大的站点时，这一点显得格外有用。避免了一个又一个网页的修改，大大减少了重复劳动的工作量。

（2）可以随意地控制页面布局和外观的特点。由于 HTML 是一种简洁的语言，只是定义了网页的结构（正文、段落等）和各元素的功能，没有过多地控制页面的布局和外观，如行间距、字间距和图像的精准定位等。但 CSS 样式表使这一切成为可能。

（3）在所有的浏览器和平台之间具有较好的兼容性。一方面，由于 CSS2.0 已经成为 W3C 的新标准，所以在几乎所有的浏览器上都可以使用；另一方面，由于它只是简单的文本，无图像，不需要执行程序，因而具有较好的兼容性。

（4）精简网页，提高下载速度。一方面使用 CSS 样式表可以精简 HTML 代码；另一方面可以减少图像的使用（因为以前用图像的地方，现在大多可以用 CSS 实现），同时外部的样式表还会被浏览器保存在缓存里，因而提高了网页的下载速度，也减少了需要上传的代码数量。

CSS 样式表可以分为两种：内部 CSS 样式表和外部 CSS 样式表。下面分别对两种 CSS 样式表的方法进行详细介绍。

内部样式表是指 CSS 样式表的代码置于 HTML 文件内部，而无须以独立于 HTML 文件的形式单独保存。内部样式表主要包括对 HTML 标记定义的样式表、用类（class）属性和标识符（id）属性定义的样式表。

上面所述的内部 CSS 样式表，由于其代码是置于 HTML 文件内部的，因而它只能应用于当前的 HTML 文件。如希望站点中的其他文件也使用同样的样式表，则需要重新编写一次代码，这种方法就不够灵活、也不方便。为此，引入外部样式表。外部样式表是指 CSS 样式表的代码是置于 HTML 文件外部，并以独立于 HTML 文件的形式单独保存在扩展名为.CSS 的文本文件中。

四、网页交互编程语言

JavaScript 是一种直译式脚本语言，也是一种动态类型、弱类型、基于原型的语言，内置支持类型。它的解释器称为 JavaScript 引擎，为浏览器的一部分，广泛用于客户端的脚本语言，最早是在 HTML（标准通用标记语言下的一个应用）网页上使用的，给 HTML 网页增加动态功能。

JavaScript 是一种基于对象（Object）和事件驱动并具有安全性能的脚本语言。使用它的目的是与 HTML 超文本标记语言、Java 脚本语言（Java 小程序）一起实现在一个 Web 页面中连接多个对象，与 Web 客户交互作用，从而开发客户端的应用程序等。它是通过嵌入或调入到标准的 HTML 语言中实现的。它的出现弥补了 HTML 语言的缺陷，它是对 Java 与 HTML 折中的选择，具有以下几个基本特点：

（1）JavaScript 是一种脚本语言，它采用小程序段的方式实现编程。像其他脚本语言一样，JavaScript 同样是一种解释性语言，其开发过程简单。它的基本结构形式与 C、C++、VB、Delphi 十分类似，但它不像这些语言一样，需要先编译，而是在程序运行过程中被逐行地解释。它与 HTML 标识结合在一起，从而方便用户的使用操作。

（2）JavaScript 是一种基于对象的语言，可以看作是面向对象的。这意味着它能运用自己已经创建的对象。因此，许多功能可以来自脚本环境中对象的方法与脚本的相互作用。

（3）JavaScript 的简单性主要体现在：首先它是一种基于 Java 基本语句和

控制流之上的简单而紧凑的设计，对于学习 Java 是一种非常好的过渡。其次它的变量类型采用弱类型，并未使用严格的数据类型。

（4）JavaScript 是一种安全性语言，它不允许访问本地的硬盘，并不能将数据存入到服务器上，不允许对网络文档进行修改和删除，只能通过浏览器实现信息浏览或动态交互，从而有效地防止数据的丢失。

（5）JavaScript 是动态的，它可以直接对用户或客户输入做出响应，无须经过 Web 服务程序。它对用户的响应，是采用以事件驱动的方式进行的。所谓事件驱动，是指在主页中执行了某种操作所产生的动作，称为事件（Event）。例如按下鼠标、移动窗口、选择菜单等都可以视为事件。当事件发生后，可能会引起相应的事件响应。

（6）JavaScript 依赖于浏览器本身，与操作环境无关，只要能运行浏览器的计算机，并支持 JavaScript 的浏览器就可正确执行。从而实现了“编写一次，走遍天下”的梦想。实际上 JavaScript 最杰出之处在于可以用很小的程序做大量的事。无须高性能的电脑，软件仅需一个字处理软件及一个浏览器，无须 Web 服务器通道，通过自己的电脑即可完成所有的事情。

综上所述，JavaScript 是一种新的描述语言，它可以被嵌入到 HTML 的文件之中。JavaScript 语言可以做到回应使用者的需求事件，而不用任何网路来回传输资料，所以当一位使用者输入一项资料时，它不用经过传给服务端（Server）处理，再传回来的过程，而直接可以被客户端（Client）的应用程序所处理。

第四节　多语言民族特色农产品数据库

多语言民族特色农产品数据库建设的主要任务包括：研究民族特色农产品的种类筛选标准；制定民族特色农产品数据库的构建规范；构建汉语、英语、藏语、蒙语、维吾尔语等多语言特色农产品信息库。

数据库的设计是系统开发和实现的重要组成部分，首先要从整体上对系统进行需求分析，其次要从结构上准确定位，使其符合规范性，通过概念设计、逻辑设计、物理设计和验证设计建立一个完整的数据库。并不断进行调整和维护以达到准确、完整的存储数据。本节将从需求分析、系统结构对数据库进行分析。

随着中国市场经济的不断发展，对农产品生产经营的规范化、标准化提出了更高的要求，质量成为农产品收益高低的重要砝码。目前，国内农产品流通形式仍然比较粗放，不但交易手段落后，而且由于缺少一个大家共同遵循的、针对唯一农产品品种的名称、质量、等级等方面的标准，给农产品现场交易、期货交易、异地交易、电子交易以及出口贸易，带来许多困难，也给农产品出口企业造成巨大损失。

因此，开发建立以提供农产品标准信息服务为基础的农产品商品标准数据库，是解决农产品流通瓶颈的当务之急，其必将对农产品标准化生产经营产生积极的促进作用。

一、农产品商品基础信息数据库总体构架

农产品商品基础信息数据库是以农业学、生物学、农业经济学的知识为基础，借助现代计算机技术，把农产品商品相关的信息加以整合而建立的数据库系统，包括系统基础层、系统数据层、后台管理层、系统应用层以及系统用户层 5 个层次。

数据库设计基于 Oracle 关系型数据库。关系数据库是一个被组织成一组正式描述的表格的数据项的集合，这些表格中的数据能以许多不同的方式被存取或重新召集而不需要重新组织数据库表格。关系数据库中数据的逻辑结构是一张二维表，这种数据结构能够表达丰富的语义，描述出现实世界的实体以及实体间的各种关系。农产品商品基础信息数据库使用了关系数据库中的主从关系数据库模型。主从关系数据库是一个四元组$\{D, M, A, P\}$，其中$D=\{M, T_1, \cdots, T_m\}$为已知多关系数据库，$M$ 为主表，A 为主表中的目标属性集，

P 为连接算子。该模型减少了资源消耗，避免了大量冗余的产生。为实现主从表之间的虚拟连接，从而进行各数据表之间的关联，本数据库采用了元组 ID 逆传输。设 P 为主表 M 与从表 S 之间的连接算子，且 P 同时可作为元组 ID，M 与 S 的每个元组都可与 P 相关联，记为 idset(t)，其中 t 表示主表中的元组，对于 S 中的每个元组 u，则有式（2-1）。

$$\mathrm{idset}(u) = \underset{t \in M, t.P=u.P}{U} = \mathrm{idset}(t) \tag{2-1}$$

二、农产品商品基础信息数据库应用分析

计算机网络技术的发展为建立网络化农产品商品信息库提供了平台，使农产品商品信息库的在线查询、及时更新成为可能。当前，在农产品市场领域，还没有一个能够覆盖主要农产品品种、能够满足农产品市场信息采集、分析和预警需要的农产品信息标准，导致各个部门信息资源重复开发，共享程度低，农产品信息资源得不到有效利用，严重制约了农业信息服务业的发展。在以往的信息采集中，往往只关注价格信息，忽视了农产品品种、质量、产地等方面的信息，削弱了应用信息分析预测来指导农产品市场调控的基础。

农产品涉及的品种众多，品种分类不清晰。农产品商品基础信息数据库的建立，将市场上各种各样的农产品分门别类，并统一按照农业学和生物学两套系统进行命名，在一定程度上实现了对主要农产品品种名称的规范细分，为开展农产品市场行情分析奠定了基础。在农业生产中，新品种的诞生与推广，原品种的消亡和新品种的引入过程往往是交叉重叠的。在农产品市场上，新老品种的交替也是如此，品种间不可能绝对地交接，而是相同种类的品种在市场上同时存在，逐步去粗取精，不断进行品种的新陈代谢。农产品商品信息库的建立，为分析农产品品种更替规律，预测农产品流行规律提供了基础资料。掌握了农产品品种更替规律，了解了其流行规律，就可以指导农户按照市场需求合理安排生产，避免因盲目种植不受市场欢迎的品种而造成经济损失。

综上所述，农产品商品基础信息库的建立实现了农产品商品品种的分类

检索、市场信息查询、质量分级查询等功能，不仅可满足农产品市场信息分析人员的需要，而且为从事农产品研究的科研工作者提供翔实的资料。更为重要的是通过建立农产品商品库，在一定程度上规范了农产品品种名称，有助于农产品市场信息采集标准的建立，进而为获取信息内容及时全面、内涵清晰的农产品市场信息和进行信息分析提供了可能，也为加强农产品生产监测和市场形势预判奠定了坚实的基础。随着农产品商品信息库的不断完善，农产品市场信息的预测预警水平必将大大提高，农产品流通中卖难、买贵的问题有望得到缓解。此外，农产品商品基础信息数据库的开发设计理念为其他行业数据库开发提供了有益探索。

2

第二部分

民族特色农产品多语言网络交易系统

第 3 章

特色农产品云平台展示

第一节　特色农产品云平台背景概述

2013 年，国家主席习近平在哈萨克斯坦纳扎尔巴耶夫大学演讲中首次提出，用创新的合作模式，共同建设地跨欧亚的“丝绸之路经济带”。丝绸之路经济带是中国与西亚各国之间形成的一个经济合作区域，大致在古丝绸之路范围之上。国内包括甘肃、青海、宁夏、新疆、陕西、四川、云南、广西、重庆；境外贯穿中亚五国、西亚阿拉伯国家直达欧洲。

在这个区域内，人文资源特性鲜明、多元共存，交流语言多样，主要有汉语、藏语、蒙古语、维吾尔语、哈萨克语、彝语、傣语以及俄语、英语、阿拉伯语等语言。位于我国新丝路经济带的民族地区地域广，气候差别大，物产丰富而多样，尤其是特色农产品资源优势明显。但新丝路经济带的民族特色农产品主要出产于多民族聚居区，此区域受地域、语言环境等因素的制约，交通及物流信息不畅，电子商务产业和物流业相对滞后，优质农产品知名度不高，极大地制约着民族地区农产品开发，难以将这些地区的农产品形成品牌优势推向区域之外，民族地区经济发展面临着严峻的市场环境。

民族地区特色农产品品质优良，前景广阔，但由于语言障碍和信息封闭，少数民族地区特色农产品一直处于小规模种植或养殖状态，国内暂无专门服务于民族地区特色农产品的交易平台。农产品大多产品周期短，易腐烂或过期，对求购信息的准确及时要求特别严格。而目前缺乏服务于我国中西部与亚欧农产品贸易的网上交易平台，也没有考虑到经济带区域少数民族和亚欧语言的多样性，缺乏多语言服务能力。

新丝路经济带属于多民族混合地区，电子商务平台还处于非常落后的状态，导致其民族特色农产品的开发存在局限性，原因主要有：新丝路经济带上民族语言多样，信息闭塞，信息化技术力量薄弱，农产品产业结构不合理，资源配置不完善，农产品交易方式还处于传统市场模式。不进行结构性调整和创新，不提高产品技术含量和竞争力，不利用信息化的手段将特色农产品推向市场，今后民族地区的发展空间将受到极大的限制。部分民族特色农产品企业借助淘宝、京东等电商平台进行网上交易，但品种少、规模小、知名度低，很难形成民族农产品特有品牌。

基于云计算的民族特色农产品多语言交易展示平台是以信息化技术将农产品推向市场，提升民族地区农产品的品牌竞争力，为民族地区培养农业信息化人才，为当地国民经济和社会发展，为民族地区经济社会进步做出积极的贡献。应用多语言信息处理技术，对民族特色农产品资源进行挖掘与整理，建立多语言民族特色农产品信息库，研究多语言信息检索技术，制作民族特色农产品信息的数字化展示，研发大数据环境下新丝路经济带民族特色农产品的推荐系统，实现基于云计算的多语言民族特色农产品展示平台，为新丝路经济带地区的农产品商户和各地区的客户提供信息沟通的桥梁，消除语言障碍，实现跨地区交易。

第二节　平台建设的研究现状

随着互联网与信息化技术的迅猛发展，网上招商已经逐渐为人们所接纳和认可，出现了各种商品及产品展示平台，但针对民族特色农产品的展示平台建设并不多见。因此，新丝路经济带民族特色农产品多语言数字化展示平台的建设将更具民族意义。

从国际上看，发达国家基于网络平台的农业电子商务已经十分发达，在促进农业生产方面发挥着重要作用。美国作为信息化程度最高的国家之一，最早开展了农产品电子商务，一直是该领域的领头羊。美国拥有世界上最大的农产品期货交易所——芝加哥期货交易所，大型农产品网站超过了 400 个，特大农产品企业也都在发展自己的农产品电子商务，使用计算机开展业务的农场比例达到了 37%。日本政府于 1997 年制定了生鲜食品电子交易标准，包括生产资料的订货、发货、结算等标准，并对日本各地批发市场进行了电子化交易的改造。这样交易双方只需掌握农产品的规格和数量就能全面了解农产品的信息，节约了交易成本。世界第三大农产品出口国荷兰，凭借全国统一的农产品标准和发达的农产品物流体系，在农产品电子商务方面开展农产品电子拍卖。韩国在发展农产品电子商务方面积极培训农民使用网络，减少了交易成本，提高了农产品流通速度。

以上国家在农产品电子商务领域的有益探索为本书涉及的平台建设提供了参考实例。但同时也应该注意到，国外在农产品电子商务领域的大量研究及应用受本国法律的知识产权保护，国内的民族特色农产品展示平台建设想借鉴与共享存在困难，因此也凸显了开发我国自有知识产权的民族特色农产品多语言数字化展示平台的紧迫性。

近年来，中国的电子商务飞速发展，而农产品在整个电商中占比却不足 1%，农产品电商的发展严重滞后于全社会商品电商化的趋势。民族地区特色优势农产品的电商份额更是微乎其微。调查发现，相当一部分干部和群众还没有认识到农产品电子商务在解决农产品售卖难、增加农民收入上的意义和作用，电子商务对促进传统生产经营模式创新发展的作用尚未充分发挥。

国内在民族特色产品展示平台方面的研究刚刚起步，参与研究的人员、单位以及研究成果都不多，且往往处于理论分析和初步应用阶段。通过 CNKI 中国知网《中国学术期刊网络出版总库》查询的结果显示，现有研究大多数从民族地区发展电子商务存在的问题、发展模式的选择以及相关人才培养等角度予以探讨，而对于多种少数民族语言（文字）的特色农产品数字化展示平台规范研究很少。新疆维吾尔自治区图书馆在丰富的少数民族馆藏资源的基础上搭建了新疆少数民族语言数字化资源库平台。新丝路经济带民族特色农产品多语言数字化展示平台建设正是基于“民族特需品数字化关键技术研究与示范应用”项目的成果与经验开展的。

第三节　地理信息系统 GIS

一、GIS 概述

地理信息系统（Geographic Information System，GIS），是一种特定的十分重要的空间信息系统。它是在计算机硬、软件系统支持下，对整个或部分地球表层（包括大气层）空间中的有关地理分布数据进行采集、储存、管理、运算、分析、显示和描述的技术系统。地理信息系统是一门综合性学科，结合地理学与地图学以及遥感和计算机科学，已经广泛地应用在不同的领域，是用于输入、存储、查询、分析和显示地理数据的计算机系统。随着 GIS 的发展，又被称为地理信息科学（Geographic Information Science，GIS），近年来，也有称为地理信息服务（Geographic Information Service，GIS）。GIS 是一种基于计算机的工具，它可以对空间信息进行分析和处理（包括地球上存在的现象和发生的事件进行成图和分析）。GIS 技术把地图这种独特的视觉化效果和地理分析功能与一般的数据库操作（例如查询和统计分析等）集成在一起。

古往今来，几乎人类所有活动都是发生在地球上的，都与地球表面位置（地理空间位置）息息相关，随着计算机技术的日益发展和普及，地理信息系统以及在此基础上发展起来的“数字地球”“数字城市”在人们的生产和生活中起着越来越重要的作用。GIS 由以下五部分组成：

（1）人员是 GIS 中最重要的组成部分。开发人员必须定义 GIS 中被执行的各种任务，开发处理程序。熟练的操作人员可以克服 GIS 软件功能的不足，但是相反的情况就不成立。最好的软件也无法弥补操作人员对 GIS 的一无所知带来的副作用；

（2）精确的可用的数据可以影响到查询和分析的结果；

（3）硬件的性能影响到软件对数据的处理速度，以及使用是否方便及可能的输出方式；

（4）不仅包含 GIS 软件，还包括各种数据库，绘图、统计、影像处理及其他程序；

（5）GIS 要求明确定义、一致的方法来生成正确的可验证的结果。

GIS 属于信息系统的一类，不同之处在于它能运作和处理地理参照数据。地理参照数据描述地球表面（包括大气层和较浅的地表下空间）空间要素的位置和属性，在 GIS 中的两种地理数据成分：空间数据，与空间要素几何特性有关；属性数据，提供空间要素的信息。GIS 的特点如下：

（1）公共的地理定位基础；

（2）具有采集、管理、分析和输出多种地理空间信息的能力；

（3）系统以分析模型驱动，具有极强的空间综合分析和动态预测能力，并能产生高层次的地理信息；

（4）以地理研究和地理决策为目的，是一个人机交互式的空间决策支持系统。

目前，地理信息系统按照内容可分为两大基本类型：应用型地理信息系统和工具型地理信息系统，本平台属于前者。应用型地理信息系统的开发方法主要有三种：独立开发、单纯二次开发、集成二次开发，其中集成二次开发包括 OLE/DDE 和 GIS 控件两种方法。OLE/DDE 是指采用 OLEAutomation 技术或利用 DDE 技术，使用可视化语言实现前台显示，通过 OLE/DDE 控制 GIS 工具在后台运作，从而在实现所需要的地理信息系统功能基础上，同时实现界面美观和数据库功能完整。不足是因为系统需要运行在相应的地理信息系统平台上，应用系统过于庞大。GIS 控件方式是指利用 GIS 工具软件生产厂家提供的建立在 OCX 基础上的 GIS 功能组件，如 ERSI 公司的 MapObject 等，嵌入到可视化语言中，实现地理信息系统功能。

比较分析三种开发方法，针对基于 GIS 的农产品商务展示平台的地理信息繁多，外观效果要求好，数据库功能要求较强的特点，本平台的搭建采用结合 GIS 工具软件和当前流行的可视化开发语言进行集成二次开发的方式。优点是既可以利用 GIS 工具软件对地理空间信息的强大管理分析功能，又可以利用可视化开发语言的高效、方便、可视化效果好、便于维护和方便移植的优势。

特色农产品云平台以新丝路九省区数字地图为背景，展示新丝路经济带上的特色农产品，主要体现该区域特色果品、畜肉、粮食、蛋禽等产品。画面以地图为主，突出地图、文字、图片等多种信息的综合显示效果，包括汉、英、藏、蒙古、维吾尔五种文字的介绍和每种农作物的图片，并合理配置地图操作工具和其他界面要素的布局，实现在地图中动态获取农产品多媒体信息的功能。

基于地理信息系统技术，开发民族特色农产品多媒体地理信息系统，通过汉、英、藏、蒙古、维吾尔五种语言展示新丝路经济带上的特色农产品的多种信息，包括农产品的类型、产地、生长过程、加工工艺等信息。实现在数字地图中动态获取民族特色农产品多媒体信息的各种功能。

二、基于 GIS 民族特色农产品商务平台的框架设计

农产品流通中主要涉及物流、资金流、信息流。随着现代信息技术的发展，信息流的地位得到了前所未有的提高。信息获取和处理的准确性和实时性被一致认为是成败的关键。搭建基于 GIS 的农产品商务平台，是搭建一个信息共享交流的平台，通过商务信息平台把农产品流通中的各个参与主体连接起来，让他们发布自己的信息，共享他人信息，发扬信息时代“我为人人、人人为我、你我合作”的思想，对各个参与主体的信息进行组织处理，确保信息流正确、及时、高效、通畅，以达到协调各方活动，建立稳定战略合作关系，提高我国农产品流通的速度和效率。基于 GIS 的农产品商务平台是在 GIS 技术支撑下，对农产品流通各个参与主体的数据信息进行采集、发布、共

享、处理、分析的平台，平台系统在纵向上分为数据层、功能层和用户层三个层次。

（一）数据层

数据层是商务平台的基础，主要是通过各种接口，从参与此平台的各个主体的信息系统中采集数据，通过外部 GIS 系统的应用接口获取需要的 GIS 数据信息，对所得到的信息进行集成，为上层功能层提供信息数据支持。系统中的数据分为与地理信息有关的数据和与地理信息无关的数据两类，在数据组织方面采用关系数据库作为系统的数据组织平台，将空间信息数据与非空间信息分开管理的方式。对于与地理信息有关的数据，直接在所使用的 GIS 软件提供的图层中进行存储管理，便于地理信息和地图对象紧密结合。非空间数据则保存在关系数据库中，在空间数据与非空间数据间建立关联。

按照图层进行划分，第一是静态图层。平台中的静态图层包括三个：

（1）通用地理信息图层。它是 GIS 的基础，在农产品流通中的配送中心选址、最优配送路线选择时发挥巨大作用。其主要包括道路网信息、城市信息等，具体包括道路名称、位置、通行属性等信息，还包括城市边界线、水域等非道路信息。

（2）农产品信息图层在分析农产品的供需趋势、辅助决策中发挥重要作用，主要包括气候信息、农产品生产分布信息和农产品消费分布信息。此图层的农产品生产和消费分布信息并不是指单个的农产品生产基地和农产品贸易市场，而是指农产品生产和消费的区域。

（3）农产品流通节点图层是整个平台系统的主体信息支持，数据采集和组织的质量直接影响到系统平台的效率。此图层包括农产品流通中的所有参与主体：农产品生产基地、大型超市、批发市场、酒店、第三方物流企业等，所有的主体以点的形式呈现在图层上。这些主体的规模、议价能力、提供的农产品种类和数量（农产品生产基地），需要的农产品种类和数量（农产品需求方）等，均作为主体的属性被保存在关系数据库中，并与主体发生关联。

第二是动态图层。为了实现产品流通的可控性，保障配送的顺利进行，需要建立动态图层。动态图层包括两部分：

（1）运动车辆信息图层，该图层使用“点”对象描述运输车辆，把驾驶员联系方式、车辆运行状况、装载情况作为“点”的属性。

（2）农产品位置信息图层，该图层使用“点”的对象描述具体的农产品，把具体农产品的产地、出产时间等信息作为“点”的属性。

动态图层中的信息结合车载 GPS 技术、RFID 技术等，可实时监控农产品的配送过程，实现农产品流通的可追溯性，一旦出现安全和质量问题就能方便及时地对其溯源求根。

在数据集成方面，通过 GIS 技术将不同类型信息系统中的信息进行集成，从中获取有用数据，再结合 GIS 软件提供的地理信息对信息资源进行整理、组织和利用。要构建基于农产品的商务平台，就必须对加入此平台的各个不同流通主体的数据进行有效集成和利用。不同流通主体的数据放在不同的信息系统中，从不同企业的不同信息系统获取并处理所需要的数据信息尤为重要。

GIS 使用的数据大多为空间数据，由点（Point）、线（Line）、面（Polygon）、复杂物体（Complex-Object）等组成，以空间数据库的形式进行数据组织，空间实体的属性信息作为属性项进行存储和管理。传统流通主体采用的数据大多是非空间数据，通常可以二维表格的形式进行数据组织，存放在关系数据库中，构成非空间数据。GIS 的数据基础与传统物流管理信息系统的数据基础具有明显的差异，构建基于 GIS 的农产品商务平台的关键问题之一是对异构数据的处理，数据集成需要将异构数据规划为同构数据。具体的方法有：基于元数据的系统集成；基于 RDBMS 的集成。另外，也可将异构数据规划为同构的过渡数据，如基于 SQL 和 DLL 的集成等。数据集成的目的在于形成的数据或过渡数据可以直接被系统所使用。本平台可采用基于 RDBMS 的集成方式，在同一数据库中采用同构的方式同时存储空间数据、非空间数据、影像数据等，采用标准 SQL 语言可以实现 DB 与 DBMS 的分离，Oracle、DB2、Informix 等均支持上述操作。

（二）功能层

功能层包括 GIS 基本功能和应用模型库。GIS 基本功能包括对图层和属性表的操作、电子地图的制作和投影等。应用模型库主要是利用数据层提供的数据根据一定的模型和算法进行统计、分析、预测和决策支持。应用模型库分为分析模型库、预测模型库和决策模型库。功能层中的应用模型库的设计直接影响系统最终的功能实现。

（三）用户层

用户层是指生产基地、批发市场、超市等不同的用户在平台上通过不同的应用接口获取各自对应的服务支持。用户层是用户与平台系统接触的窗口，用户根据权限身份的不同可以对相对应的图层、属性表进行操作，访问不同的功能模块，获取需要的信息服务。用户层是平台的使用形式和对外表现形式。

三、基于 GIS 农产品云平台的功能设计

基于 GIS 的农产品商务平台的功能，根据内容的不同可以分为供需信息提供、物流作业管理、辅助决策支持三大部分。各部分根据不同的主体在农产品流通中扮演角色的不同而提供不同的功能服务。我国农产品流通中参与主体众多，为了更清楚地论述，只挑选了生产基地、批发市场、超级市场和第三方物流企业四个具有代表性的参与主体进行论述。

（一）信息提供功能设计

基于 GIS 的农产品商务平台向各个参与主体提供各类供需信息，各个参与主体把供给信息等在平台上公布，同时通过平台获取相关的需求信息。对整个行业而言，市场供需信息、市场信息趋于透明化，使得市场各方在选择合作伙伴时更快捷、高效。对于单个企业内部而言，可实现企业在不同地理位置网点之间的交流和协作；实现仓库的可视化管理、最小化库存；实现企业同用户之间的紧密联系，及时根据用户需要调整物流方案。

在 GIS 技术的支持下，用户可以根据各种地理信息查看相关供求信息。地理信息对于工业产品的供求影响不大，但是对于具有明显的地理气候特性的农产品来说，其影响却不容忽视，如气候类型、海拔可影响农产品质量，地理位置可影响运费，天气可影响需求变动（如天气热了西瓜的需求会大增）等。在供需分析中加入 GIS 的支持，更符合农产品的特性，使得农产品在流通中各方对供需关系的掌握更准确，从局部上改善单个流通主体的决策，从全局上促进农产品流通领域资源的优化配置。

（二）物流作业管理功能设计

基于 GIS 的农产品商务平台为农产品流通主体提供物流作业管理支持，主要包括：

（1）运用设施定位模型确定一个或多个设施的位置；

（2）运用车辆路线模型解决一个起始点、多个终点的农产品运输中如何降低物流作业费用，并保证服务质量的问题；

（3）运用网络物流模型解决寻求最有效的分配农产品路径问题；

（4）运用配送区域划分模型，根据各个要素的相似点把同一层上的所有或部分要素分为几个组，用以解决确定服务范围和销售市场范围等问题；

（5）运用空间查询模型查询以某一商业网点为圆心某半径内配送点的数目，以此判断哪一个配送中心距离最近，为安排配送做准备。

（三）辅助决策功能设计

辅助决策功能可对数据信息进行研究、分析等指导决策，从整体上优化农产品流通的资源配置和产业结构，此功能是搭建基于 GIS 的农产品商务平台的最大意义所在。平台综合农产品流通中多方的供需、规模等信息，可对未来一段时间的局部或者整体市场情况进行预测，辅助企业进行业务性决策，指导企业行为。共享农产品流通主体供需信息能很好地把握市场的现状和走向，优化资源配置，提高我国农业生产的效益，另外，以 GIS 技术提供的气候、天气、海拔等地理信息为基础，结合相关农产品的地理属性，再辅以生活习惯、人口密度等可指导农产品流通企业的发展方向与方针等战略性决策，如指导生产基地生产产品的主要方向、指导超级市场的农产品销售的主要方向。

目前，地理信息系统按照内容可分为两大基本类型：应用型地理信息系统和工具型地理信息系统，本平台属于前者。应用型地理信息系统的开发方法主要有三种：独立开发、单纯二次开发和集成二次开发，其中集成二次开发包括 OLE/DDE 和 GIS 控件两种方式。OLE/DDE 方式是指采用 OLE Automation 技术或利用 DDE 技术，使用可视化语言实现前台显示，通过 OLE/DDE 控制 GIS 工具在后台运作，从而在实现所需要的地理信息系统功能基础上，同时实现界面美观和数据库功能完整。不足是系统需要运行在相应的地理信息系统平台上，应用系统过于庞大。GIS 控件方式是指利用 GIS 工具软件生产厂家提供的建立在 OCX 基础上的 GIS 功能组件，如 ERSI 公司的 MapObject 等，嵌入到可视化语言中，实现地理信息系统功能。

综合比较分析三种开发方法，针对基于 GIS 的农产品商务平台的地理信息繁多、外观效果要求好、数据库功能要求较强的特点，本平台的搭建采用结合 GIS 工具软件和当前流行的可视化开发语言进行集成二次开发的方式。优点是既可以利用 GIS 工具软件对地理空间信息的强大管理分析功能，又可以利用可视化开发语言的高效、方便、可视化效果好、便于维护和方便移植的优势。

第 4 章

特色农产品云交易平台

第一节　特色农产品云交易平台简介

一、概况

基于云计算搭建的民族特色农产品多语言交易展示平台，以信息化技术将农产品推向市场，提升民族地区农产品的品牌竞争力，为民族地区培养农业信息化人才，为当地国民经济和社会发展，为民族地区经济社会进步做出积极的贡献。

通过多语言信息处理技术，对民族特色农产品资源进行挖掘与整理，建立多语言民族特色农产品信息库，研究多语言信息检索技术，进行民族特色农产品信息的数字化展示，研发大数据环境下新丝路经济带民族特色农产品的推荐系统，实现基于云计算的民族特色农产品多语言网络交易平台，为新丝路经济带地区的农产品商户和各地区的客户提供信息沟通的桥梁，消除语言障碍，实现跨地区交易。

二、网络定位

近几年来，随着农业结构的不断调整和民族地区信息化建设的发展，民族特色农产品电子商务平台的重要性日益凸显。民族地区特色农产品品质优良，前景广阔，但由于语言障碍和信息封闭，少数民族地区特色农产品一直处于小规模种植或养殖状态，国内暂时没有专门服务于民族地区特色农产品的交易平台。农产品大多产品周期短，易腐烂或过期，对求购信息的准确、及时要求特别严格。而目前服务于我国中西部与亚欧农产品贸易的网上交易平台，也没有考虑到经济带区域少数民族和亚欧语言的多样性，缺乏多语言服务能力，因此现有信息平台很难满足服务于新丝路经济带跨国家地区的农产品贸易的现实需求。

新丝路经济带属于多民族混合地区，电子商务平台还处于非常落后的状态，导致其民族特色农产品的开发存在局限性，原因主要是：新丝路经济带上民族语言多样，信息闭塞，信息化技术力量薄弱，农产品产业结构不合理，资源配置不完善，农产品交易方式还处于传统市场模式。不进行结构性调整和创新，不提高产品技术含量和竞争力，不利用信息化的手段将特色农产品推向市场，今后民族地区的发展空间将受到极大的限制。部分民族特色农产品企业借助淘宝、京东等电商平台进行网上交易，但品种少、规模小、知名度低，很难形成民族农产品特有品牌。因此，打造民族特色农产品电子商务平台，可推动民族地区特色农产品品牌化，进一步带动民族地区经济发展。

三、商业模式

特色农产品交易平台利用大数据挖掘技术，为客户提供个性化自主服务，避免“守株待兔”式的“等顾客”被动服务，为企业提供产品销售决策服务，突破传统的网上交易模式。利用大数据挖掘技术对新丝路特色农产品进行商业模式、产品和服务的创新。大数据挖掘技术可以加强已有的产品和服务，创造新的产品和服务，甚至打造出全新的商业模式。分析挖掘海量的客户数据，对客户群体进行细分，针对特定的客户群体提供不同的营销方式和服务，从而驱动产品和服务的创新。平台将 B2B 和 B2C 融为一体，既支持网上批发业务，也支持网上零售业务。

第二节　特色农产品云交易平台展示

一、商品智能推荐

商品智能推荐，依据用户的实际交易和访问平台的痕迹数据进行智能分析，建立用户兴趣模型和个性化推荐算法，根据用户的信息了解用户的兴趣爱好，生成该用户的兴趣模型，同时要根据用户在网站的操作行为，了解用户的兴趣爱好变化，更新用户的兴趣模型，为用户推荐其可能感兴趣的产品。

以运筹学理论为指导，围绕区域特色农产品的特点，通过整合和分析特色农产品销售和客户服务海量数据信息，将数据仓库、数据挖掘、联机分析处理（OLAP）、Agent 多种技术运用到农产品智能推荐系统中。面向民族特色农产品的智能推荐系统，解决新丝路经济带地区现有农产品交易中需求、供应、生产、加工、流通、追溯等方面存在的一些问题，深度分析新丝路经济带特色农产品供求规律和需求趋势，提高用户购买效率和特色农产品的交易量，使农产品交易更加高效快速，为企业、农民提供服务。

二、多语言信息检索

信息检索技术，如搜索引擎已经成为互联网上人们获取信息的最重要手段，同样也是农产品网站的重要流量导入口。以汉语、英语、藏语、蒙语、维吾尔语等语言为研究对象，研究多语言农产品信息检索系统架构。运用语种识别、词语扩展、词句切分、词条归一化和面向多语种的不同粒度的倒排索引等技术，实现通过多种语言检索特色农产品相关的资源、信息、技术等服务。

特色农产品在多语言网络上的交易与展示，实现多语言信息检索，可以满足用户不同粒度的搜索要求。因此，研究多语言信息检索关键技术，提供以用户熟悉的语言为工具，检索特色农产品相关的资源、信息、技术等服务，用汉语、英语、藏语、蒙古语、维吾尔语等多种语言来搜索信息资源，以多种语言的选择性显示作为最终的呈现结果，为用户提供多粒度、全方位的面向特色农产品的多语言信息录入与检索功能。

三、页面展示

根据新丝路划分的九省区域，展示新丝路经济带上的特色农产品，主要体现该区域特色果品、畜肉、粮食、蛋禽等产品。页面突出文字、图片等多种信息的综合显示效果，并且支持包括汉、英、藏、蒙古、维吾尔五种文字的介绍，用户选择不同的语言，就呈现与之相关语言的语种页面，更加方便多语言用户的操作和使用，提高用户使用量。

第三节　农产品平台交易系统

特色农产品多语言网络交易云平台从应用和功能的角度可划分为 3S 层次，即 Show（展示）、Sale（交易）、Serve（服务）以及接入和安全保障技术。主要包括：

（1）特色农产品云平台接入：特色农产品云平台接入技术主要包括互联网、移动网、电视网等接入方式及其技术融合。

（2）特色农产品云交易平台：云交易平台支撑所需的虚拟化、分布式海量数据存储、分布式并行计算等技术；云交易平台业务支撑所需的电子交易、交收登记、资金结算、风险控制、仓储物流管理等功能。

（3）特色农产品云服务平台：云平台服务内容包括客户关系云服务中心、

农技培训云服务中心、电子农务云服务中心等，信息云服务中心统计分析平台用户，针对不同用户、不同需求提供个性化信息。

平台提供可以快速实现个性化的网上交易门户，包括可视化的设计工具，帮助客户灵活、便捷地构建独立的电子商务网站。将 B2B 和 B2C 融为一体，既支持网上批发业务，也支持网上零售业务。

平台除了实现商品展示以及网络交易之外，还提供与前端交易系统融为一体的后台管理系统，包括采购管理、生产管理、仓储管理、配送管理、销售管理、财务管理、客户管理、供应商管理等功能，确保电子商务交易订单的准确交付和执行。通过完整的网络营销系统，帮助农产品企业有效开展网上宣传和推广，提升网站流量、转换率和成交金额。提供一站式、全过程的电子商务解决方案，突破企业传统、单一的营销方式，为民族地区建立互联网时代的立体化特色农产品营销模式。

一、客户关系管理

传统行业客户关系管理（Customer Relationship Management，CRM）已经在很多企业得到应用和实施。那到底什么是客户关系管理，搭建这个系统的主要目的是什么？

客户关系管理是一个不断加强与顾客交流，不断了解顾客需求，并不断对产品及服务进行改进和提高，以满足顾客需求的连续的过程。企业利用信息技术（IT）和互联网技术实现对客户的整合营销，是以客户为核心的企业营销的技术实现和管理实现。客户关系管理注重的是与客户的交流，企业的经营以客户为中心，而不是传统的以产品或以市场为中心。为方便与客户的沟通，客户关系管理可以为客户提供多种交流的渠道。

平台、电商、消费者三者之间的关系都是通过特色农产品云交易平台建立的，电商和消费者之间是一个间接联系关系，电商和消费者之间缺少直接互动，要聆听到客户需求和提高客户对产品、服务的满意度比较困难，更不用说对特定客户群展开相关营销活动和客户维护活动。站在消费者角度，目前对卖家的建议和认可，也没有一个非常直接的途径来反馈，目前只能通过商品评论来实现自己对商家和产品的认可。以上这些都很零散，不成体系，很难通过这些信息真正了解自己的客户，给客户一个客观定位。面对这样的状况，需要有一个会员管理系统，建立起卖家和买家直接的互动关系。

前面分析了三方关系，再讲消费者购物心理的演变过程，通过对消费者心理演变的分析，我们会发现会员管理是多么的重要：消费者对新事物接受都有一个渐进过程，中间会有冲动行为穿插，通过数据可以发现，首次网购用户对这个平台模式比较陌生，无论从消费频率和消费量来看都表现出明显的尝试行为，频率低，单价低；经过这个阶段，客户逐渐熟悉购物平台，掌握网购技巧，比如如何挑选物美价廉的商品，如何跟卖家讨价还价，同时也表现出不理性的一面——网购从消费变成一种娱乐，但这个阶段持续时间会相对短一些。消费者经过前两个阶段，开始有了自己固定的购物目标，包括以往积累的卖家、产品、消费者圈子，这个时候消费者更倾向在熟知的圈子里面购物。由此可以看出，与消费者建立良好关系、注重客户管理才是制胜关键。

综上所述，电商需要和客户建立稳定的关系，建立有效的沟通机制，需要建立稳定的客户群体，这样才会在竞争中立于不败之地。

二、订单支付

在线支付功能是所有电子商务网站中最重要的一个环节，通过在线支付功能，购买商品的整个过程完全在网络上实现，通过网上银行支付货款已经成为当今网络购物环节中不可或缺的付款方式。支付的过程中牵涉到买家和卖家的利益，即买家的财产和卖家的利益，因此保障使用者的账户信息，安全转账是在线支付时的主要因素。买家浏览了农产品云交易平台的商品，加入购物车，进行下单操作，必须通过商城完成整个交易过程中最重要、最为核心的环节之一——网上支付业务。众所周知，跟钱相关的事总是买家最为关心的事，要想让用户放心地购买商品，电子商务网站开发人员就必须保证用户在线支付的绝对安全。基于这样的需求，网上支付也逐渐成为电子商务大潮中人们所关注的重点问题，在电子商务风靡全球的背景下，设计一个安全的、高性能的、优秀的、适合中国多个民族的用户使用的网上支付系统是当下最为适宜的事情。高性能的支付系统能够推动电子商务行业更长远的发展，有非常可观的市场前景。

买家可以登录交易运营平台即时查看自己的交易信息，可以通过交易类型、交易时间查看自己近期的消费情况，可以通过交易状态查看近期购买的商品的状态，例如未付款、待发货、未确认收货、交易成功、退款及取消交易。卖家可以通过平台实时地观察买家的交易状态，如果买家付款，系统会更新，并通知卖家进行发货。

三、物流管理

每笔电子商务交易一般需要具备三项基本要素：物流、信息流和资金流，其中，物流是基础，信息是桥梁，资金是目的。每一笔商业交易的背后往往伴随着物流和信息流，贸易伙伴需要这些信息以便对产品进行发送、跟踪、分拣、接收、存储、提货以及包装等。在信息化的电子商务时代，物流与信息流的配合也变得更重要，必须借助现代物流技术。

物流技术是指与物流要素活动有关的所有专业技术的总称，包括各种操作方法、管理技能等，如流通加工技术、物品包装技术、物品标识技术、物品实时跟踪技术等。随着计算机网络技术的应用普及，物流技术中综合了许多现代信息技术，如地理信息系统（GIS）、全球卫星定位（GPS）、电子数据交换（EDI）、条形码（BARCODE）技术等。物流业加快了应用现代信息技术，为电子商务的推广铺平了道路。

物流配送体系是电子商务的支持系统。现代物流配送可以为电子商务的客户提供服务，根据电子商务的特点，对整个物流配送体系实行统一的信息管理和调度，按照用户要求在物流基地完成理货，并将配好的货物送交收货人。这一现代物流方式对物流企业提高服务质量、降低物流成本、提高企业经济效益及社会效益具有重要意义。

电子商务物流包括从产品采购到销售并送达客户手中这样一个范围很广的系统，它是实施电子商务的关键，主要表现在：在物流保证生产方面，无论在传统的贸易方式下，还是在电子商务下，生产都是商品流通之本，而生产的顺利进行需要各类物流活动的支持。合理化、现代化的物流，通过降低费用，从而降低成本、优化库存结构、减少资金占用、缩短生产周期，保障现代化生产的高效进行。电子商务通过快捷、高效的信息处理手段可以比较容易地解决信息流、商流和资金流的问题，而将商品及时地配送到用户手中，即完成商品的空间转移（物流）才标志着电子商务过程的结束，因此物流系统的效率高低是电子商务成功与否的关键，而物流效率的高低很大一部分取决于物流现代化的水平。没有现代化的物流配送模式支持，电子商务所具有的优势就难以得到有效的发挥；没有一个与电子商务相适应的物流配送体系，电子商务就难以得到有效的发展。

在电子商务下，消费者通过上网购物，完成了商品所有权的交割过程，即商流过程。但电子商务的活动并未结束，只有商品和服务真正转移到消费者手中，商务活动才告终结。物流实际上是商流的后继者和服务者。

电子商务的出现，最大程度地方便了最终消费者。但若缺少了现代化的物流、电子商务给消费者带来的购物便捷等，消费者必然会转向他们认为更为安全的传统购物方式，那么电子商务也就没有存在的必要。

云交易平台中的农产品物流管理系统作为买家、卖家以及物流企业之间的桥梁，其重要意义在于：对于消费者而言，用户登录后可以对已经下单的商品进行物流信息查询，实时关注物流信息。对于卖家而言，在登录之后，可以接收买家的订单，与物流企业进行沟通，确定物流商，产生物流运单，同时可以进行订单选择并查询物流信息等，因此使得物流行业与电子商务行业得以繁荣昌盛。每年的物流交易额与电子商务贸易额都在几百亿至几千亿元以上，不仅带动了其他衍生行业，还为国家创造了大量的就业岗位，交纳了大量税收收入。

四、通信管理

即时通信是指即时发送和接收互联网信息的能力。自 1998 年开始，即时通信的功能日益丰富，逐渐集成了多种功能，如博客、电子邮件、音乐、视频游戏和搜索。即时通信不再是一个简单的聊天工具，已发展成为一个集通信、信息、娱乐、搜索、电子商务、业务协作和企业客户服务等为一体的综合信息平台。即时通信是一项终端通过网络即时通信的服务。中国网络购物市场巨大，其中电子商务市场呈现逐年快速增长的趋势。在企业即时通信市场，腾讯的 RTX、微软的 LCS 和其他产品占据了大部分的市场份额。腾讯通过努力，在 2008 年企业用户超过 10 万家，用户接近 600 万，但近年来由于腾讯对 RTX 的支持力度有所减弱，其市场份额下降。

根据市场调查发现，现在的电子商务网站都面临着“消费者中途放弃购物车”的问题：一些消费者临近支付之前丢弃购物车，终止购物过程。大部分是因为消费者在购物网站遇到问题，没有得到即时的帮助。例如，一个用户，他通过拨号上网的方式，登录一个电子商务网站购物，却在付款前对付款事项产生疑问。这个时候怎么办？网站的电子邮件回复速度太慢，如果消费者不能在网上找到答案，他不得不下线，然后打电话，交易也因此结束。

研究表明，即时通信可以解决电子商务网站的问题。即时通信相当于商场的咨询处，一旦企业通过快速沟通回答消费者的购物问题，购物车被中途丢弃的现象将大大减少。即时通信服务已经成为雅虎、美国在线门户广泛使用的服务软件之一，越来越多的企业将其用于内部通信工具以及商务交易的通信工具，具有广阔的增长空间。

自 2005 年以来，受国外企业即时通信的影响，中国也在自己本土上发展了自己的企业即时通信产品，并随着经济的推动、企业需求的激增而彰显出巨额的市场潜力。据有关市场咨询资料显示，全国企业即时通信市场规模在2005年为2.67亿美元，2010年市场翻了两倍，达到6.88亿美元，这些年来用户基数在企业协同办公需求的带动下直线上升，2013年，企业即时通信软件成为大型跨国公司95%的职员实时沟通交流的主要工具。

从宏观角度看，企业即时通信市场的潜力需要足够的用户需求来体现。在互联网与通信技术融合发展的IM时代，当企业的电子商务发展初具规模的时候，必然需要一套与内部员工、企业客户实现即时通信的沟通工具；再者，大量信息数据的处理，也激增企业对统筹管理的需要。企业即时通信的最终形态是一个多功能的综合性信息服务平台，除了在及时沟通上有着极其强大的实时交互功能之外，更重要的是，它能让企业对整体运作的每一环节自主控制，具有“操控力”以及“整合力”。自金融风暴侵袭之后，企业即时通信市场的潜在需要被大幅度释放，活跃度随着金融危机影响的减弱而逐渐增长，未饱和的市场需求给企业即时通信提供商留下了潜能无限的增长空间。

多语言电子商务网站还未投入市场使用，刚开始运营客户量会比较少，如果各个部分达不到用户所期待的效果，将会给平台的发展带来一定的困难。在用户使用多语言网页即时通信系统时，首先，多语言功能是针对少数民族而设计的，不仅实现了民族特色的展示，而且可以让不同地区、使用不同语言的人们享受到相同的操作功能和待遇，这有力地促进了少数民族语言的应用与发展。其次，即时通信系统提供给网站一个及时、有效的与在线访问者交流的途径，在电子商务网站后台深化了客户关系管理功能，使传统的资讯商场服务员转变到互联网中的交互。通过即时通信系统帮助多语言电商平台建立稳固、持久的客户关系，把浏览者转变成购买者，并且把参观者变成忠实的用户，以此提高客户的忠诚度和满意度。最后，在买家与卖家的交流过程中，可以扩大商品成交概率，能减少服务费用，并且使用户在线上购物享受与线下购物一样的服务水平。因此，本研究对多语言电子商务平台的发展具有重要的意义。

云交易平台中即时通信系统的使用者主要是在平台上已经注册的买家和卖家。用户若想使用本系统，只需在平台上注册账号即可，并且用户注册时的个人信息即为即时通信系统的信息。本系统解决了买家与卖家之间的沟通，另外消费者彼此之间也可以互相添加好友进行交流，方便消费者在平台中的购物。

买家，是在电商平台中是购买商品的一方，属于消费者，也是即时通信系统使用的主要人群。买家在购物过程中，发现自己感兴趣的商品，可以通过即时通信系统向卖家获取这些商品更多的细节，包括质量、外观、具体功能等。从商品评论中，他们也可以向购买过此商品的买家进行询问，了解他人对商品的使用情况。在本网页即时通信系统中，买家可以使用的功能主要有发起聊天、发送文字、发送表情、发送图片、添加好友、删除好友、查询聊天记录等。卖家，是在电商平台中属于运营、销售商品的一方，主要负责引导买家购物，根据买家的需求向买家推荐合适的商品。买家通过即时通信系统提出的问题，卖家必须及时地以文字或图片的方式进行反馈，加以解答。在本网页即时通信系统中，卖家可以使用的功能主要有发送文字、发送表情、发送图片、添加好友、删除好友、查询聊天记录等。

第四节　平台支撑系统

新丝路经济带少数民族特色农产品交易平台需要打通整个农产品交易流通环节的信息流，采用先进的电子商务、网络交易及云计算服务等信息技术，为经济带各国家地区农产品生产企业、流通企业、物流配送企业、增值服务企业等提供完善的信息服务、交易支持、内部管理等网上服务功能。

所以，交易服务平台由完整的农产品网上交易服务平台、农产品交易信息发布及监控中心、物流协作服务子平台、质量安全服务子平台和若干个为实体农产品批发交易市场服务的农产品批发交易市场管理系统组成。

一、安全系统

随着时代的进化和互联网的发展，网上交易逐渐成为一种被人们接受的交易方式，在经济生活中发挥越来越重要的作用。然而，互联网所具有的开放性是网上交易方便快捷、广泛传播的基础，而开放性本身又会使网上交易面临种种危险。电子商务的快捷，促使在网上销售的网商以及网上购物的网购者越来越多。网商和网购者构成了网商交易的主体。由于电子商务网络交易的特殊性，伴随网上交易的发展产生了许多安全问题，成为电子商务的核心问题和最关键的问题。网上交易的安全性主要包括三个方面，即确保银行身份的正确、确认客户身份和保证数据的保密性及完整性。这些安全要求目前都有相应的实现技术。要确保安全，必须有一套健全的安全管理制度来规范人的行为，并且还应当有一套安全稽核的方法进行事后监督以便及时发现问题。而这些往往在人们讨论网上银行的安全时容易被忽略。在安全系统中认证中心（CA）的作用是非常重要的，数字认证最大的服务对象是电子商务用户，第三方的认证中心将会在商家与消费者之间建立一个信任的桥梁，所以，可以说所有的电子商务活动均离不开认证中心的参与。网上的交易必须有统一的认证系统来保证安全，而目前我国尚未建立国家级的认证中心体系，这是一大不足。现在各金融机构的支付结算业务要么主要在本行系统账户进行;要么像招商银行那样实行最高交易额的限制性措施，这些都极大地阻碍了电子商务的发展。

支付和结算问题也是阻碍电子商务发展的最大因素之一。从目前各主要的电子商务网站和门户网站的支付方式来看，网上支付只是众多支付方式中的一种，还远远不能满足网上购物的需要。网上支付不能满足电子商务发展的主要原因，除了安全问题以外，就是我国金融业的支付系统和支付工具已十分落后，经营管理方式过时。网上支付还有另一个亟待解决的问题就是结算效率。目前主要发卡行的结算速度有很大的差别，有时购货款的结算时间偏长，虽然客户信用卡上的钱已经划出，但相关网站却一直得不到确认通知，给不少消费者和网站造成了相当大的困扰，影响了交易的成交。

在信息时代，转变金融管理者和经营者的管理观念这一问题显得尤为重要。在网络经济环境下，管理理念将发生巨大的变化，特别是在对待竞争与合作的关系上，需要更加深入的认识。我国网络金融机构的管理，应该把网络支付系统的建设摆在重要位置，同时要注重建设现代化的金融法制体系，并改革专业化金融体制。

网络交易安全的重要性已不言而喻，它不仅关系到商家的利益，更是与客户的利益紧密相关。如果网络交易环境无法保障安全，对于商户物品的卖出、潜在客户的查找与物品的交易环节都存在很大风险。不仅交易被人冒用容易造成金钱的损失，个人购买隐私也无法得到保障。综上所述，保证一个安全、健康、良好的网络交易环境，是网络交易的重中之重。

二、“云计算”平台

2009 年以来，“大数据”在互联网领域及信息技术行业被广泛应用，获取和掌握信息的能力已成为衡量一个国家强弱的重要标志，数据成为与土地、资本、人力同样重要的生产要素。互联网的不断发展又促使“云计算”技术的涌现，“大数据”与“云计算”的结合改变了人类传统生活方式，也给电子商务行业的发展带来全新机遇。一些电子商务巨头正加紧建设基于大数据的电子商务云平台与数据库，并将此应用于自有的电子商务平台，进而提升其核心竞争力。而对于众多电子商务企业而言，如何应用“大数据”与“云计算”，建立电子商务云平台，对其健康发展具有一定的现实意义，值得思考与探究。

电子商务作为一个流行的商业模式，一直以来都是投资者青睐的领域，许多先进的技术与资金也因此流向这个行业，“大数据”与“云计算”也不例外，一些企业开始尝试搭建基于大数据的电子商务云平台。这是因为，其一，“云计算”带来了更低的基础设施成本，企业可以利用其补充或取代内部的计算资源，并且不用再担心峰值问题；其二，“云计算”具有更高的性能，企业不需要投入大量资金购买高性能的电脑，而“云”中提供了几乎无限的存储容量；其三，“云计算”可以轻松实现企业之间的内部共享与协作，不再受制于空间与时间，能够真正做到实时、快速、准确。当前，谷歌、IBM、亚马逊、微软、阿里巴巴都加入了“云计算”的开发行列，阿里巴巴于 2009 年成立“阿里云”子公司，IBM 则推出了蓝云计划，微软推出了 Windows Azure（蓝天）操作系统。面对种类如此繁多而又各具特色的“云计算”平台，企业面对这一发展趋势，必将展开新一轮的厮杀。

电子商务交易平台的访问量具有较强的突发性和并发性，严重时还会出现服务中断，并且在特定时刻还会因为服务器瘫痪给企业造成难以估计的经济损失。鉴于此，电子商务企业开始注重运用大数据处理技术来建立电子商务云平台，利用“云计算”保证电子交易的安全。例如，每年淘宝网举办的“双 11”网上秒杀活动，单击量巨大，突发事件极多，因此，阿里巴巴利用“云计算”保证顾客在网店上能够正常浏览、下单、购买。虽然“云计算”技术在逐步发展和完善，但在选择“云服务”时，需要权衡“云计算”给企业带来的利弊，因为其可能会带来涉及安全、标准以及隐私等诸多问题。此时，搭建电子商务云平台的正确思路应该是利用大数据处理技术，发挥大数据强大的信息检索服务功能、准确的数据分析以及快速的弹性处理能力，在“云计算”基础之上建立云存储平台，最大限度地提高资源的相关管控能力，进而提高企业运转的效率与数据安全。

一般而言，“云计算”有三种服务模式：IaaS（基础设施即服务）、PaaS（平台即服务）和 SaaS（软件即服务）。例如，IBM 联合金蝶集团借助技术和平台优势推出的“腾云计划”，意在改变传统的软件服务模式。亚马逊公司是运用“云计算”技术开展电子商务最为成功的一家上市公司，之后又有苹果、亚马逊等巨头互联网企业投身“云计算”服务。在国内，阿里巴巴早在 2008 年就开始了“大数据”与“云计算”的布局，将电子商务服务引入阿里云中，将个人用户和电商企业连接起来，使得企业的电子商务模式得到根本性改变。

之后，京东、苏宁易购、当当网、1 号店等其他电子商务企业也在加大“大数据”与“云计算”的投入，并将已有的成果应用于电子商务的日常交易之中。从事电子商务的中小企业将“大数据”与“云计算”应用于数据存储服务、信息共享、业务协作与客户群上，并且越来越多的企业开始广泛应用。大数据时代下，数据的多样化与复杂化将是电子商务企业面临的一个重要问题。利用云平台，企业可以在低投入下实现大数据的有效处理，帮助企业分析经营用户行为数据，并进行可靠的安全实时监测，还可以加强信息共享与业务协作，实现企业的绩效提升。

三、数据库系统

数据库系统（Data Base System，DBS）是由数据库及其管理软件组成的系统，是适应数据处理需要而发展起来的一种较为理想的数据处理核心机构，是一个实际可运行的存储、维护和应用系统提供数据的软件系统，是存储介质、处理对象和管理系统的集合体。它通常由软件、数据库和数据管理员组成。其软件主要包括操作系统、各种宿主语言、实用程序以及数据库管理系统。数据库由数据库管理系统统一管理，数据的插入、修改和检索均要通过数据库管理系统进行。数据管理员负责创建、监控和维护整个数据库，使数据能被任何有权使用的人有效使用。数据库管理员一般是由业务水平较高、资历较深的人员担任。

数据库系统的个体含义是指一个具体的数据库管理系统软件和用它建立起来的数据库；它的学科含义是指研究、开发、建立、维护和应用数据库系统所涉及的理论、方法、技术所构成的学科。在这一含义下，数据库系统是软件研究领域的一个重要分支，常称为数据库领域。数据库系统一般由 4 个部分组成。

（1）数据库：即存储在磁带、磁盘、光盘或其他外存介质上、按一定结构组织在一起的相关数据的集合；

（2）数据库管理系统（DBMS）：是一组能完成描述、管理、维护数据库的程序，按照一种公用的和可控制的方法完成插入新数据、修改和检索原有数据的操作；

（3）数据库管理员（DBA）；

（4）用户和应用程序。

目前常见的数据库系统有 IBM 公司的 DB2、Oracle 公司的 Oracle、微软公司的 SQL 和 Access、Sybase 公司的 Sybase、MySQL AB 公司的 MySQL 等。不同的数据库系统，有不同的特点，也有相对独立的应用领域和用户支持。

（1）Oracle 数据库系统：Oracle 公司为了最大限度地抢占市场，针对不同规模和应用需求的用户推出了不同功能组合的版本，而且所支持的操作系统也可以说是全面覆盖，UNIX、Linux 和 Windows 都可以，所以 Oracle 数据库不仅适于大公司选择，还可以满足各种不同规模的企业用户选择。当然对于不同的用户，所选择的操作系统平台也不一样，大型企业一般选择基于 UNIX 或者 Linux 的操作系统，而中、小型企业则选择基于 Linux 或者 Windows 的操作系统。

（2）DB2 数据库系统：DB2 尽管是 IBM 开发的，但它与其他数据库系统一样，也不局限于自身的服务器，同样是采取了开放的政策。所以现在许多非 IBM 自有品牌服务器也提供了对 DB2 数据库系统的支持。在 UNIX 操作系统方面，除了 IBM 自己的 AIX 操作系统外，DB2 有支持 Sun Solrais 和 HP-UX 操作系统的版本，其他的 Linux 和 Windows 系统，IBM 都提供了相应的 DB2 数据库系统版本。

（3）SQL/Access 数据库系统：因为它们与应用最为普通的 Windows 系统一样，都是微软公司的产品，所以 SQL 和 Access 的最佳操作系统环境就是微软的 Windows。目前支持 Windows 操作系统的服务器架构已非常普遍，可以说所有主流处理器架构都有很好的支持，包括 IBM 的 Power 处理器、Sun 的 UltraSparc 处理器。所以在这方面，基于这两大数据库软件的数据库服务器是没有什么限制的。

（4）MySQL 数据库系统：MySQL 是 MySQLAB 公司提供的一款开放而且免费的数据库系统。虽然功能不是非常强大，性能也只能算是一般，但在各种中小型应用中还是非常普及的，毕竟它比起针对小型办公应用而设计的 Access 来说还是非常有优势的。

数据库的优势有以下几个方面。首先是数据共享，数据共享是指多个用户可以同时存取数据而不相互影响，数据共享包括 3 个方面：所有用户可以同时存取数据；数据库不仅可以为当前的用户服务，也可以为将来的新用户服务；可以使用多种语言完成与数据库的接口。其次是减少数据冗余数据，冗余就是数据重复，数据冗余既浪费存储空间，又容易产生数据的不一致。在非数据库系统中，由于每个应用程序都有自己的数据文件，所以数据存在着大量的重复。数据库从全局观念来组织和存储数据，数据已经根据特定的数据模型结构化，在数据库中用户的逻辑数据文件和具体的物理数据文件不必一一对应，从而有效地节省了存储资源，减少了数据冗余，增强了数据的一致性。最后是具有较高的数据独立性，所谓数据独立是指数据与应用程序之间的彼此独立，它们之间不存在相互依赖的关系。应用程序不必随数据存储结构的改变而变动，这是数据库一个最基本的优点。

在数据库系统中，数据库管理系统通过映像，实现了应用程序对数据的逻辑结构与物理存储结构之间较高的独立性。数据库的数据独立包括两个方面：物理数据独立方面，数据的存储格式和组织方法改变时，不影响数据库的逻辑结构，从而不影响应用程序；逻辑数据独立方面，数据库逻辑结构的变化（如数据定义的修改，数据间联系的变更等）不影响用户的应用程序，数据独立提高了数据处理系统的稳定性，从而提高了程序维护的效益。增强了数据安全性和完整性保护，数据库加入了安全保密机制，可以防止对数据的非法存取。由于实行集中控制，有利于控制数据的完整性。数据库系统采取了并发访问控制，保证了数据的正确性。另外，数据库系统还采取了一系列措施，实现了对数据库被破坏后的恢复。能够确保系统运行可靠，出现故障时能迅速排除；能够保护数据不受非授权者访问或破坏；能够防止错误数据的产生，一旦产生也能及时发现。

第 5 章

多语言特色农产品用户管理系统

第一节　多语言特色农产品用户管理系统概论

一、用户管理系统的概念

用户管理是当今 Web 应用系统中不可缺少的部分，一般情况下用户管理包含普通用户管理和平台运维者管理。普通用户若要享受平台提供的服务，首先需要在平台上登录注册，然后系统自动为用户分配相关权限服务。通过用户管理平台，平台运维者可对用户账号、用户状态进行管理。平台运维者管理平台是保证系统正常有序的保障，也是保证系统安全的必要措施。平台运维者想要对用户进行管理，必须通过系统审核，获取平台管理员权限，当平台认定为合法时，方可在平台上执行操作。平台运维者的主要工作包括用户开户和撤销。平台运维者根据实际情况可对用户进行开户和删除操作、用户的基本信息管理和设置。平台运维者在管理过程中可对用户信息修改与标记，同时也可以设置用户权限和分配用户资源。平台运维者根据用户等级，设置用户权限以及资源分配，为用户赋予不同角色，不同角色赋予不同权限，权限与角色一一对应。

二、多语言用户管理系统发展现状

最近几年电子商务在中国流行起来，电子商务用户数量也随之增多。在全球经济加快发展过程中，电子商务生存环境和经营环境发生了巨大的变化，电子商务各大平台之间竞争也愈发激烈，用户作为电子商务平台的重要组成部分，各大电商平台对用户资源间的竞争极其激烈。为了提高电商平台在市场上的竞争力，使用户管理受重视程度不断提高，角色和权限管理等越来越受到管理层的重视。在竞争激烈的电子商务市场中，各大电子商务平台纷纷建立了自己的用户管理系统。用户管理系统在当今社会受到行业的认可，也是电子商务平台提高市场竞争力的重要手段。但在目前存在的电子商务模式下，大多平台只支持中文用户管理界面，少数民族语言用户管理系统的开发却被忽视。主流电子商务用户管理系统仅限于汉语人群使用，不能进行很好的拓展，极大地影响了少数民族地区平台运维使用，资源的有效性受到了语言的限制。

2013 年，中国国家主席习近平在“一带一路”沿线国家哈萨克斯坦纳扎尔巴耶夫大学演讲时提出，将创新作为新的合作模式，来共同建设地跨亚欧的“丝绸之路经济带”。“丝绸之路经济带”是中国与各国之间形成的一个在经济领域相互合作的区域，其地跨区域大致在古丝绸之路的范围之上。国内区域包括甘肃、青海、宁夏、新疆、陕西、四川、云南、广西、重庆等省、自治区或直辖市，境外跨越中亚五国、西亚阿拉伯国家直达欧洲，“丝绸之路经济带”使得沿线的城市活跃起来，特别是少数民族地区。

针对少数民族地区的电子商务平台，目前还存在三个问题：首先是不支持多语言用户管理界面，少数民族语用户管理系统几乎处于真空状态。大多用户只能通过京东、淘宝等主流电商平台进行网络购物，限制了少数民族地区部分人群使用。其次是少数民族地区现有的民族语电商平台中，目前都只拥有一种民族语，其限制了其他少数民族地区人群使用，阻碍了各个民族地区特色农产品交易流通，一定程度上限制了少数民族地区经济发展。最后是少数民族语电子商务平台还存在用户管理系统体系结构乱、管理流程烦琐、管理成本高的特点，这些缺点造就管理效率低下，用户管理不科学、不规范，增加了管理成本等。因此，若能开发一款既能支持多语言管理界面又能提高管理效率的用户管理系统，这将有力解决这一问题，既增加少数民族地区特色农产品流通，增进民族感情，促进民族团结，也让平台运维者从烦琐的管理工作中释放出来。

三、多语言特色农产品用户管理系统建设的意义

在电子商务平台中，用户管理系统是平台吸引消费者，提高管理效率的重要途径。随着国家经济发展，电子商务也逐渐壮大，电子商务已经覆盖各个领域，特别是特色农产品深受人们的欢迎，但少数民族语言地区的电子商务还处于空白状态，支持多语言用户管理系统的电子商务平台有迫切开发的必要。通过多语言页面技术，将少数民族地区的特色农产品与用户融合，并将所有的民族特色农产品上传到电子商务平台上，平台运维者将农产品进行整理、分类，使得跨地区少数民族地区的人们能在此电子商务平台选择合适的农产品。多语言用户管理系统界面使得本平台更加人性化、合理化，一定程度上减轻了少数民族地区人群的语言障碍。本系统面向所有少数民族地区人群，采用更加合理的管理方式，减轻平台运维者负担，提高工作效率，以吸引更多的商家入驻。多种少数民族语言充分照顾少数民族地区的人群，能大大拓宽市场，发展潜在价值。多语言用户管理平台投入市场，用户在登录时选择相关语言，就可以访问到相应语言界面的用户管理平台下的所有应用系统。

第二节　相关技术

本节将对实现本系统的关键技术进行简单概括。关键技术决定系统的流畅性、用户体验感和市场份额。本节将分析动态多语言和静态多语言技术优

劣，介绍用户管理、B/S 架构、SSH 框架结构配置权限、角色的相关信息、MySQL 数据库存储用户信息和配置信息等内容。

一、B/S 架构

在现有主流的计算机管理系统中，存在两种系统架构：一种是 B/S（浏览器/服务器）架构，主要任务由服务器端完成，浏览器端辅助完成；另一种是 C/S（客户端/服务器）架构，任务由服务端和客户端共同完成。C/S 模式与 B/S 模式对比如表 5-1 所示。

表 5-1　C/S 模式与 B/S 模式对比

性能	B/S 架构	C/S 架构
硬件环境	广域网	小范围网络
安全要求	安全性弱	安全性强
可移植性	较强	较弱
软件重用性	较强	较弱
可维护性	较强	较差
维护成本	较低	较高
客户端负荷	较轻	较重
用户界面	基本相同	各不相同

B/S 架构和 C/S 架构各有优缺点。C/S 架构历史悠久，技术成熟，在市场上占有主导地位，这种架构几乎把所有的功能直接在客户端实现，但随着需求的不断增加，C/S 架构越复杂多样，使得维护和升级越发困难。C/S 架构的缺点还有客户端升级维护烦琐、安装和升级耗费时间多、用户使用数量和 B/S 架构相比较少、人群比较固定、信息共享功能差。另外 C/S 架构还有对操作系统依赖程度较高、跨平台能力较弱、开发成本较高等缺点。

互联网发展至今，用户的需求不再满足于 C/S 架构，此时 B/S 架构已经发展起来，这种架构模式的特点是开放、维护成本低、可伸缩性好等，深受运营商和用户的喜爱。B/S 架构是 C/S 架构基础之上的一种改进模式，主要通过三层网络结构实现，即浏览器代替客户端软件功能，核心功能在服务器端实现，用户界面通过浏览器查看。当今，阿里巴巴、京东、亚马逊等大型电子商务平台都采用基于三层模式的 B/S 架构。三层 B/S 架构由客户端、Web 服务器端以及数据库服务器端构成。

第一层：客户端，负责数据显示和输入功能，处理少量的用户数据，面向所有用户，功能统一、简洁。

第二层：Web 服务器端，职能是处理数据库服务器和浏览器的信息交互。在用户访问数据库服务器的过程中，Web 服务器响应相关请求，将指令发送给对应数据库。

第三层：数据库服务器端，其职能是放置所有的用户数据，当收到用户 Web 服务器信号后，对指令进行处理，最终将处理结果输送到 Web 服务器，服务器再传送给浏览器，此时，用户可查看相关信息。

B/S 的优点是：B/S 架构客户端采用浏览器，减轻了客户端开销，以更加丰富内容呈现给用户，用户可通过任意平台访问服务器。因此 B/S 模式可应用于广域网，各地区的人群都可以使用，而对于客户端只需一个浏览器。在 Web 服务器端以及数据库服务器端提供接口，便可实现用户扩充。B/S 架构只需在服务器端升级维护便可实现整个平台升级，无须在客户端升级，使得维护成本大大降低。对于客户端，它的操作简单，界面友好，无须调整维护。

B/S 架构采用三层结构模式，使得平台可重用性好，代码冗余短，网络负载轻，大多数数据任务都在服务器端完成，浏览器传送数据到服务器，同时，服务器传送数据到浏览器，并计算数据的结果。由于多语言特色农产品平台面向少数民族地区用户，其类型、素质不尽相同，采用 B/S 架构方法有利于系统的维护，减少培训用户升级导致的开销费用，节省财力。

综上所述，对本平台采用 B/S 模式。B/S 架构大多用于电子商务平台，也是最常用、最常见的模式，实现了客户端零维护，当平台需要升级的时候，只需修改服务器端即可，这样减少了系统开销成本，方便不同层次的用户。B/S 架构模式如图 5-1 所示。

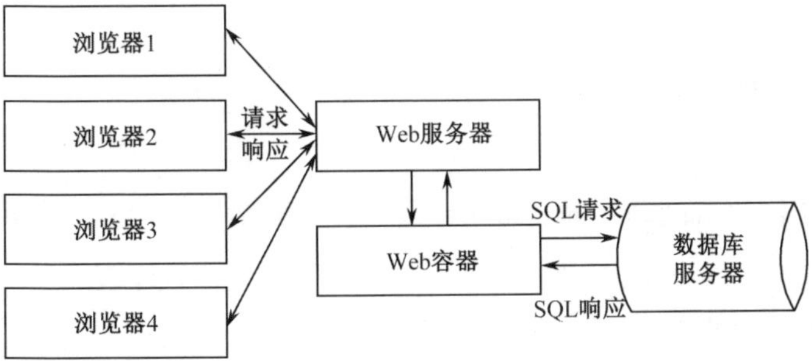

图 5-1　B/S 架构模式

二、Session 会话机制

Session 会话机制主要应用于用户的识别和跟踪，并且存储特定用户会话所需内容。Session 会话机制最早出现在脚本语言 ASP 中，Session 是一个时间概念，即通过时间来衡量，指使用者在 Web 应用程序页面中跳转时，储存在 Session 对象中的值不会消失，并且将一直存储在整个会话当中，这段有开始有结束的过程称为会话。它填补了无状态 HTTP 协议的局限和空白。

Session 会话和 Cookie 相比，Cookie 存储在对应客户端，而 Session 存储在服务器端。相比之下，Session 会话机制更为安全，使得平台不必担忧客户端用户将 Session 对象内容篡改，服务器端 Java Web 技术能自动修复 Session 权限，这就使得即使客户端 Cookie 被用户修改以后，Session 会话机制仍可传递并重写用户信息。

Session 作为一个特殊的对象，用于维持服务器端的状态，当用户访问服务器时，服务器将创建一个唯一 ID 的 Session 对象，称为 SessionID，并将 SessionID 存放在 Cookie 中，然后将 Cookie 发送给客户端，即浏览器。服务器端的 Session 对象将存放于数据库或者文件中。

Session 会话机制从用户访问第一个网页开始，客户端将收到存放在 Cookie 中的 SessionID。SessionID 主要存放用户相关信息，例如用户认证、认证时间、用户权限等。

三、静态多语言技术

静态多语言网站页面是最早出现的一种多语言技术。它有以下 3 种分类。

（1）用不同的文件系统或数据库表存储不同的少数民族语言，通过不同数据库表名或者文件后缀名加以区分。例如，对于藏语主页面采用 index_Tibetan.JSP 显示藏语相关信息，对于蒙古语主页面采用 index_Mongolia.JSP 显示内蒙古语相关信息。当用户选择语言后，系统跳转至相应的界面。

（2）不同的少数民族语言放在不同的服务器中，这些服务器之间没有关联，网站平台通过调用不同的服务器显示不同的语言，从而达到多语言显示的目的。静态多语言技术原理如图 5-2 所示。

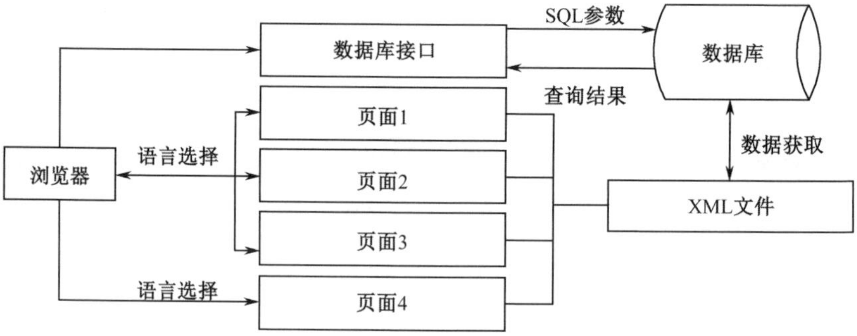

图 5-2　静态多语言技术原理

（3）对静态多语言网站的优点是：通过文件后缀名区分不同少数民族语言的版本，为系统管理员带来便利，平台运维者不必打开查看每一个页面，只需查看文件名即可，降低了管理的复杂度。然而静态多语言网站也存在缺点，系统开发人员需花费大量时间对网站进行整理，而且容易出现网页内容调用错误现象；并且重复开发相同网页结构，一定程度上加大了数据开销，降低了网站运行速率。

四、动态多语言技术

动态多语言技术就是把网页上不同的文字信息用语言变量加以区分，相同的语言信息存储在同一个文件系统，最终通过系统调用不同的语言变量值，输出不同的文字信息。数据库或是文本文件中提取数据显示页面文字信息，在平台管理系统中要求文字信息单元必须小于一个页面，否则特殊区域的信息不能显示出来或者出现文字信息错误的状况。动态多语言技术原理如图 5-3 所示。

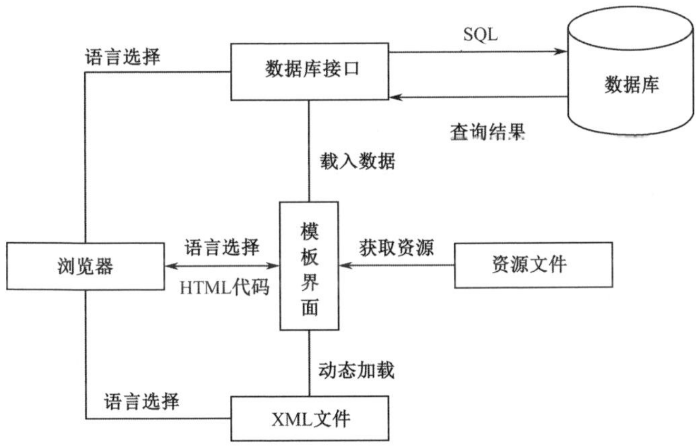

图 5-3　动态多语言技术原理

多语言动态网站页面的缺点是开发工作量大，耗费高，设计周期长，不适合应用在小型网站上。它的优点是扩展性强，易维护。当有新的少数民族语言进驻本平台时，只需增加语言变量调用此语言即可。和静态多语言技术相比，动态多语言技术的优势在于管理和维护费用少。

五、SSH 框架技术

框架（Frame Work）是预先设定好的骨架，是可重用的半成品模块，用于开发复杂程序。SSH 框架包含 Struts2、Spring、Hibernate。SSH 框架是开源的、最受企业欣赏的框架技术。

（1）Struts2 框架技术由 Struts 发展而来，Struts2 整合了 Struts 和 Webwork 技术，但 Struts2 和 Struts 差异巨大。Struts2 框架主要包含模型、视图、控制器及 MVC 模式。在本书中，模型层主要完成数据库数据处理，视图层即页面主要使用 JSP 技术，控制层接收页面消息，并调用相关类库，完成相应操作，最后反馈给页面。Struts2 工作原理如图 5-4 所示。

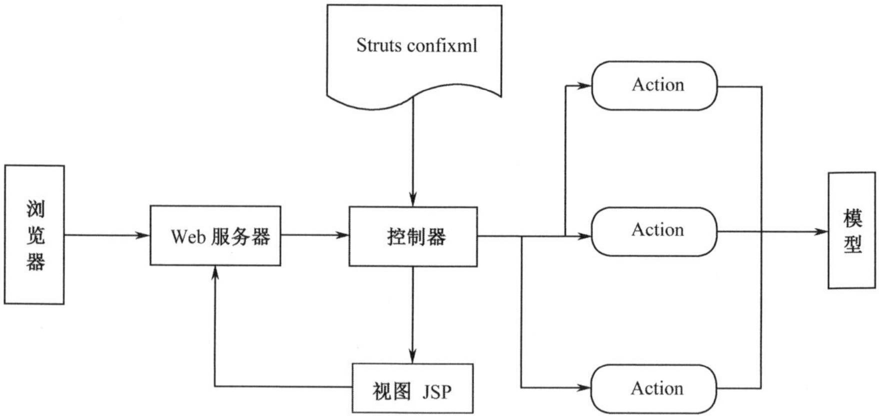

图 5-4　Struts2 工作原理

Struts2 的优势是完全包含 Struts 框架方法即 MVC 模式，并且层次更加分明，从配置文件中就可以查看各个模块之间的关系。异常处理机制使得系统稳定性强，开发效率快，可扩展性高。

（2）Hibernate 是一个对象关系映射（Object Relation Mapping，ORM）的轻量级开源框架，解决持久化操作，使得程序员可以从繁复的工作中解放出来，专注业务，提高程序员开发效率。Hibernate 框架将关系型数据库和对象之间建立映射关系，解决了阻抗不匹配问题，降低了连接数据库的难度，加快了开发速度。Hibernate 框架原理图如图 5-5 所示。

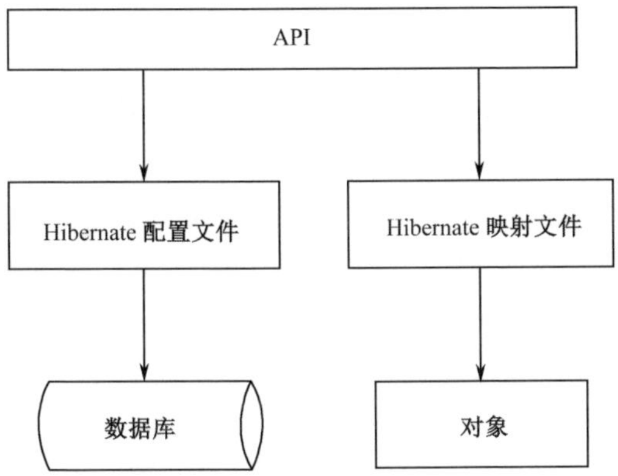

图 5-5　Hibernate 框架原理图

Hibernate 框架的优势是程序更加面向对象，提高了开发效率，方便移植（修改配置文件），无侵入性。

（3）Spring 框架技术是一个轻量级、开源、面向切面编程和控制反转的容器，主要用来整合现有框架技术。目前所有的框架集合是一个大杂烩，Spring 框架技术整合现有框架技术，使得现有技术更加实用。Spring 包含两大模块：控制反转（IOC）和面向切片（AOP）的框架。

控制反转的优点是对象由原来的程序创建，变为程序接受对象。程序员主要精力集中于业务实现。实现了 Service 和 Dao 的解耦工作。Service 层和 Dao 层实现分离，并且没有直接依赖关系。如果 Dao 的实现发生改变，应用程序本身不用改变。Spring 框架技术的优点是：轻量级框架（升级原有代码不用改变）、支持事务、支持框架。

（4）SSH 框架整合技术应用于网站管理页面、数据库、前端、后台之中，目前广泛应用于电子商务平台开发中。Spring 框架整合 Hibernate 和 Struts2 框架，接收用户请求，并且对请求做出响应。各个模块之间业务流程由 Struts2 框架负责，Struts2 应用于表示层和业务层之间，Spring 在中间层工作，Hibernate 负责业务处理对象和数据库进行交互，解决对象和数据库之间的映射问题，处于系统底层。所以，SSH 框架层次结构清晰，为系统开发提供有力支撑。在本书中采用 Spring Security 框架实现权限控制的目的，本框架具有优秀的安全控制和权限控制机能，作者在此基础上进行拓展，在实现接口类中自定义类、用户界面和用户角色的设计，结合 Spring AOP 技术，实现了动态设计用户角色、动态控制用户权限等功能。

第三节　多语言特色农产品用户管理系统需求分析

一、用户管理系统需求分析概述

消费者登录用户管理平台需要完成 5 个步骤：注册个人账号，登录平台管理系统，查看个人相关信息，管理个人信息，保存个人信息。消费者完成个人信息注册以后，系统自动分配消费者唯一 ID，用于识别每一位消费者。

商家登录用户管理系统需要 7 个步骤：注册商家信息，登录平台管理系统，查看商家信息，查看消费者信息，商家信息管理，消费者信息管理，保存信息。

平台运维者登录用户管理系统需要完成 7 个步骤：登录平台管理系统，查看平台运维者相关信息，查看消费者信息，查看商家信息，个人信息管理，商家以及消费者信息管理，保存信息。

信息管理——消费者可对个人积分信息、资产信息查询，以及对个人信息进行修改。对于商家信息管理过程同理。

（1）平台运维者信息管理：管理员对商家、消费者信息进行修改、删除、增加等。另外还需对用户信息进行审核。

（2）用户权限管理：平台运维者和商家可对不同用户加以区别，分配其不同的权限，满足平台运行时的需求。

（3）系统维护：系统维护的主要任务是对网页版面的数据更新维护，及时管理用户相关信息。

二、用户管理系统业务流程分析

多语言用户管理系统总体结构图如图 5-6 所示，该图给出了多语言用户管理系统不同用户访问的流程，平台角色用户分为三类：消费者用户，平台运维者用户和商家用户。平台运维者又分为普通管理员和超级管理员。消费者角色用户进入系统流程图如图 5-7 所示。

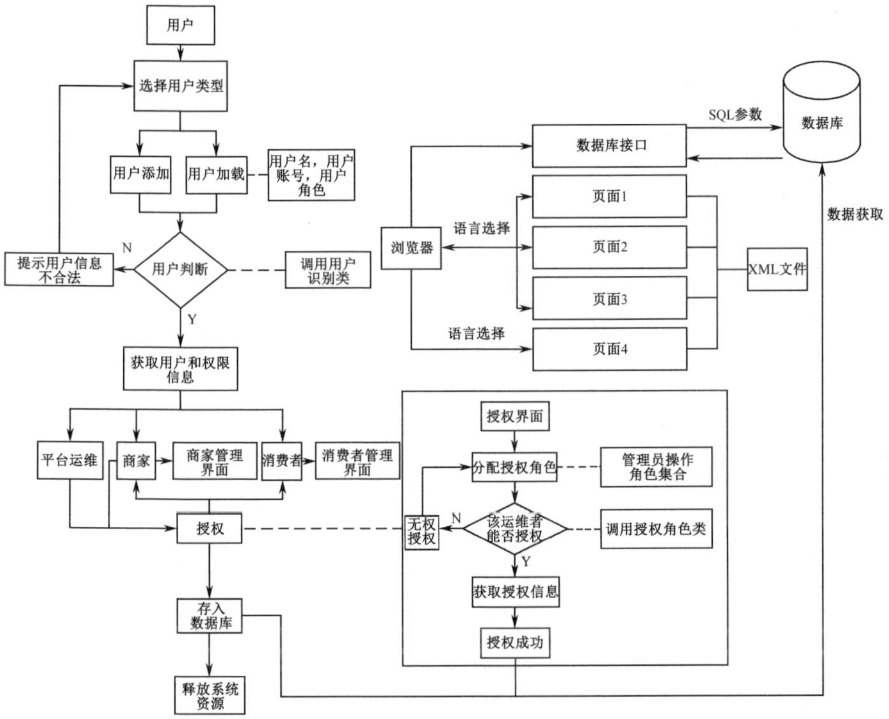

图 5-6　多语言用户管理系统总体结构图

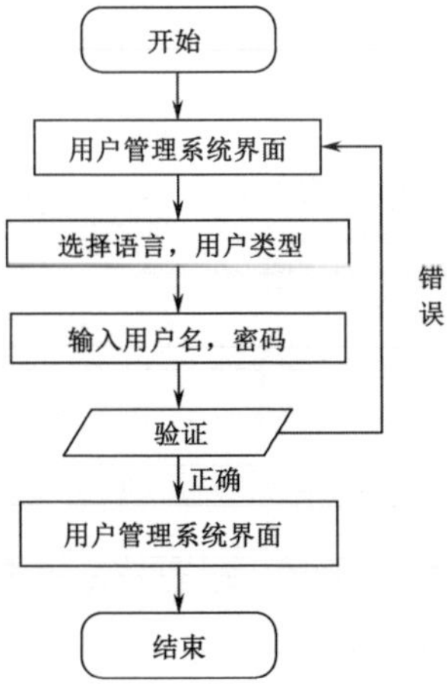

图 5-7　消费者角色用户进入系统流程图

三、用户管理系统功能需求分析

多语言用户管理系统主要任务是实现用户相关信息管理和系统维护功能，即消费者在本平台上的行为对商家或者平台运维者可视。根据系统开发流程的功能需求，系统整体用例图如图 5-8 所示。

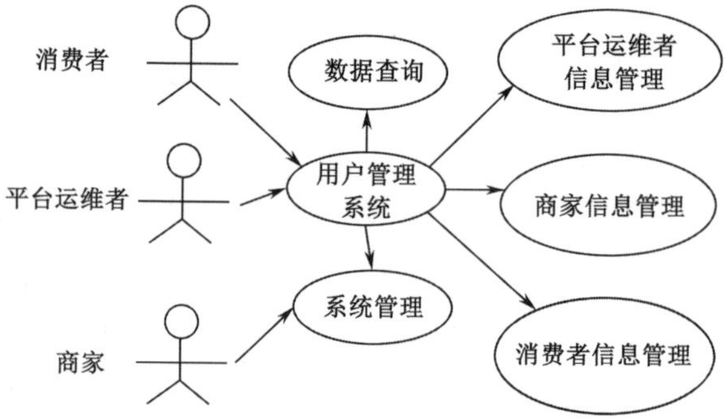

图 5-8　系统整体用例图

系统分为消费者模块、平台运维者模块、商家模块和多语言模块。

（1）消费者模块：由注册、消费者信息管理、订单管理和资产管理组成。

注册：用户在首次使用用户管理平台时需要进行注册。注册的内容包括昵称、年龄、性别、账号、电话、密码等。平台将收录消费者信息并且存储在数据库中形成记录。当用户已经注册，可以通过账号密码直接登录。

消费者信息管理：消费者个人信息主要包含用户名、账号、昵称、性别、出生日期、兴趣爱好、联系电话。消费者能根据实际情况对信息进行更改。

订单管理：主要包括订单记录查询、取消订单、付款记录等。订单管理使消费者更容易维护消费记录。

资产管理：主要包含资产余额、积分等。资产可以用于消费，积分可用于兑换活动，提高消费者热情。

（2）平台运维者模块：由注册、运维者基本信息管理、商家基本信息管理、商家等级管理、商家积分管理、平台运维者角色管理组成。平台运维者模块管理用例图如图 5-9 所示。

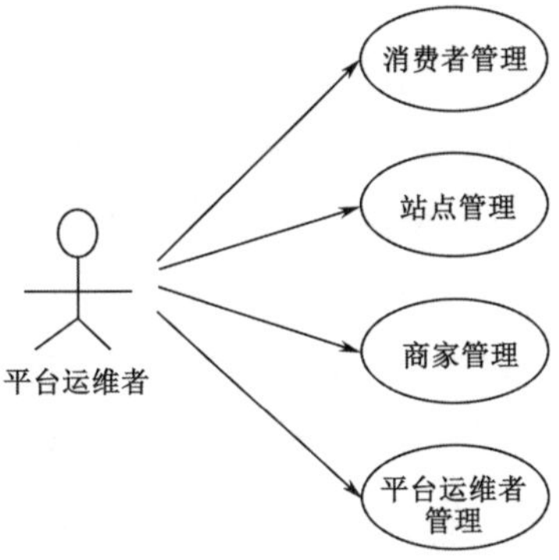

图 5-9　平台运维者模块管理用例图

运维者基本信息管理：主要由平台运维者个人信息组成，例如姓名、性别、账号、角色、电话等。平台运维角色决定平台运维者操纵的权限，有利于平台进行分级管理，减少管理复杂度，提高平台运维者管理效率。

商家基本信息管理：包括商家名称、品牌、性质、电话、商家地理信息等。商家基本信息上传至服务器后将作为平台运维者进行业务推广、营销活动的重要依据。

商家等级和积分管理：在用户管理系统中，平台运维者可根据不同商家设置不同的商家等级规则和积分规则。商家等级规则：平台运维者需要设置商家的默认等级。新商家进入时属于默认等级，随着商家的信誉度的提升，系统将根据规则自动计算客户等级，该等级属于商家店铺的等级。客户积分规则：商家可以根据消费金额进行计算，每 1 积分需要消费多少金额（如 1 积分/元，若商家消费 100 元，则该商家的积分为 100 积分）。消费金额可以分为累计消费金额或者单次消费金额。该积分属于商家店铺的客户积分。

（3）商家模块：商家模块由注册登录、商家基本信息管理、消费者信息管理、查询工具、短信服务、邮箱服务、角色管理组成。

注册登录：在商家模块中，商家可以通过注册登录开通商铺，同时，若商家有线下实体店，也可以在本系统中开通“实体店”进行绑定，从而实现一体化的商家关系管理。注册登录过程中需要填写店铺名称和店铺性质等内容。开通店铺以后商家可以通过短信服务绑定店铺。

商家基本信息管理：包括店铺名称、店铺类型、店铺性质、店铺电话，商家可以根据需求对商家信息进行编辑等。

消费者信息管理：根据不同的消费者设置不同规则，消费者首次进入商铺时会默认客户等级，当然商家也可以对消费者等级进行修改和编辑。

消费者信息管理：为了更好地维护消费者关系和对消费者细分，用户管理系统提供详细精准的消费者分条件，商家可以根据分组不同，快速定位客户，在自定义分组中有详细的分组依据。自定义显示消费者的信息，统计每个客户来源，以及店铺拥有的客户数，统计店铺的客户消费记录和基本信息。通过自定义分组可查询客户统计信息，包括客户信息、客户购买的商品、客户的历史订单、联系人、积分日志以及短信记录。

查询工具：客户快捷查询可以用于客服接待或者电话接待，商家可快速定位客户信息，找到客户资料，提升接待效率和客户体验。具体操作是：输入客户的手机号或者订单号，即可快速查询客户信息，包括客户的昵称、最近购买的商品、订单总数、订单总金额、平均订单价。

短信服务：用户管理系统设定短信模板，商家可便捷调用，同时商家也可以将经常使用的短信内容编辑成短信模板，方便营销活动时灵活使用，例如营销短信、短片推荐、日常关怀、收发货提醒、优惠券到期提醒、生日短信等，实现对短信模板的分类管理。短信服务借助第三方飞信软件发送信息。短信服务功能将采用多语言提示方式，拓展少数民族地区使用人群。

邮箱服务：用户在注册时需要用到邮箱进行实名验证，确保安全性。另外邮箱也可以做消费者接收信息的工具，邮箱也采用多语言发送。

角色管理：商家可以设置消费者的角色，每个角色有不同的权限。店铺权限包含店铺管理、等级规则、积分规则、短信服务、客户快捷查询、订单查询。订单权限包含创建订单、订单查询。消费者管理权限包含消费者分组、添加消费者、删除消费者等权限。

（4）多语言模块：主要提供不同语言版本内容在网页页面上显示，本系统将为用户提供汉语、藏语以及蒙古语等不同语种。通过多语言模块，用户只需选择不同语言版本就可以进入相应语种界面，将提高用户使用人群数。

第四节　多语言特色农产品用户管理系统设计

一、用户管理系统设计概述

本书首先对多语言用户管理系统内容进行设计，对细分的用户登录模块、消费者模块、平台运维者模块、商家模块研究内容进行详细介绍；然后对数据库所需表以及表之间的关系进行详细分析；最后对 Web 网页技术进行介绍，并对多语言特色农产品用户管理系统进行设计。

二、用户管理系统总体设计

（1）用户登录模块设计方面：本平台中用户分为三类：商家、消费者、平台运维者，在系统运行时给予他们不同的角色和权限，将不同用户进行区分。当用户进入登录页面时，根据自己的习惯，选择语言环境，然后选择用户角色，最后输入用户名、密码进行登录。

（2）平台运维者功能模块设计方面：平台运维者模块包含运维信息管理、商家信息管理、商家积分管理、平台运维者角色管理。对于商家信息管理和商家积分管理模块，需要实现增加商家用户、删除商家用户、查找商家用户、商家用户权限设置等，对于积分管理也需要实现类似功能。另外系统设立超级管理员，其拥有管理所有用户的权限。平台运维者对自身信息也需实现增删改查功能。

（3）商家功能模块设计方面：平台中商家模块包含商家基本信息管理、消费者信息管理、查询工具、邮箱服务、角色管理等。商家基本信息管理和消费者信息管理模块包括用户信息增删改查功能以及上节中提及的角色管理功能，邮箱服务模块设计通过借助第三方软件 QQ 邮箱向用户发送消息。

（4）消费者功能模块设计方面：消费者功能模块由多个功能组成，包括消费者管理界面主窗口 IndexFrame，即消费者登录成功以后所见的首页面；消费者基本信息管理功能，即系统获取用户信息的重要来源，消费者可实现个人信息添加、修改、及时更新信息；订单管理功能，即消费者在平台上产生订单以后，可在消费者订单管理中查看订单信息或者取消信息等；资产管理功能，主要便于消费查看余额、积分等，该功能是商家管理设置用户等级的重要依据；静态多语言技术，为平台多语言界面实现提供了有力支持，但静态多语言存在网站占用空间大、运行效率慢、站点维护困难等特点，针对以上不足，静态多语言技术需改进，本系统设计时，为每种语言版本页面设计不同的值，不同的值对应不同的语言界面，通过调用变量值实现语言切换效果，有利于提高系统运行效率，多语言系统框架如图 5-10 所示。

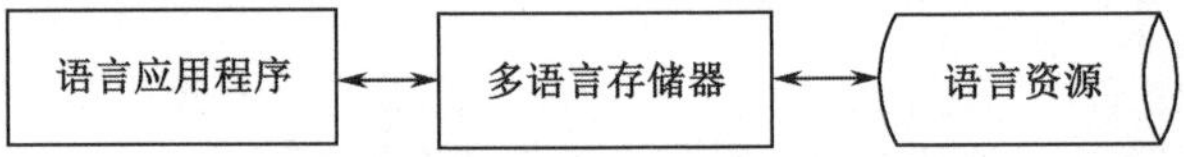

图 5-10　多语言系统框架

三、用户管理系统数据库设计

多语言用户管理系统采用 MySQL 数据库、Navicat Premium 软件创建表，设置表之间的联系。数据库取名为 UserManagement，从用户管理系统的需求出发，建立用户表。对于消费者模块，需建立消费者管理信息表、订单管理表、资产管理表等。对于平台运维者模块，需建立平台运维者信息管理表、商家等级管理表。对于超级管理员，需建立平台运维者角色管理表。对于商家模块，需建立商家基本信息管理表、消费者信息以及角色管理表、查询工具表、短信服务表等。系统数据库表 E-R 图如图 5-11 所示。

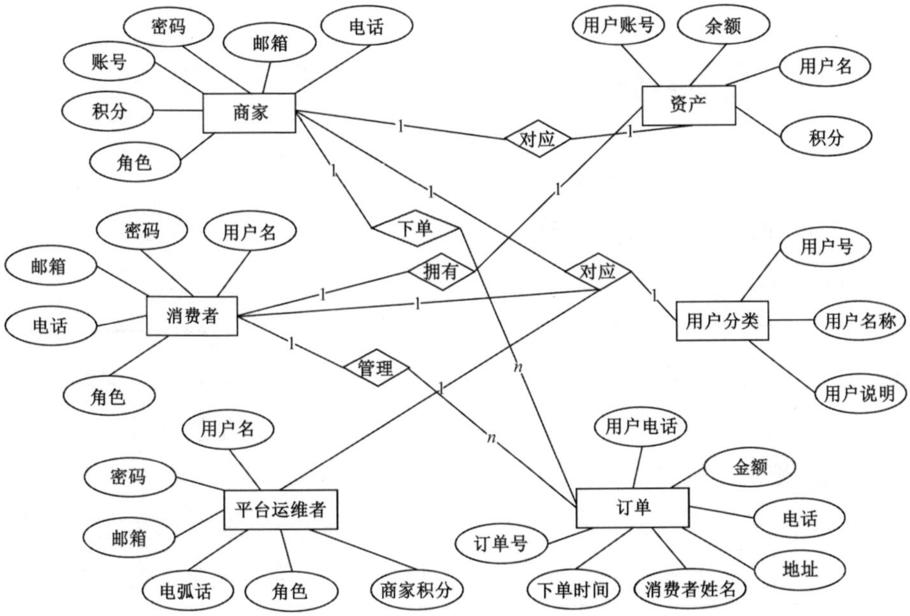

图 5-11　系统数据库表 E-R 图

（1）用户表用来存储平台运维者、消费者、商家基本信息。用户基本信息包括用户名、账号、密码、邮箱、联系电话、角色等。

（2）订单管理表包含订单号、下单时间、消费者姓名、消费者地址、金额、消费者编号、消费者电话等。

（3）资产管理表包含用户账号、用户名、余额、积分等。

（4）商家信息管理表包含商家账号、商家名称、商家地址、商家积分、商家积分、邮箱、联系电话、角色等。

（5）平台运维者信息管理表包含用户名、账号、密码、邮箱、联系电话、角色等。

（6）退单信息表包含用户名、账号、商品名、商品编号、商品价格、退单时间、退单原因等。

第五节　多语言特色农产品用户管理系统实施

一、用户管理系统实施的概述

随着少数民族消费能力提高，人们对多语言用户管理系统的诉求也越来越强烈。目前大多电子商务网站支持中文管理界面，大大限制了少数民族地区的人群的使用。单种语言的用户管理系统极大地浪费了用户资源，限制了少数民族地区经济发展。假如电子商务平台采用多语言管理界面，当不同少数民族地区的用户向系统提交数据时，平台运维者可根据自己熟悉的语言对界面进行设置，并对用户的相关信息进行管理，这就是多语言用户管理系统的优势。例如，藏语地区平台运维者在管理平台用户时，可设置用户管理界面为藏语页面。SSH 框架技术对所有的用户进行权限设置以及角色管理，用户遵从系统赋予的角色，享用相关的服务。系统架构总体思想图如图 5-12 所示。

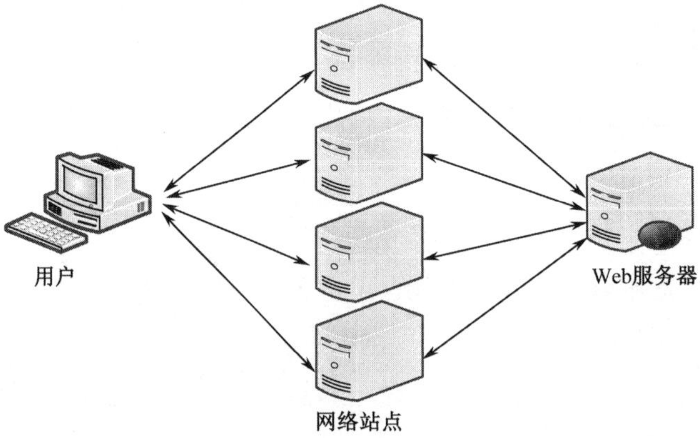

图 5-12　系统架构总体思想图

该用户管理系统架构图的核心是用户管理系统中 SSH 框架技术和多语言

技术的结合。SSH 框架技术整合实现用户控制和授权实现。多语言技术为相同的后台页面准备不同的语言体系。整个系统采用 B/S 架构，用户信息存储在 MySQL 数据库，并且数据库还负责多语言数据的读、写，实现用户管理系统信息交互。用户管理系统平台在 Tomcat 服务器上运行。

二、用户管理系统功能实现

上节详细介绍了数据库连接、SSH 关键 XML 文件配置以及平台环境介绍，为系统模块实现奠定了开发基础，本节将对系统各个功能模块实现进行详细设计。

（1）用户登录模块实现方面：多语言特色农产品用户管理系统采用 B/S 架构，保证用户随时随地访问服务器。本平台中用户包括商家、消费者、平台运维者，在系统运行时赋予他们不同的角色和权限，将区别不同用户。当用户进入登录页面时，根据自己习惯，选择语言环境，然后选择用户角色，最后输入用户名、密码即可登录。例如：藏语平台运维者在登录时，选择藏语，然后选择平台运维者角色，再输入用户名、密码即可登录。

（2）平台运维者功能模块实现方面：平台运维者模块包含运维信息管理、商家信息管理、商家积分管理、平台运维者角色管理。对于商家信息管理和商家积分管理模块，需要实现增加商家用户、删除商家用户、查找商家用户、设置商家用户权限等，对于积分管理也需要实现类似功能。另外系统设立超级管理员，拥有管理所有用户的权限。平台运维者对自身信息也需实现增删改查功能。用户权限控制过程是：在用户进行登录时，系统自动生成监听器，监听器将对 Session 对象检测是否存在异样机制。如果存在，用户需重新登录，并将监听机制注册到 Web.xml 中；如果不存在，登录成功，平台运维者实现对用户控制。

（3）商家功能模块实现方面：商家模块包含商家基本信息管理、消费者信息管理、查询工具、邮箱服务、角色管理等。商家基本信息管理和消费者信息管理涉及用户信息增删改查功能。角色管理和增删改查功能在上节已经提及，本节不再讲述。邮箱服务借助第三软件 QQ 邮箱向用户发送消息，为实现这一功能，本平台在设计时，借助了第三方软件 QQ。邮箱开发流程是：首先创建应用接口 API，入驻开放平台，然后将应用在沙箱中进行测试，最后申请应用上线。在客户端只需要创建一个 View 页面，调用后台服务器 URL 并传递相关参数，就可以进行在线发送邮箱消息，实施成本低，并且 QQ 拥有通信加密等安全保护措施，所以邮箱服务功能无须考虑安全问题。

（4）消费者功能模块实现方面：消费者功能模块中包含多个功能页面，如消费者管理界面主窗口 IndexFrame，即消费者登录成功以后所见的首页面；消费者基本信息修改 InfoInputFrame 功能，该功能使消费者可实现个人信息添加、修改，本功能也是系统获取用户信息的重要来源；订单管理 OrderManagement 功能，本功能消费者在平台上产生订单以后，可在消费者订单管理中查看订单信息或者取消信息等；资产管理 AssetsManagement 功能，该功能主要便于消费者查看余额、积分等，该功能是商家管理设置用户等级的重要依据。

本章针对多语言特色农产品用户管理系统的关键技术，JDBC 连接数据库、SSH 框架搭建、框架设计、多语言页面核心技术切换以及网页页面显示实现做了详细介绍，并最终实现登录模块、消费者模块、商家模块、平台运维者模块的各个功能。

三、用户管理系统测试

本章将对多语言用户管理系统各个模块功能，以及系统稳定性、安全性、系统响应时间进行测试，即单元模块测试。并与传统的 B/S 架构系统进行对比，得出本系统的优势与不足。

（1）单元测试内容：单元测试即针对系统最小模块进行测试，例如本系统某个页面或者是一个登录模块。通过单元测试结果与预期结果对比，得出系统整体性能。本系统测试采用 Myeclipse 软件。Myeclipse 通过导入第三方插件 Junit 对本系统单元模块进行测试。

本系统对用户登录模块、消费者模块、平台运维者模块、商家模块、数据库模块、页面模块进行测试。系统内容测试如表 5-2 所示。

表 5-2　系统内容测试

序号	测试模块	测试内容	测试结果
1	用户登录模块	1. 消费者能否正常登录	正常登录
		2. 消费者能否获取平台运维者权限	否
		3. 平台运维者能否正常登录	正常登录
		4. 平台运维者能否获取管理权限	能
		5. 商家能否正常登录	正常登录
		6. 平台运维者能否切换语言环境	能
		7. 商家能否获取管理消费者权限	能
		8. 商家能否获取平台运维者权限	能
2	消费者模块	1. 消费者能否管理个人信息	能
		2. 消费者能否对资产进行管理	能
		3. 消费者能否管理个人订单	能
3	平台运维者模块	1. 平台运维者能否管理个人信息	能
		2. 超级管理员能否对平台运维者实现管理	能
		3. 平台运维者能否管理商家积分	能
		4. 平台运维者能否管理商家权限	能
		5. 平台运维者能否管理商家基本信息	能
4	商家模块	1. 商家能否管理个人信息	能
		2. 商家能否管理消费者信息	能
		3. 查询工具能否正常运行	正常
		4. 邮箱服务能否正常运行	正常
		5. 商家能否管理消费者权限	能
5	数据库模块	1. 能否正常读取数据	止常
		2. 能否正常写入数据	正常
		3. 能否正常查找数据	正常
		4. 数据库表能否正常关联	正常
		5. 数据库表能否关联查询	能
6	页面显示模块	1. 页面是否有乱码	否
		2. 页面数据是否丢失	否
		3. 页面排版是否正确	正确
		4. 页面能否正常跳转	正常

由表 5-2 试验结果得出本系统各个功能模块运行正常，在短时间内没有出现故障。

（2）系统性能测试方面：多语言特色农产品用户管理系统性能测试主要包括测试系统稳定性和响应时间。通过这两个性能的测试对本系统做出评价，本平台采用黑盒子测试法，通过多次测试计算各个性能的平均值。

页面响应时间的快慢决定了系统质量的优劣，本节将从登录页面跳转至消费者模块主页面、平台运维者模块主页面、商家模块主页面的响应时间，得出系统性能。

据平台统计所得，登录界面跳转至平台运维者模块花费的时间远远大于登录到用户管理主页面的时间，通过分析知道系统在跳转至平台运维者主页面时，需要花费大量时间读取商家和消费者相关信息，所以出现表中的结果，但总体花费时间都在 2s 以下，可以满足用户的需求。

本章通过对多语言特色农产品用户管理系统的模块测试以及系统整体性能测试，完成了系统综合评估。通过 Myeclipse 导入第三方插件，完成系统功能模块测试，并在系统不足的地方进行改进，基本实现系统运行零故障，满足了用户需求，可以投入在线运行。

第 6 章

民族特色农产品物流管理系统

第一节　民族特色农产品物流管理系统概论

一、农产品物流管理系统的概念

“物流”这一概念最早出现在美国，此后美、日等国和欧洲相继开始了物流相关的理论研究和技术实践。在国外，物流管理的发展先后经历了物流概念的产生与物流观念的启蒙、物流理论体系的形成与实践推广、物流管理理论的成熟与物流管理现代化、物流理论和实践的纵深发展等几个阶段。在发达国家，随着信息技术的发展，物流管理更加趋向于智能化。他们积极推进物流信息化建设，开发与应用迅速、高效、开放、共享的物流信息平台。在技术方面，电子数据交换（EDI）、准时制生产（JIT）、配送计划、互联网等新兴的技术不断涌现为物流管理提供了强有力的技术支持。在美国，物流与营销、生产是支撑企业竞争力的三大支柱。在日本，伴随着物流观念的改变，各界开始积极构建供应商、厂商、物流企业、客户之间相互协调相互合作的物流体系。在欧洲，随着互联网和电子商务的发展，为了满足客户越来越苛刻的物流要求，电子物流的发展也是蓬勃向上。

我国的物流发展起步比较晚，在 20 世纪 80 年代才引入物流概念。近十几年，随着互联网和电子商务的发展，物流才逐渐被大家重视。电子商务的高速发展引领着物流行业的发展，同时物流行业随着电子商务变化的需求不断地进步、发展，为电子商务提供更加高效的服务。正是基于这种共生关系，才会使越来越多的专家学者在分析电子商务的同时，高度关注物流行业的发展。经过十几年的发展，物流行业迎来了自己的春天，农村电商物流，跨境电商物流，冷链物流，智能化、自动化、智慧化物流等高速发展，开放、共享、融合、创新已经成为电商物流的常态。但我国在物流建设方面还存在许多不足之处：第一，综合的运输系统尚未建成，协调能力差、信息脱节、布局冗余等问题仍然存在；第二，技术装备建设还比较落后，功能完善的物流园区较少；第三，在人才培养、技术储备和相关技术标准的制定上，我国的实际情况无法完全支持物流行业的实际需要，一体化和专业化水平还有待提高。尤其是在西部偏远地区，不仅物流基础建设相比东部城市差很多，而且因为民族的多样性、文化的差异性，导致物流理论和物流技术的发展相对不足，发展速度缓慢。

综合国内外的理论研究和应用实践，物流信息系统的发展大致经历了如下几个阶段：传统的手工记录、电话、信件方式阶段；物流信息管理发展阶段，在理论上先后提出了 MRP、MRPII 等概念，物流管理开始走向标准化、规范化；物流管理高级阶段，随着计算机技术、网络技术成熟，以及识别技术、数据仓库技术的发展，TQM、JIT、企业资源计划、电子商务等概念被提出，从而丰富了物流管理的内容；进入 21 世纪，物流管理开始向智能化改进和发展，并提出了智能资源计划，它可以根据需求，进行最佳方案的选择并快速执行。

二、农产品物流企业信息化发展的趋势

电子商务是一种新兴的商务活动，人们通过网络进行商品的挑选和购买，不需要再进行面对面的交流，这给人们的生活带来了极大的便利。电子商务

具有方便性、高效性、经济性、协调性和安全性等特点，正是由于电子商务的数字化使电子商务交易随时随地都可以进行，而且只需要动动手指或鼠标就能完成交易；同时电脑的处理速度很快，所以交易效率很高，交易频率也随之增高。电子商务带来的便捷操作减少了传统的货物运输和存储，使得货物的流通更加高效，带来了更高的经济效益。在网络上进行交易安全问题是最重要的，安全技术将成为未来电子商务发展中的核心技术。电子商务主要包括 B2B（企业和企业进行交易），B2C（企业和个体消费者进行交易），C2C（消费者和消费者进行交易），O2O（在网络上进行服务和交易），B2B2C（第一个 B 指的是销售商，第二个 B 指的是交易平台，C 指的是消费者，B2B2C 实际上就是双方在平台上进行交易，平台提供服务）。

电子商务的概念模型由交易主体、电子交易市场、交易事务和物流、资金流、信息流、商流所组成。电子商务与物流结合相当密切。电子商务在现实中的实现就是通过物流将商品运送到客户手中，从而完成整个交易过程。由于电子商务的快速发展，促进了良好的交通运输网络、通信网络等基础设施的建设，这些建设也为物流活动提供了良好的基础。同时，不断发展的互联网技术也促使物流技术在物流活动的各个环节进行提升。另外，物流网络的建设和物流技术的提升，给电子商务带来了更好的用户体验，并且提高了运输效率，减少了运输成本，从而也促进了电子商务更快地向前发展。

在当今电子商务时代，电子商务物流具有以下发展趋势：

（1）服务化物流方面：随着社会的改变，客户越来越注重用户体验，物流的服务水平和质量正在逐渐成为比价格更加重要的评判标准。

（2）供应链物流方面：现代物流不再是单一地追求各项功能效益的最大化，还必须按照客户需求提供各种提高附加值的加工服务业务。

（3）信息化物流方面：随着互联网技术的发展和经济全球化，企业必须积极利用互联网进行物流活动并对其进行管理。

（4）全球化物流方面：由于全球经济趋于一体化，很多企业的经营范围已经开始跨出国境，因此，为了保证企业更好地应对全球化的挑战，物流管理也要进行全球化的考虑。

三、农产品物流管理系统建设的意义

针对现有的物流系统存在的问题和现阶段对物流系统信息化、集成化的要求，通过建设优秀的物流信息平台可以为电子商务提供良好的物流服务，通过建立高效的物流信息系统可以使各方数据做到持续、简便、无差错，使更新数据更为实时、自动，从而提高物流全过程的可见性，合理配置物流资源。

本系统是多语言农产品电子商务物流信息管理系统，要实现在多语种环境下的系统设计和基于多语言的信息显示，同时本系统的目的是要实现将供应商、不同电商平台、物流供应商、客户这四方的信息进行整合，做成一个快速、有效的电商物流信息系统。

由于我国的物流起步比较晚，缺乏与国际市场的接轨，并且由于规范、监管缺失等问题，使物流发展跟不上电子商务发展的步伐并严重影响电子商务企业的发展。如何实现电子商务与物流配送的无缝连接，如何打造覆盖各行业的物流配送网络，提高现代物流信息系统体系的效率，是我国信息化发展的客观要求，也是电子商务发展的重要途径。

针对西北少数民族地区，本系统支持多种语言（汉语、英语、藏语、蒙古语、维吾尔语），对于少数民族地区的商业发展有着积极的意义。同时研究面向电子商务应用的企业物流信息系统，尤其是系统功能和关键技术，并通过信息技术的整合和优化建立更加智能化的物流系统，在学术研究和企业应用中有着重要的意义。

第二节　民族特色农产品物流管理系统需求分析

一、农产品物流管理系统需求分析概述

本系统以商品交易平台为研究背景，是站在电子商务虚拟企业的角度去分析和研究的。目前的物流管理模式分为三大类：自建物流、第三方物流以

及第三方物流和自建物流相结合的模式。如海尔集团走的就是自建物流的道路。在淘宝早期走的就是第三方物流的路线，平台只负责商品交易，物流全部由物流公司负责。京东走的就是混合模式路线，除了有自己的物流仓库和物流团队，同时部分交易是通过其他物流服务商完成的。本系统在建设初期主要采用的是第三方物流模式。

本系统作为一个公共的平台，连接着客户、商家和物流商，对资源进行整合，使资源的分配更加合理，信息传达更加高效，能很好地解决物流服务失衡的问题；通过建立电子商务物流平台，实现物流实时跟踪，并实现根据需要选择合适的物流服务商，从而使用户享受到更好的服务，提高用户的忠诚度和满意度，进一步促进电子商务的可持续发展；本系统服务于少数民族地区，由于民族地区语言环境的多样性，系统必须支持多语言的显示，这里的语言主要指少数民族语言，如藏语、蒙古语、维吾尔语等。除了满足以上的总体功能目标，为了进一步进行开发和维护，系统在性能上必须做到可扩展性和易维护性。同时，系统采用比较新的技术框架进行构建，在技术研究上也能具有一定的意义。系统的研究目标如图 6-1 所示。

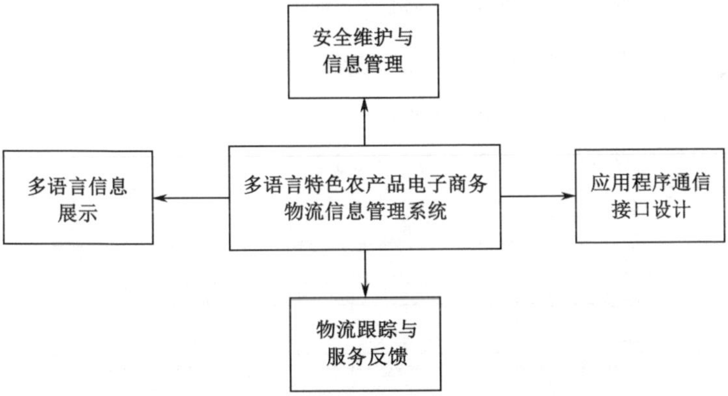

图 6-1　系统的研究目标

二、农产品物流管理系统业务流程分析

业务流程分析是对业务功能的进一步细化，业务流程是对业务功能的进

一步细化，通过了解用户业务的运作流程，从中提取出需求，再分析需求，从中提取用例和参与者，并根据用例图，产生系统的数据流图。

物流交易业务方面，本系统主要的功能就是进行物流交易的选择。卖家根据买家订单中的要求，对物流商进行选择，同时卖家可以根据实际的需要与物流商进行价格、运送路线以及时间等信息协商，找到最优方案。其业务流程图如图 6-2 所示。

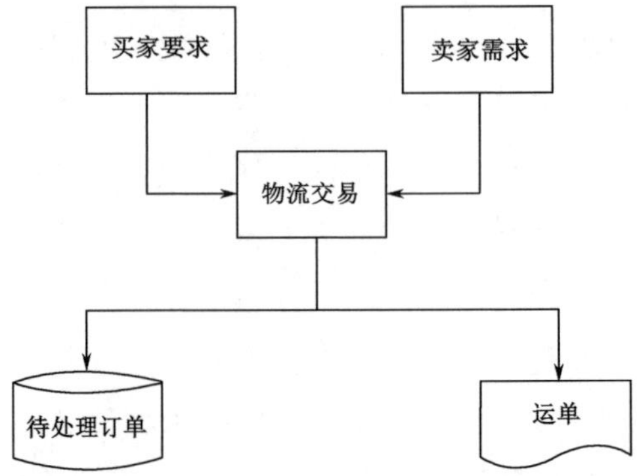

图 6-2　物流交易业务流程图

订单处理业务方面，在进行物流的匹配之后，通过对订单样式的设置，经过确认之后生成订单，同时该业务还包含对未处理的订单和已经完成的订单进行管理。订单处理业务流程图如图 6-3 所示。

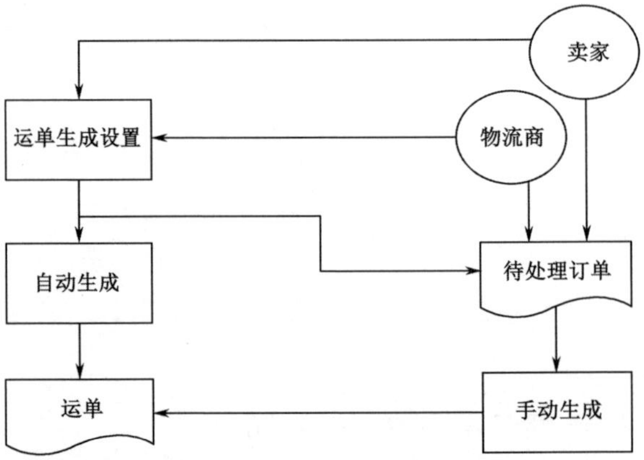

图 6-3　订单处理业务流程图

查询业务方面，用户可以在系统中查询个人信息，同时可以根据运单号查询商品物流信息，并且能对历史订单和运单信息进行查询。其查询业务流程图如图 6-4 所示。

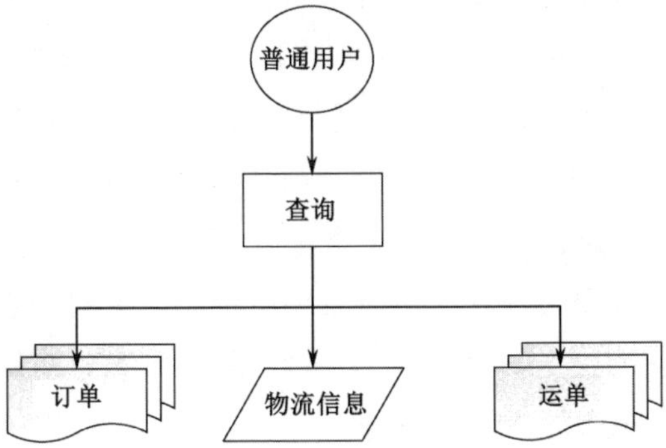

图 6-4　查询业务流程图

三、农产品物流管理系统功能需求分析

本系统实际上是作为桥梁连接着买家、商家、物流企业和系统管理人员，因此可以将这些用户对象分成三类：系统使用者，包括买家和商家；与平台对接的物流企业；系统管理人员。

用户分为非注册用户和注册用户，非注册用户只能在首页进行信息浏览，无法进行登录；注册用户登录后可以进行下单、物流信息查询、信息发布等操作；系统管理员登录后可以对用户的信息和网站信息等内容进行管理；而物流商主要是与平台进行对接，制定单据规范，进行数据信息的交互，不需要单独地作为平台使用者进行注册和登录。通过对用户角色关系和功能分析，提出买家、卖家和系统管理员功能用例图。

买家用例方面，买家主要指的是在电商平台上进行商品购买的客户。所有角色第一步都要进行注册，否则只能浏览部分信息。买家只有注册后，才能登录，也可以用电商平台的注册信息进行登录。买家只有在登录之后，才能确定自己的订单、查询物流信息、对服务物流服务和平台进行评价以及修改个人信息。

卖家用例方面，卖家主要指的是在电商平台上进行商品提供者，可以是个人，也可以是企业或公司。但第一步都要进行注册，否则只能浏览部分信息。只有注册后，才能登录，也可以用电商平台注册的卖家信息进行登录。只有在登录之后，才能接收买家的订单进而确定物流商，产生物流运单，同时可以查询物流信息、对物流服务和平台进行评价以及修改个人信息。

系统管理员用例方面，系统管理员可以不用注册，直接进行登录，一般为平台的工作人员。登录之后，可以对用户信息、物流信息和电商平台信息进行管理，同时还要维护系统安全并对故障进行简单的处理。

根据用例分析和角色需求，可以总结出他们的主要需求是注册登录、信息发布与管理、物流交易、物流信息查询、订单管理、系统管理等，共六大功能。这也就是本系统的六大功能模块。

（1）注册登录功能：用户（指买家和卖家）根据自己的需求注册不同的身份，从而登录本系统，选择不同的服务。系统管理相当于是超级用户，不需要进行注册。

（2）信息发布与管理功能：这一功能主要是针对系统管理员而言的，系统管理可以利用这一功能，在系统上公布与物流和电子商务相关的信息，同时也可以对信息进行修改；而普通用户（指买家和卖家）主要是利用这一功能查询物流或电子商务的一些新闻和知识。

（3）物流交易功能：对于买家而言，物流交易的主要作用就是在确定商品订单之前，对物流商家进行选择。系统有默认物流和自选物流两种方式。在确定了物流商之后，买家就可以确定订单，之后订单信息通过物流系统进入卖家的信息处理模块。对于卖家而言，物流交易的主要作用就是根据买家订单的要求进行物流商的选择，并设置物流运单，之后进行运单确认，这样物流交易就完成了。

（4）物流信息查询功能：用户根据自己的运单，对货物信息进行实时的查询和监控，并且对服务的评价也是由这一部分提供。

（5）订单管理功能：用户（主要指卖家）可以对设置运单生成样式，可以对历史订单和未处理订单进行管理；同时还能生成报表，进行业务统计，当然系统管理员也可以使用这一功能，对系统的业务进行数据统计。

（6）系统管理功能：主要是系统管理员使用这一部分功能。可以对用户的信息进行管理，对用户和用户信息进行增、删、改，也可以设置用户权限；另外这一部分功能还要负责对业务接口进行管理和监控，利用这一部分的功能对系统故障进行简单处理。

除以上功能之外，根据本系统服务的使用者的特殊性，本系统还需要支持多语言的显示，这是本系统一项基础要求。用户可以根据自己的语言习惯来选择合适自己的语言，从而更好地进行系统功能操作。本系统理想情况下是需要支持汉语、英语、藏语、蒙古语、维吾尔语五种语言的显示，用户可以通过切换按钮选择合适自己的语言。但在系统建设初期只完成汉语和英语的切换，在后期的改进中，会逐步将其他语言的显示也加入系统中。

第三节　民族特色农产品物流管理系统设计

一、农产品物流管理系统设计概述

通过对系统用户的不同角色的需求进行分析，将数据流程图进行梳理后，按功能进行模块划分，并建立层次结构，得出系统功能结构图如图 6-5 所示。

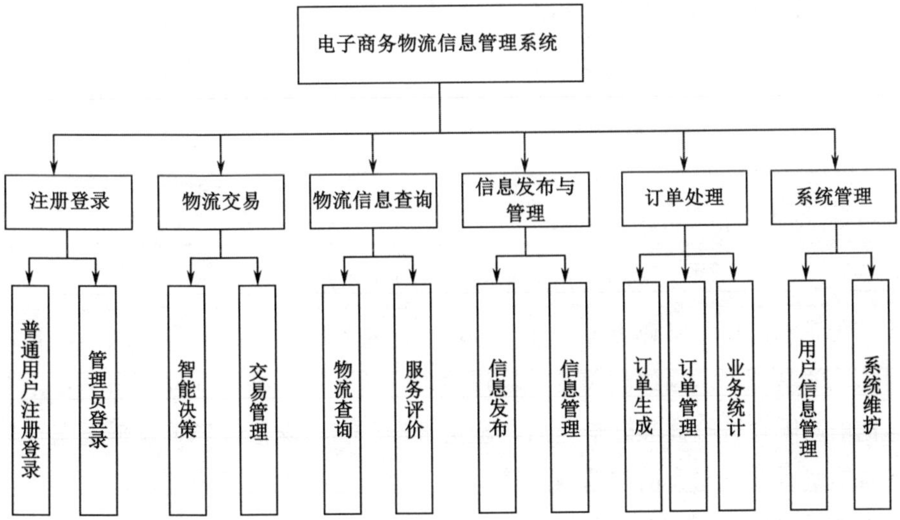

图 6-5　系统功能结构图

二、农产品物流管理系统总体设计

系统总体分为六大模块，分别是注册登录模块、物流交易模块、物流信息查询模块、信息发布与管理模块、系统管理模块、订单处理模块。

（1）注册登录模块设计方面：本系统根据用户权限的不同，将用户划分为普通用户和系统管理员，普通用户又可以分为买家用户和卖家用户。这一模块是一般软件必须具备的一个模块，是软件使用的第一步。它是用来实现新用户注册、老用户登录和系统管理员登录的基础功能。用户只有通过了登录，才能根据不同角色的权限进行相应的操作。其具体流程描述如下：

新用户进行注册，输入账号和密码，管理根据用户请求审查并分配权限；管理员请求写入数据库，最终完成新用户注册。注册用户登录，用户输入账号和密码，系统验证账号和密码，密码和账户与数据库一致则登录成功并进入功能管理页面。用户注册登录模块的逻辑时序图如图 6-6 所示。

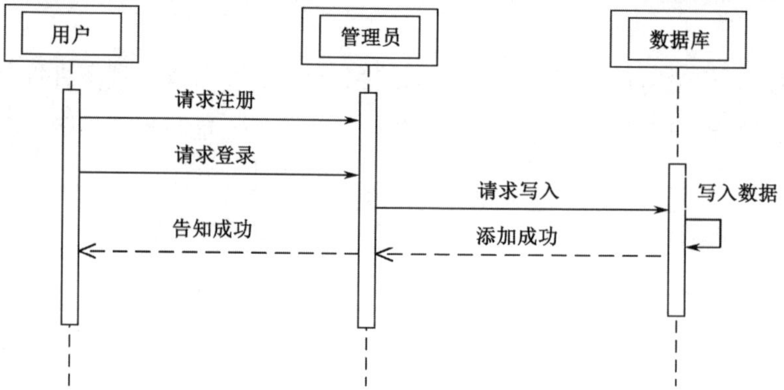

图 6-6　用户注册登录模块的逻辑时序图

（2）物流交易模块设计方面：物流交易模块是本系统的关键功能，是后续功能的基础。本系统的物流交易模块实际包含两个基本过程。第一步，买家在电商平台进行商品选择之后，确定下订单；卖家接收订单，再根据订单的具体要求进行物流商的选择。第二步，卖家进行物流商的选择，并按买家要求确定运货单（运单），最后系统进行写入数据库，物流交易过程就完成了。物流交易模块的逻辑时序图如图 6-7 所示。

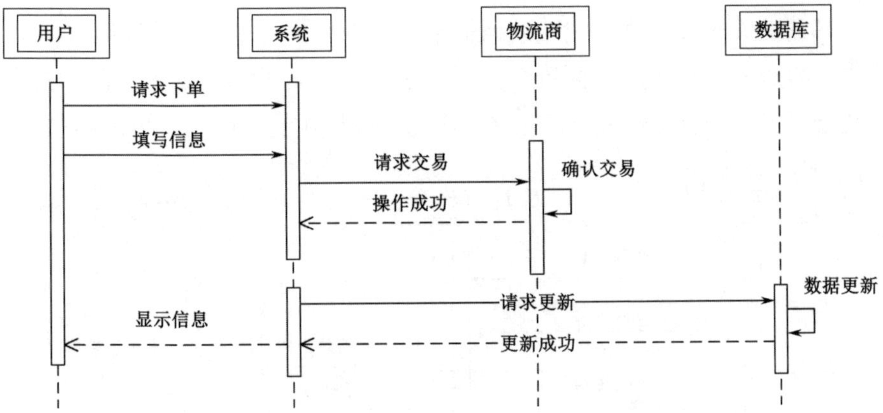

图 6-7　物流交易模块的逻辑时序图

（3）物流信息查询模块设计方面：物流查询模块是本系统的核心功能，提供给买家、卖家物流查询的操作按钮并且提供服务评价的窗口，买家可以评价卖家的服务，卖家可以对物流商的服务进行评价，同时接受方也可以进行反馈。买家可以通过订单单击“物流查询”按钮来发送请求，系统在接收到请求之后向第三方物流信息平台请求数据，第三方物流信息平台返回数据，系统根据自己的需要进行相应的显示。物流信息查询模块的时序图如图 6-8 所示。

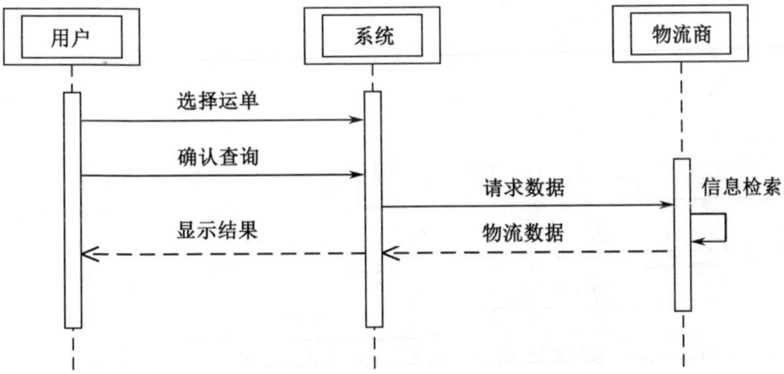

图 6-8　物流信息查询模块的时序图

（4）信息发布与管理模块设计方面：信息发布与管理模块主要是针对系统管理员设计的，系统管理员可以通过这一功能，实现对物流信息的更新和对旧有信息的删除。本模块的大概流程是：管理员通过向系统提出数据更新请求，再进入信息更新页面进行修改，最终存入数据库。在操作成功之后，系统会提示管理员操作成功。信息发布与管理模块的时序图如图 6-9 所示。

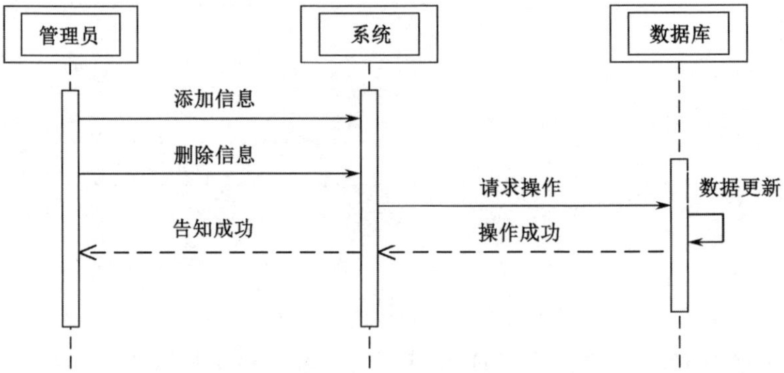

图 6-9　信息发布与管理模块的时序图

（5）系统管理模块设计方面：系统管理模块是本系统一个重要功能，主要被用于系统管理员。本模块细分为用户信息管理和系统维护两大功能模块：用户信息管理指的是用户在进行注册登录时需要管理员进行审查，如果有不满足要求的信息，则不能注册成功，也就无法进行后续的登录和其他的功能操作，同时用户对自己的信息进行修改也是通过这一功能模块；系统维护指的是管理员对系统数据进行修改，最终存入数据库。本模块的基本流程是系统管理员向系统发送修改数据请求，系统将修改数据存入数据库，并且返回提示信息。系统管理模块的时序图如图 6-10 所示。

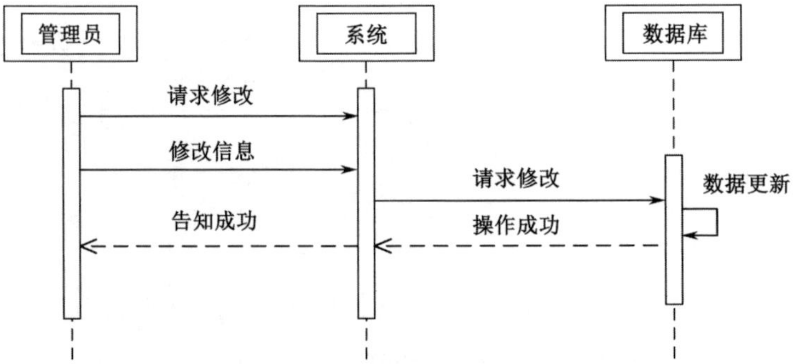

图 6-10　系统管理模块的时序图

（6）订单处理模块设计方面：订单处理是本系统的一个重要的连接性功能，用户可以通过这一功能来生成订单，系统会对订单进行管理，用户可以查询自己的所有订单信息，因此本系统分为三个小的项目：订单生成、订单管理、业务统计。本模块的基本的流程是：用户请求设置信息并填写相应的信息，系统进行确认，之后再存入数据库，最后返回提示信息。订单处理模块的时序图如图 6-11 所示。

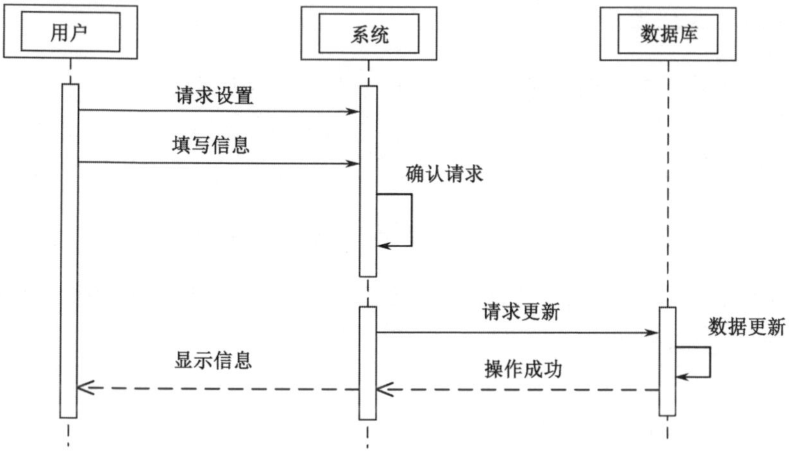

图 6-11　订单处理模块的时序图

三、农产品物流管理系统数据库设计

数据库设计在前期开发中占有很重要的地位，一个结构清晰、定义完整的数据库设计是一个好的软件设计的基础。数据库设计是根据实际的需求分析，通过建立恰当的模型，设计出合适的数据库模式，最终实现对数据的合理存储。本系统对数据的要求十分严格，因此数据库的设计是否合理和科学是本系统的关键。数据库设计本身是很复杂的，这就要求我们在设计过程中必须步步谨慎。

在设计数据库时要弄清楚现实世界和计算机之间的关系，抽象出实体模型，明确各实体的属性，计算机领域通常采用实体关系模型来描述，所谓的实体关系（Entity-Relationship，E-R）模型是一种概括数据的基本结构，用到了实体、关系、属性三个基本概念，以用户的角度建立一种对事物的模型，这个模型对（静态数据结构的）概念模式进行了描述，使用 E-R 模型，用户与数据库设计人员的交流更为方便，E-R 模型还将现实世界抽象为与数字世界相联系的各种信息。接着要建立实体和表，一个实体要对应一个表，并且要明确各个实体与表之间的关联以及表与表之间的关系，然后确定各个表的每一个字段，字段通常与属性是一致的。

系统各个实体之间存在以下关系，买家进入电商平台进行商品选择，同时下订单；卖家提供商品并接收订单，之后选择物流商，产生订单。因此，订单与卖家之间的关系用“接收”来描述；卖家与商品之间用“供应”来描述；卖家与运单之间用“设置”来描述；物流商与运单之间用“接收”来描述。根据上述实体之间的具体关系，得到它们之间的实体关系图，即系统总模型图如图 6-12 所示。

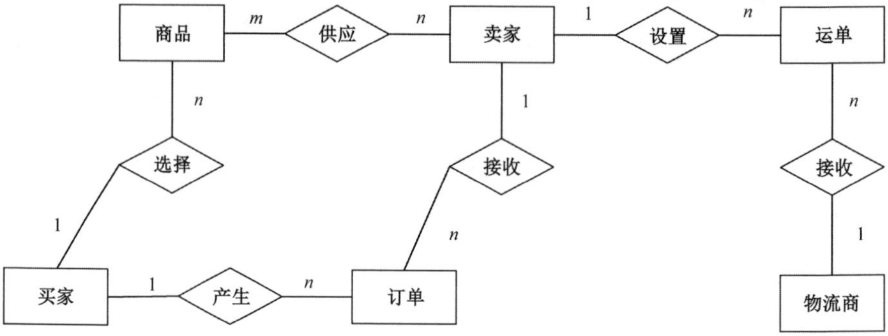

图 6-12　系统总模型图

数据库的详细设计主要是通过对实体属性进行实际细化分解并为之设计数据表，根据概念模式的设计可以提取出买家表、卖家表、订单表、运单表、商品表等几个主要数据表结构，物流商与本系统进行信息对接而不是本系统进行处理，因此不需要建立物流商表单。

（1）买家表设计方面：买家表是用来存放买家信息的，由于物流管理系统对买家实体的信息需求少，不需要将买家的全部属性都存入数据库，对于物流管理系统而言，对买家的信息只要知道名称、地址、电话即可。买家表的字段有序号、名称、密码、用户类型、地址、联系电话、电子邮箱，其中序号为主键。

（2）卖家表设计方面：卖家表是用来存放卖家信息的，卖家通过接收订单，设置运单来完成整个交易过程，这个过程中涉及的实体多，关系复杂，数据库表结构也相对比较复杂。卖家表包含的字段有序号、用户名称、密码、用户类型、联系人、店铺名、地址、联系电话、电子邮箱、订单号、运单号等主要信息，其中序号为主键，订单号、运单号为外键。

（3）订单表设计方面：订单表指的是买家在电商平台上进行商品选择，确认下单后生成的表单，是买家的购买依据，同时是卖家接收、下运单的依据。订单表是系统中一个重要的节点表结构，涉及的内容完整，数据信息较多。根据订单的实体属性关系得到订单表，包含序号、订单编号、状态、金额、优惠金额、实付金额、订单来源电商、订单创建时间、订单修改时间、购买人、收货人、收货地址、收货人电话、邮编、流程、导入时间、是否退换货、订单超时时间、备注等字段。

（4）运单表设计方面：运单表主要涉及物流信息的内容，连接着商家和物流商，同时买家也要通过运单表的某些字段来获取相关的物流信息，因此运单表涉及的实体内容也比较多，并且运单表是处于物流管理系统的核心位置，表结构的设计要求更加严格。根据实际需要设计运单表，包含运单号、物流商名称、物流联系人、物流电话、电商名称、电商联系人、电商电话、发货地址、邮编、揽件地址、收货地址、收货人、收货电话、成交数量、成交单价、金额、成交时间、揽件时间、是否保价等字段。

第四节　民族特色农产品物流管理系统实施

一、物流管理系统实施概述

系统平台采用三层架构，按照应用逻辑从上至下分别为：表示层、业务层、数据层。三层之间是互相独立的，当某一层的功能需要变化时，其他层次可以不需要修改而单独存在。这种架构形式非常有利于系统的功能扩展升级，很好地体现出了“低耦合、高内聚”的设计理念。使用 Java 对整个系统进行开发设计，通过 Java 国际化和本地化操作实现多语言，通过接入第三方物流查询平台实现物流跟踪，完成系统的实现。

（1）多语言功能方面：本系统使用 Java 作为实现语言，在 Java 中与国际化和本地化有关的类和包主要有：java.text 包、java.util.Locale 类和 java.util.ResourceBundle 类等。在 Java 中使用 Locale 表示一个具有特定的特征区域，Locale 中通常包含了所表示区域的文字、国家等信息，而 Locale 类就是用来获取表示这一地区国家和语言信息的对象。在获取了 Locale 对象之后，使用 java.text 类中提供的方法进行数字、时间和货币等信息的格式化，使它们被显示成相应的语言。对于系统的消息、操作按钮等人为编辑的信息则需要使用 ResourceBundle 类进行设置。将“资源包”信息存入 ResourceBundle 类中，再根据 Locale 对象选择相应的资源包，从而实现整个页面的多语言化。使用 js 负责中英文切换，cookies 记录语言历史。通过选择不同的语言资源包实现语言切换的功能。

（2）注册登录模块实现方面：本模块要实现两个功能注册和登录。非注册用户需要注册，注册用户可以直接登录。用户在浏览本系统时，可以根据自己的需要选择“注册”或“登录”，进入相应的界面。在注册时，用户需要先填写用户名和密码信息，再选择用户的类型，本系统将用户分为“买家”“卖家”；系统管理员是另外的登录界面，不需要进行注册，可以直接登录。普通用户在“选择”操作之后，进入注册界面，填写信息之后，单击“确认”，如果注册成功则跳转到其他界面，不成功则弹出提示框。注册用户单击“登录”，进入登录界面，填写信息之后，单击“确认”，如果成功则进入功能界面，如果不成功则弹出提示框。物流管理系统注册和登录流程图如图 6-13 和图 6-14 所示。

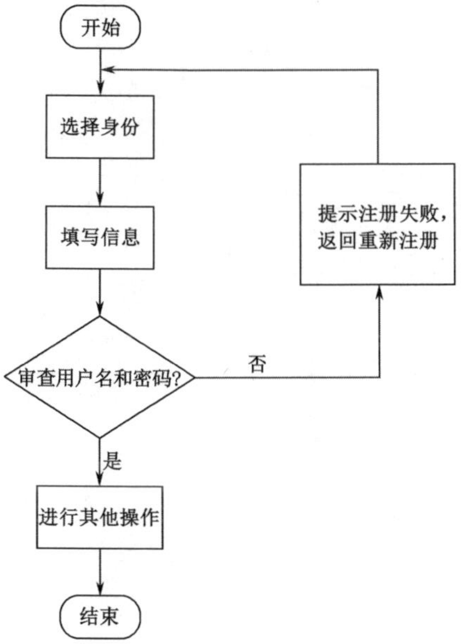

图 6-13　物流管理系统注册流程图

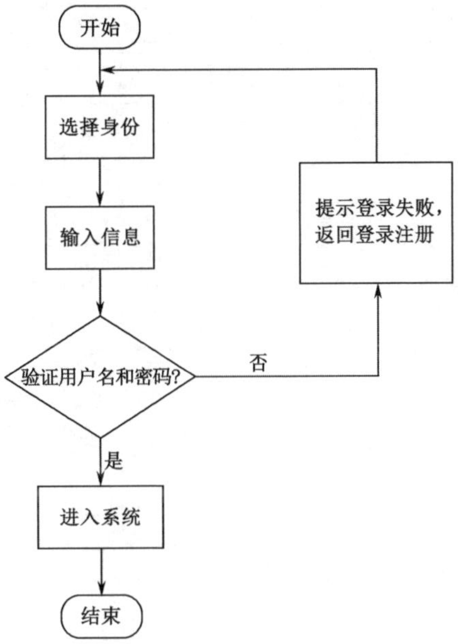

图 6-14　物流管理系统登录流程图

用户注册和登录时都是使用 ajax 异步传输和 JSON 作为信息格式进行传输的，在对用户账号和密码进行检查之后才能通过。

（3）物流交易功能实现方面：物流交易功能模块实际上包含智能决策和交易管理两大子模块。智能决策功能是指在进行物流交易时，系统会根据买家的地址信息自行匹配最合适的物流商，并推荐给买家，当然买家自己可以选择“系统默认”“系统推荐”或“手动添加”。系统默认指的是由卖家决定，卖家提供什么样的物流商就是什么物流商。系统推荐指的是使用系统推荐的物流商。手动添加指的是自行添加根据实际情况而最合适自己的物流商。交易管理主要是对交易过程中信息的修改、删除、撤销等操作的管理。物流交易模块的具体流程是：买家在确定下单后，卖家接受订单，再根据订单中对物流商的要求，进行物流选择并进行协商从而确定运单的具体内容，然后再确定下运单，待物流商接收运单后，整个物流交易过程就完成了。物流交易流程图如图 6-15 所示。

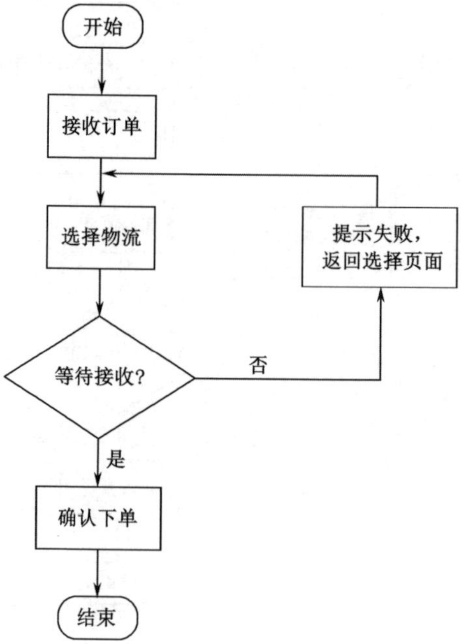

图 6-15　物流交易流程图

（4）物流信息查询功能实现方面，物流查询功能模块包含物流跟踪和信息评价两大功能模块。物流跟踪功能是可以实时显示商品的运输情况；信息评价指的是用户可以对物流商提供的服务进行评价。

物流查询功能是分用户的，买家和卖家的界面不一样。买家进入自己的订单界面之后可以选择相应的订单，通过单击“物流信息”来查看物流情况，并通过“评价”来对服务进行评价。而卖家则是根据运单列表进行物流跟踪信息的查询，卖家在选择相应的运单之后，单击“物流信息”来查询物流运输情况，然后再通过“评价”进行物流服务的评价。物流信息查询流程图如图 6-16 所示。

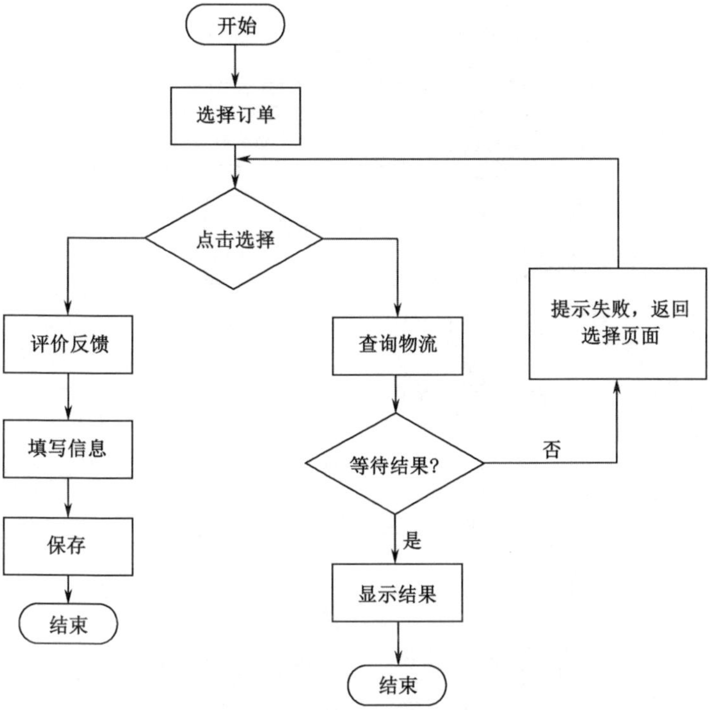

图 6-16　物流信息查询流程图

（5）系统管理功能实现方面：系统管理模块主要是针对系统管理员的，是系统管理员的主要操作区域。这一模块主要包含用户管理和系统维护两大功能。用户管理指的是用户在进行注册、信息修改或管理员删除用户等操作时系统需要实现的功能。系统维护指的是在系统发生一些故障或问题时，系统管理进行一些操作来恢复系统的正常运行。系统管理功能模块的具体流程：系统管理员登录系统后进入系统管理界面，可以查看用户信息表并操作用户信息表，单击“保存”，则更新后的信息存入数据库。系统管理员也可以单击“系统维护”对系统的参数进行修改和设置，然后单击“保存”，则修改数据存入数据库。系统管理流程图如图 6-17 所示。

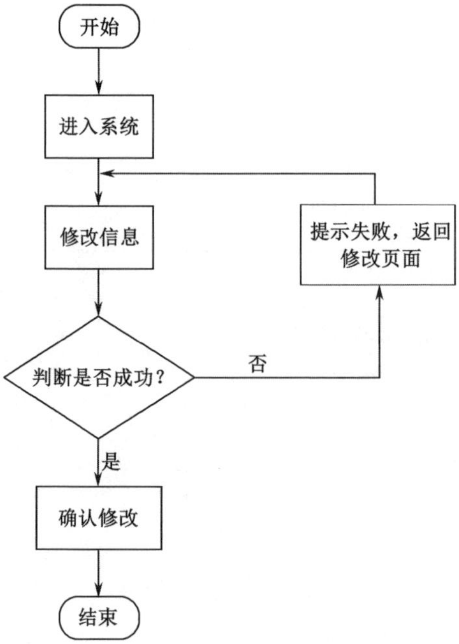

图 6-17　系统管理流程图

（6）订单管理功能实现方面：订单管理包含订单生成、订单管理和业务统计三个功能模块。订单生成是指在物流交易过程中，用户在填写交易信息之后确认订单，从而生成的相应的订单存入数据库中。订单管理指的是对订单的删除、修改、分类或合并等操作，主要是为了用户在查询时能更加有规律地进行展示。业务统计指的是根据时间、销量或客户等进行不同的订单统计并提供相应的统计图，便于用户了解自己的销售情况。对于买家而言本功能模块只是提供简单的订单统计的功能。对于卖家而言则需要实现以上的三个功能。卖家进入系统后可以根据自己的需要查询相关的内容或相关的操作，单击“保存”之后修改信息存入数据库。订单管理流程图如图 6-18 所示。

（7）物流信息发布与管理功能实现方面：物流信息发布主要目标是让系统管理员和用户可以浏览和发布物流信息，其中发布信息的必须是通过系统管理员注册审核的用户，并登录成功后才能进行信息咨询或发布物流相关信息。用户可以在前端界面查询物流动态、物流政策和物流知识等物流信息，还有物流方面的专题报道、政策知识、行业数据等栏目内容。网站的所有访问者都可以浏览这些信息。管理实际上就是对物流信息的管理，对历史数据和数据合理性进行操作和判断。用户在单击相应查询按钮后，系统响应并返回结果。

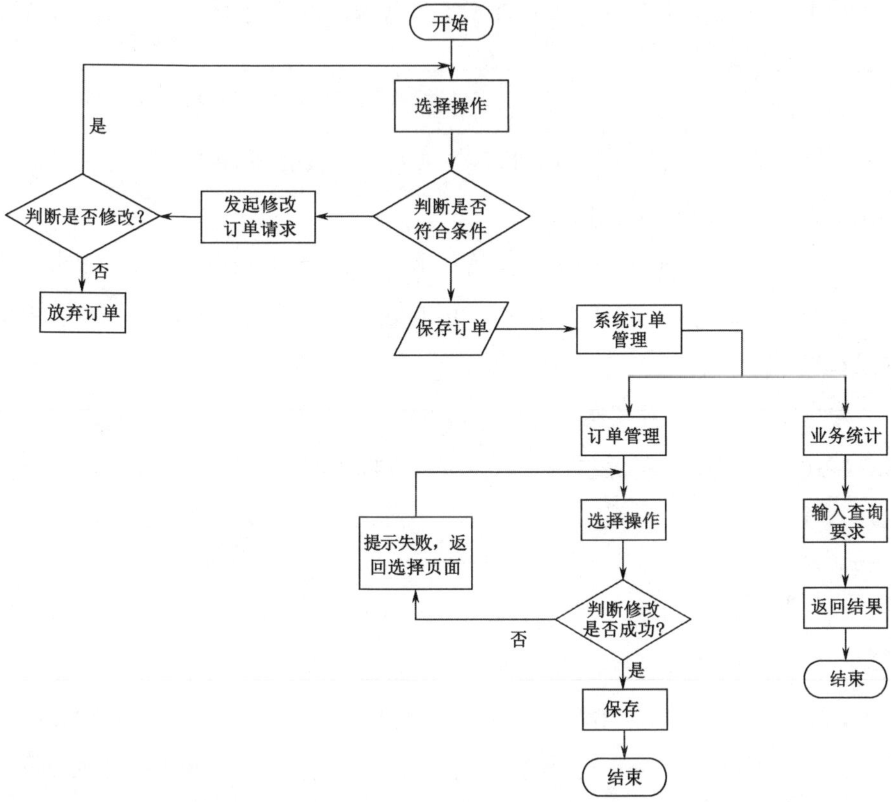

图 6-18　订单管理流程图

二、物流管理系统测试

系统测试是软件开发中的一个必需的步骤，也是一个非常关键的步骤。系统测试的目的就是通过对一个功能模块和系统整体进行各种输入输出的检测，查看软件功能是否完善，性能能否达到要求，数据要求是否符合规范。

测试过程应该遵守如下原则：使用正反数据对比，使用正确数据进行输入得到预期的正确结果；输入错误数据得到相应的错误提示，这样通过对比才能判断功能是否完善；查看数据指标是否和预期完全一致，除了预期数据外还有其他数据系统功能也是不合格的；测试应是全方位、深层次的，错误报告要详细，这才能方便以后的修改；测试最好由其他人进行，这样测试结果会更加客观和准确。

测试的内容分为两大部分：功能测试和性能测试。功能测试主要包含登录注册测试和物流查询测试，性能测试主要包含藏语准确性测试和响应时间测试。通过这些内容进行系统测试。

在系统开发过程中，测试工作是一个循环往复的过程：测试、修改、调试、再测试，这样通过不停地调整，才能使系统的功能逐渐完善。本系统在开发过程中进行了两个阶段的测试。

第一阶段：在编写代码的过程中进行测试，使用 Junit 工具包对关键结果进行输出，确保结果符合预期。这一过程伴随着系统开发的整个过程，主要是进行代码正确性的测试，在保证每一小段代码正确性的前提下，才能让整体功能得到完善。

第二阶段：采用黑盒测试和白盒测试相结合的方法，对系统的功能和结构进行测试。给用户分配权限，用户按照各个功能模块的设计思路进行功能检测，发现功能是否有缺陷，从而进行进一步的修改。对于系统性能的测试，主要是采用对比的方法，在数据相同、方法不同的情况下和方法相同、数据不同的情况下，采集数据信息，看是否达到预期要求。

在第二阶段的测试中，针对具体的测试内容制定的测试方法如下：登录注册测试，在注册和登录页面输入使用各种不同字符组成的用户名和密码，测试该功能是否可以识别非法字符，同时还使用相同的用户名和密码进行输入，测试该功能是否可以识别已有用户；物流查询测试，输入多个不同物流公司的运单号码，测试该功能是否可以识别常见的物流公司并进行物流轨迹显示；显示测试，使用当前主流的浏览器，如 IE 浏览器、火狐浏览器、QQ 浏览器、Chrome 浏览器、Opera 浏览器、360 浏览器进行显示，测试藏语显示的支持程度并进行修改；响应时间测试，在物流查询、订单生成、部分页面跳转等关键位置进行响应时间输出，测试响应时间是否达标。

系统基本满足了设计要求，预期的功能已完全实现，结果正确，错误处理合理，系统响应合适，安全性能合格，系统测试合格。

第 7 章

民族特色农产品支付系统

买家通过商城完成整个交易过程中最重要、最为核心的环节之一就是网上支付业务，用户在商城挑选好自己想要的商品之后将其加入购入车中，然后进行商品的在线支付。众所周知，跟钱相关的事总是买家最为关心的事，要想让用户放心地为商品埋单，电子商务网站开发人员就必须保证用户在线支付的绝对安全。

基于这样的巨大需求，网上支付也逐渐变成了电子商务大潮中人们所关注的重点问题，在电子商务风靡全球的背景下，设计一个安全的、高性能的、优秀的、适合我国多民族用户使用的网上支付系统是当下最为适宜的事情。高性能的支付系统能够推动电子商务行业更长远的发展，当然，保证电子交易过程中的安全问题也成为目前学者们重要的研究课题之一。

第一节　国内外研究现状

一、国外研究现状

国外提供网上支付系统服务的机构分两种：一种是原有的负担银行，原有的银行机构过于繁多，急需组织的扁平化，根据现实生活的实际需求在原有银行所提供的服务基础之上，开发出新的业务——网上支付系统，很快就形成了 ATM、营业网点和 POS 机等具有自动化的综合服务机制；还有一种是直接银行，在直接银行中，具有组织扁平化结构，借助电话、因特网等先进的技术和客户保持十分密切的关系，并且能够向用户提供全面的服务。

美国是世界上第一个开展网上支付的国家，此后网上支付系统借助强大便捷的网络媒体快速在世界范围内广泛应用。其中的 Wells Fargo 可谓美国银行中提供网上支付系统业务的最优秀代表，在美国银行排行中位居第七，资产总额 218 亿美元，它的下属分支机构高达 5925 多个，其中全部客户的 20%能够方便地实现网上支付系统服务，其网上支付系统能够节约成本，同时实现新增收入和增添客户，其原因就是它的客户具有较高的素质、个人收入高、个人账户余额多，客户的服务需求种类较多，这样网上支付系统就能够轻松赢得手续费。

网上支付系统服务能够吸引更多的客户，在 160 万网上支付系统客户中，20%是新增的客户。1990 年，Entrium Direct Bankers 作为 Quelle 邮购公司的一部分成立于德国，最初通过电话线路提供金融服务，1998 年开辟网上银行支付系统。如今已是德国最大的直接银行，同时在整个欧洲较大的直接银行中位居榜首。通过国际金融界的良好发展情景可以看出，虽然不同类型的商业银行有着各自不同的发展措施，但是世界各国的网上支付系统仍然处在不同的发展阶段，即随着因特网的不断快速发展，加之金融业的时常创新，网上支付系统将会拥有原有银行的所有业务，今后会发展成实体银行的高效助手。

二、国内研究现状

目前我国电子支付逐渐走向成熟和稳定，产业发展也将随即产生新的态势和趋势。

（1）网银与第三方支付业务相互渗透，网银功能正愈发完善，交易性质的网上支付服务也逐渐纳入网银的重点业务当中。此外，手机网银这一新兴渠道的推广力度也有所加强。第三方支付则一改上层应用形态，“向下扎根”，通过邮政、手机、POS 终端等渠道支持用户充值，并将业务延伸到各行业，为企业提供支付解决方案，并逐渐覆盖个人生活的方方面面。今后，网银和第三方支付的合作关系将融入更多的竞争元素，双方均将进一步延伸业务，更多地去贴近广大用户。网银将进一步拓展网上支付、生活缴费等业务，争取更多的电子商务网站商户以及行业企业；而第三方支付则进一步拓展充值渠道，业务也将向日常生活以及信贷、保险、投资理财等金融领域延伸。

（2）支付工具与商务平台结合越发紧密，由于用户的根本目的是商务交易流程的电子化，而电子支付是完善电子交易流程的重要环节，却非基础环节。所以，如果网上的信息渠道尚未打通，实现电子支付则无从谈起。目前中国电子商务市场快速发展，但仍旧有广大的商户、企业没有搭建起基本的电子商务平台，存在巨大的电子商务需求缺口。因此，银行和第三方支付厂商应提供一站式电子商务解决方案，或者联合电子商务解决方案提供商，帮助客户搭建电子商务平台，最终实现交易的全面电子化。

（3）手机支付和线下支付活跃，推进渠道合作是主题。近些年线下支付和手机支付与网上支付有一定的竞争和合作关系。在不久的将来各种支付方式将以合作为主。发展网上支付积极推进渠道合作，尤其是在手机终端的合作。

第二节　研究的目的与意义

一、研究的目的

本节的主要目的是结合民族特色农产品多语言网络交易展示平台为丝绸之路经济带上的九省区（或直辖市）用户搭建一个系统架构更完善、产品体验更好、安全性更有保障、稳定性更强的多语言电子商务支付系统。

二、研究的意义

（1）建立一个安全高效的支付系统，不但为各民族的用户开辟多种特色农产品在线销售途径，减少中间买卖环节，而且，有助于树立电子商务在丝绸之路经济带九省区（或直辖市）人们心目中的地位。

（2）本节通过对支付系统的研究，设计和实现多语言电子商务平台支付系统，将卖家、买家、电商平台、银行有机地组合起来，为买家和卖家提供统一的应用接口，使得他们不需要和各家银行相互连接，降低了他们的开发和运营成本。

（3）多语言电子商务平台支付系统从实际出发，根据现有的技术和创新，满足了多民族用户的需求，带动了当地经济的发展，切切实实方便少数民族人群。

第三节　相关原理和关键技术介绍

一个系统能否成功地投入使用在很大程度上是由其技术水平和理论水平决定的。本节将通过 MySQL 数据库、PHP 语言、Apache 服务器设计和构建一个多语言电子商务平台支付系统。下面将详细介绍本系统应用到的模型以及各类技术。

一、系统开发方案

最近几年，网络发展迅猛，适用于网络研发的程序以及关于网络研发的相关理论持续出现。现阶段，主要存在两种最为主流的方式，其一是选取以 Java 语言为基础的 J2EE 平台，其二是把 PHP、Apache、Linux 和 MySQL 融合在一起的 LAMP 架构。考虑到系统的质量、开发成本和性能，本系统采用 LAMP 架构。集成环境则采用 Dreamweaver 平台，基于 B/S 模式实现。

LAMP 指的是一组经常用来构建服务器或者动态网站的开源软件，组合有 MySQL 数据库、Perl/PHP/Python 编程语言、Linux 操作系统、Apache 网络服务器。PHP+MySQL 是现在使用最多的开发语言以及数据库，其在 Windows 系统以及 Linux 系统两种环境下都可以运行。

二、系统运行模式

系统采用 B/S 结构，该架构是现在特别流行的体系结构，属于非常典型的三层结构，包括表示层、业务逻辑层、数据访问层。在 B/S 结构中，软件程序只在服务器端运行，用户在终端只要访问服务器就可得到自己想要的数据，这对于用户来说节省了大量宝贵的时间。并且 B/S 模式所提供的界面多种多样，客户端也很容易实现维护，程序能够方便地实现分发，更新也比较容易，还可以对 Internet 之中的资源进行充分的应用等。由于 B/S 模式所具有的这些优势，因此本系统设计采用了 B/S 模式。

三、开发语言介绍

PHP 作为脚本语言，与 C、Perl 语言的语法极其相似，通常我们用 PHP 来开发动态的网站系统。和其他语言相比较，PHP 在动态网页开发中具体有以下几方面优势。首先，PHP 代码具有开放性，在部分开源平台上 PHP 代码基本是开放的，方便学习并运用。其次，PHP 具有可移植性，它可以在 Linux 和 Window 等平台运行，可以在安全需求的基础上选择运行平台。再者，PHP 语言具有非常便捷、使用容易和开发便利的特点，可以把代码嵌入 HTML 来开发动态网站。最后，PHP 可以面向对象。PHP 作为脚本语言被我们所熟知，但是面向对象的思想同样可以运用于 PHP。

除此之外，PHP 多样的集成开发环境，齐全的功能，而且能够通过文本编辑器编写代码，对于开发者来说，可以凭借习惯或者喜好选择工具进行 PHP 开发。

四、系统关键技术介绍

（一）MySQL 数据库

本系统采用的数据库是 MySQL 数据库，该数据库的主要优点有：

（1）该数据库能适应较低的网络带宽，使用者无须花销很多就能够安全稳定地使用多个数据库；

（2）该数据库为关系型数据库，经过高度优化，和其他数据库相比查询速度相对较快；

（3）该数据库的管理工具多，数据库的恢复及备份都能够轻松完成；

（4）该数据库包含各种各样的数据引擎，给客户提供了丰富的选择；

（5）该数据库操作简单，容易学习，根据手册指导就能够快速上手；

（6）该数据库开源免费，同时还能够自行修改完善其源代码。

（二）MVC 设计模式

MVC 是 Model（模型）、View（视图）、Controller（控制器）的简称，属于典型实用的软件设计框架的典范。这种技术是将应用程序分离成模型、视图和控制器三个核心部分，即强制性的将输入、处理和输出三个部分分离开来，使应用程序的业务逻辑和程序代码分别执行。这样使得当界面和数据交互有改动时，就不需要改动业务逻辑；同时，当业务逻辑或业务规则改动时，只需要改动模型层即可。

（1）模型：表征企业的存储数据和业务规则，直接从数据库等数据存储容器中进行业务逻辑判断以及数据存取，并将数据传递给其他部分进行逻辑处理。控制器控制的数据和视图的显示信息都保存在模型组件里，所有的核心数据都封装在模型里。

（2）视图：是系统与用户进行交互操作的界面呈现，用户在交互界面进行输入操作，该部分返回用户的输入指令并将最终的逻辑处理结果返回到界面中呈现给用户。

（3）控制器：主要进行数据的逻辑处理操作，通过接收视图层返回的用户指令以及通过模型层读取的操作数据，进行相应的处理工作，生成处理结果，最终返回到视图层。

基于 MVC 架构的多语言电子商务平台支付系统，买家通过民族特色农产品多语言网络交易展示平台选购商品，加入购物车进行在线支付；同时该支付系统还给用户提供信息管理的功能，用户能够查询和管理自己的个人信息，从而实现给予不同用户的个性化服务。

（三）系统安全技术

为了保证网上传输数据的安全性，要对数据进行加密封装保护，数据加密技术的主要意图就是防止非法用户窃取数据信息系统中的重要的机密数据。目前常用的正确数据加密技术为对称密钥加密技术、非对称密钥加密技术。

（1）对称密钥加密技术。

对称密钥密码体制就是在同一个加密系统中，所使用的加密密钥和解密密钥完全相同。即使不相同，也一定可以通过其中一个密钥经过推导得出另一个密钥。

使用私有密钥实现对称加密系统的加密过程如下：发送信息方首先对数据进行安全性加密使之由明文变成密文；然后被加密的密文由发送方借助计算机网络传向信息的接收方；等接收方收到信息后，再采用发送方所使用的加密密钥完成信息的解密，使密文变成所要信息的明文，用户就可以获取信息。

使用对称加密的主要优点是能够对信息完成快速的加密与解密操作，其过程效率高，不过必须保存好加密所用的密钥。本系统采用 MD5 算法实现多语言电子商务平台支付系统的用户信息传递的安全性。

（2）非对称密钥加密技术。

非对称加密算法需要两个密钥：公开密钥和私有密钥。公开密钥与私有密钥是一对，如果用公开密钥对数据进行加密，只有用对应的私有密钥才能解密；如果用私有密钥对数据进行加密，那么只有用对应的公开密钥才能解密。因为加密和解密使用的是两个不同的密钥，所以这种算法称为非对称加密算法。本平台使用公开密钥对用户信息进行加密与解密。具体过程如下：信息的发送方先使用接收方的公开密钥完成发送信息的加密使之由明文变成密文；然后被加密的密文由发送方借助计算机网络传向信息的接收方；等接收方收到信息后，再采用自己的私有密钥完成信息的解密，使密文变成所要信息的明文，用户就可以获取信息。本平台采用 RSA 非对称加密算法完成支付系统安全性的实现。

（3）用户的身份认证。

身份认证又称身份识别，是对用户真实身份的甄别，其目的是识别出哪些是合法和哪些是非法的用户，有效地防止非法用户访问多语言电子商务平台支付系统。用户身份认证是用户访问多语言电子商务平台支付系统过程中的第一道关卡，所有用户必须经过身份认证合法后，才能实现对多语言电子商务平台支付系统的访问，系统再根据用户的身份和相应的权限允许用户访问一些资源。本系统采用的身份认证方式为用户名密码方式。

第四节　系统需求分析

多语言电子商务平台支付系统是一个借助于现代信息技术、计算机技术，结合民族特色农产品多语言网络交易展示平台，将买家、卖家、电子商城和银行等原本分散的部分有机地组合起来，能够安全、有效地实现银行、买家和卖家多者之间的连接。系统从实际出发，根据使用者的类型，确定使用需求。

本节重点介绍多语言电子商务支付系统设计的目标、功能需求分析及非功能性需求分析，进而分析支付系统的整体需求。

一、系统目标分析

（1）对于多语言电子商务平台支付系统来说，其核心业务是支付功能。本平台作为民族特色农产品多语言网络交易展示平台和支付宝的中转站，需要保障数据在多次传递过程中的安全性和唯一性，并以此为基础来满足“丝绸之路”经济带九省区（或直辖市）用户的交易需求。用户需要先在民族特色农产品多语言网络交易展示平台上提交支付需求，然后由平台将相应的支付信息传送给支付平台，平台的支付信息参数主要涉及用户账号、产品 ID、订单号、系统编号、支付金额等。

（2）安全性是多语言电子商务平台支付系统的根本，支付系统所涉及的数据资料是非常庞大和重要的，很多数据都需要受到保护，一旦多语言电子商务平台支付系统出现了安全问题，支付系统的正常运行必然受到极大的影响。在支付过程中，通常存在这些风险，例如：买家信息在网络上传输的时候，账户和密码泄露；他人非法盗取正常支付账号进行支付等。为了解决上述问题，保障多语言电子商务平台支付系统的安全性，需要考虑采取以下措施：参与到支付流程的各方需要提供自身身份的证明，例如身份证号验证、出示身份证的正反面照片等；在进行支付指令的时候，需要得到账户所有者的同意和确认，或者是所有者给予授权，并且通过相应的签名验证。

（3）根据用户的需求，设计一个便于用户操作的交易运营平台。用户能够对个人信息进行管理，用户结合自身的需求，来选择开通其他账户，也能对自己的消费额度进行设置和调整。如果用户之前已经通过支付平台进行订单支付的话，系统会为其提供历史交易记录，主要包括支付账单号、支付流水号、商家订单号、用户账号、商家编号、产品编号、交易时间、银行流水号以及金额等方面的内容，方便查询和管理。

（4）为了实现管理员对整个商城支付系统的管理功能，设计一个系统管理平台。系统管理员能够对平台用户进行增、删、改、查，主要是以下几点：用户信息查询；用户资料增、删、改；对用户账户进行冻结和解冻操作；清理违规的平台注册用户。

（5）本系统结合民族特色农产品多语言网络交易展示平台特点，支持多种语言的显示，这里的语言主要指藏语、蒙古语、维吾尔语等。

二、系统功能需求分析

（一）系统用户分析

本系统的用户包括网上支付系统管理员、买家和卖家三种。

（1）系统管理员：主要对整个支付系统进行管理与设置。系统管理员可以审核入住商家是否合法，对系统的用户进行监管，并且系统管理员可以看到整个商城的运营情况，从而对整个商城做出评估，为入住商家提供可靠信息。

（2）买家：通过该系统提供的注册功能成为系统的合法用户后，买家只需要登录该系统就可以通过该系统轻松实现支付功能。

（3）卖家：卖家指的是电商平台中商品的提供者，可以是个人，也可以是企业或公司。卖家注册登录后可以查看自己货物的卖出情况。

（二）系统主要业务流程分析

消费者通过支付系统，能够有效地保护自己的付款信息，多语言特色农产品电子商务支付系统的业务流程有以下几个步骤。

（1）用户在民族特色农产品多语言网络交易展示平台选择自己喜欢的商品并在线支付，界面会自动跳转到多语言电子商务平台支付系统，在支付系统中选择在线支付。

（2）系统平台通过验签等检查确认订单的真实性和交易的安全性，并将订单映射到多语言电子商务平台支付系统进行安全检查。

（3）多语言电子商务平台支付系统后台发起订单请求，并将买家的支付情况，根据支付宝支付网关技术方面的要求，选择并调用支付宝的网关进行传输。

（4）进入支付宝支付界面完成支付操作。

（5）支付宝检查用户余额，根据其支付能力，实行扣账，并将支付结果传至支付系统。

（6）若买家付款成功，支付系统将支付信息传送给卖家和买家，通知卖家发货。如果买家因个人原因付款失败，系统将等待买家重新付款。

（7）当卖家收到支付系统传来的付款信息后，卖家根据买家的订单信息进行发货，并在网上及时更改订单的交易状态。买家能够在支付系统看到订单的交易状态。

（8）支付成功且消费者收到商品后，买家如果对商品不满意或对卖家的服务不满意，或者是其他种种原因需要退货，买家可以查看退款流程，并在支付系统申请退货，然后将商品通过快递公司退还给卖家。如果买家对商品比较满意，支付宝通过本支付系统向商户进行资金的划拨和结算。

（三）系统非功能性需求分析

按照功能不同可以将系统的需求划分为功能性需求和非功能性需求，开发人员很容易只注重功能性需求而忽略了非功能性需求。非功能性需求的具体指标考量和定义都关系着软件产品的质量，还会影响到产品的功能性需求。所以在需求分析阶段一定要做好非功能性需求分析，提高产品的可靠性。

非功能性需求是为了满足多语言电子商务平台支付系统用户业务的需求，除了功能需求以外的声明以及指标等。以下为支付系统的安全性、稳定性、可扩展性等指标的叙述说明。

（1）安全性：多语言电子商务平台支付系统需要保证买卖双方的全部交易信息在传递过程中的安全性，因此需要对买卖双方展开身份验证，对他们全部的信息都要进行数据加密处理，确保数据信息在传递过程中不会被他人篡改盗用。

（2）稳定性：本平台需要保证自身的长期运行能力，保持稳定的运行状态，即便是接入新型的电子商务平台系统也不会对多语言电子商务平台支付系统造成影响。对平台的系统升级和业务拓展工作都应该尽量不对平台核心功能的实现造成不良影响。

（3）可扩展性：由于多语言电子商务平台支付系统业务的发展还处于初期阶段，该系统的开发要从长远使用的观点考虑，系统的开发设计要具有良好的可扩展性，因此本系统采用组件化的设计原则，对于支付系统的结构进行调整，或者增添功能只需要对某一模块进行调整和增加，对系统局部模块的修改不应对其他模块的功能和内容造成影响，从而满足业务不断拓展的需求，以备今后新业务的开展。

（4）易用性：多语言电子商务平台支付系统面向的用户主要分布于“丝绸之路”经济带九省区，大多数是少数民族消费者，因此要求支付系统的界面清爽美观、操作简单，重点突出民族团结友爱，注重系统的友好性。

（5）可维护性：整个支付平台的管理和维护成本在很大程度上由可维护性决定，在设计支付系统的时候应该采用模块化的设计方案，通过这种设计方式有利于后续功能的增、删、改工作，同时还能够保证开发程序代码的结构清晰，方便以后的系统维护和平台升级工作。

第五节　系统设计

本节在对多语言电子商务平台支付系统需求分析的基础上，介绍多语言电子商务平台支付系统的详细设计过程。系统设计内容包括设计思路与目标、设计的原则、整体架构设计、总体功能结构设计、详细功能模块设计等。

一、设计思路与目标

在进行该系统设计时，首先需要考虑的是系统最终要达到的效果，然后从技术路线和体系架构上进行分析，最重要的是系统总体功能设计，将包含所有子系统以及子系统对应的各个模块设计。最后进行数据库的模型设计、数据库表设计。在整个设计过程中还应体现设计要遵循的原则。本系统的设计目标是将该系统设计成为能够为买家和卖家实现在线支付的、易用的、功能完善的、可升级维护的软件系统。

二、设计的原则

系统设计时要充分考虑到运行的稳定和今后的扩展，作为一个可实际操作的系统，其可管理性也是应该充分考虑的，基于以上因素，本系统设计遵循以下原则来进行。

（1）实用性原则方面：多语言电子商务平台支付系统是民族特色农产品多语言网络交易展示平台的有效补充，它的好坏直接影响商城的经营效益。所以在进行该系统的设计时，将系统的实用性要求放在了首位。本系统力求能够紧密结合商城和用户的实际业务需求，彻底解决传统方式效率低的通病。

（2）先进性原则方面：在强调实用性的同时，还要考虑系统的先进性。当前，信息化的发展速度令世人惊叹，每一次技术上的更新与进步都会推动信息化建设的跳跃式发展。所以，为了与时俱进，有一个较高的起点，在本系统的设计过程中采用先进的 PHP 为开发语言，以 MySQL 为数据库进行系统设计与实现，保证软件产品技术上是先进、成熟、可扩展的，并使系统在性价比上拥有一定的优势。

（3）易于集成的原则方面：出于对民族特色农产品多语言网络交易展示平台的全盘考虑和整体规划，本系统要能够与其他业务系统进行集成。本系统为其他系统预留有应用接口和数据传输规范，方便其他系统与支付系统间的信息交互。本系统在数据库设计上同样遵循此原则。

（4）开放性和标准性方面：为考虑到后期进行更多支付接口的接入和更多功能的扩展，本系统在设计时一定要注意开放性和标准性，将该系统建设成为一个开放统一的平台。

三、整体架构设计

对于多语言电子商务平台支付系统而言，系统整体技术架构直接影响后期的运营、维护和业务的开展，支付系统遵循实用性、先进性、易于集成性、开放性和标准性原则，采用 B/S 架构设计，以 PHP+Apache+MySQL 作为系统的实现方案，集成环境则采用开源的 Dreamweaver 平台。

(1)用户界面层(UI 层)：运营在 Web Server 上，以 HTML5+CSS+JavaScript 封装用户界面的显示逻辑。包括网站用户的 UI、系统管理员的 UI。

（2）业务逻辑层：在业务逻辑层中，使用了面向对象的编程方法处理业务逻辑，业务逻辑层中不会包含特定数据库相关的数据访问代码，而是将数据访问工作交给数据访问层中相应的类来实现。业务逻辑层也不直接操作特定的数据提供者类，而是使用实体类进行数据的获取与处理。业务逻辑层通过同步（RMI）和异步方式（JMS）实现业务组件的调用。

（3）功能组件层：为业务逻辑层的业务操作提供方法支持。

（4）数据访问层：数据访问层被业务逻辑层调用，用来与底层的数据源进行交互，并且数据访问层封装了对特定数据库访问方法的实现，数据库访问层可以使用任何与数据库相关的类库。

（5）系统公共模块层：可以降低层与层之间的依赖；有利于标准化；与此同时也可以降低系统后期的维护难度和成本。

四、总体功能结构设计

通过对系统用户分析，多语言电子商务平台支付系统的核心功能主要有交易运营平台和系统管理平台两大部分。

（一）交易运营平台的设计

买卖双方交易运营平台是支付系统主要实现的功能之一，当买家在商城购物下订单后，系统会自动跳转到交易运营平台。当买家下单后卖家可以实时登录到交易运营平台上查看自己商品的交易信息。

交易运营平台主要实现用户（买卖双方）的注册和登录模块、支付交易模块、交易查询模块、账户安全管理模块、账户充值业务模块、好友转账模块、余额提现模块等功能，支付系统交易运营平台功能图如图 7-1 所示。

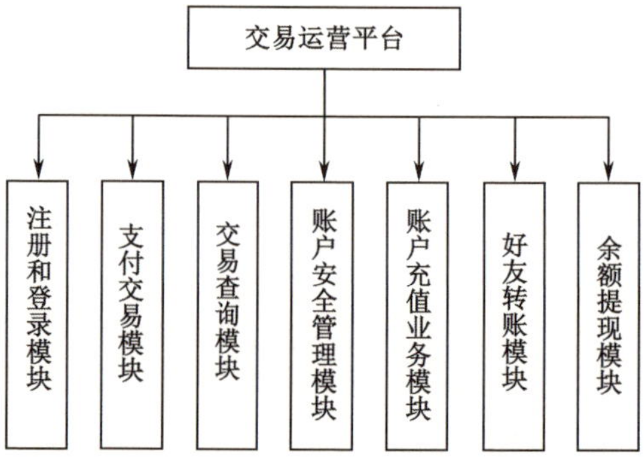

图 7-1　支付系统交易运营平台功能图

（1）注册和登录模块：用户通过邮箱注册，使用邮箱和用户名登录。

（2）支付交易模块：支付交易模块主要实现买家通过支付宝的支付功能。支付方式可以通过扫描二维码和登录的方式进行支付。

（3）交易查询模块：用户可以根据交易类型（包括购物、充值、转账、提现等）、交易状态（包括全部信息、进行中、未付款、等待发货、未确认收货、退款、交易成功、取消交易等）和交易时间来查询自己的购物情况。

（4）账户安全管理模块：保障账户安全是支付系统最为重要的环节。账户安全管理包括用户基本信息、支付密码和实名认证。

- 用户基本信息：包括用户名、手机号、绑定邮箱、所在地区。
- 支付密码：系统会根据买家输入的密码评估密码的安全级别，分为低、中和高三种级别，并且用户可以进行修改密码或找回密码（用户第一次登录时使用记住密码的功能，结果过一段时间忘记密码，可以通过找回密码功能，重新设置密码），修改支付密码通过邮箱验证的方式，系统将验证码发送到邮箱中，然后用户根据流程进行修改密码操作。
- 实名认证：实名认证中可以看到用户的真实姓名、证件类型（身份证等）、证件号、身份证的正反面照片。如果没有实名认证，为了保证支付的安全性，建议进行实名认证。

（5）账户充值业务模块：用户可以使用账户充值业务，将部分钱充入支付系统，购物时可以直接使用系统中的余额（类似于支付宝）。

（6）好友转账模块：如果出现资金不足等状况可以通过好友转账（代付）的方式进行支付，解决了用户因资金不足而错过自己喜欢的商品的问题。

（7）余额提现模块：用户随时可以将之前充入支付系统的资金提取出来。

（二）系统管理平台的设计

系统管理平台主要实现管理员对整个商城支付系统的管理，主要包括资金统计模块、设置模块、资金管理模块和会员管理模块等。

（1）资金统计模块：资金的统计主要是指后台管理员可以进行系统资金总览，包括账户资金总额即所有会员账户资金总额、冻结资金总额即交易的资金、冻结卡总额及所有会员账户卡资金总额。

（2）设置模块：设置包括站点设置、支付系统 API 设置、支付方式设置、支付应用管理设置和升级管理。其中站点设置包括站点的基础设置（如网站名称、系统默认语言、日期时间格式和站点状态等）、站点 Logo 设置、邮件设置（包括 SMTP 服务器、SMTP 端口、SMTP 身份验证码等）、短信设置和 SEO 设置（包括 title、keyword、description 等）；支付系统 API 设置包括其显示名称等；支付方式设置主要完成代码名称、支付名称（包括支付宝和财付通）、支付接口配置信息和是否启用等功能的设置；支付应用管理主要包括对应用 ID、应用名称、应用支付回调网址（可以添加交易运营平台转到商城主页的网址）和应用状态等的设置；升级管理是支付系统的一个重要环节，随着技术的不断进步，可以进一步升级和完善系统，缩减服务器支付时间等。

（3）资金管理模块：主要包括提现服务器、充值卡管理和资金明细。

（4）会员管理模块：主要是对入驻商家即支付会员进行管理和实名认证。

五、详细功能模块设计

（1）注册登录模块设计方面：首先，买家要进行在线支付业务就必须先注册，否则买家只能在民族特色农产品多语言网络交易展示平台浏览、搜索和查询相应的商品信息，而无法在该平台购买商品。当买家把选择好的商品添加到购物车支付结算时，系统会跳转到多语言电子商务平台支付系统的注册页面窗口，提示买家必须注册后才能进行购物。买家可以通过邮箱注册，登录则可以使用邮箱和用户名登录。如果买家密码丢失，可以通过注册的邮箱找回密码，支付系统会将密码修改认证等信息发送到买家的邮箱。

（2）账户安全管理模块设计方面：用户账户的信息安全对民族特色农产品多语言网络交易展示平台来说是非常重要的，所以多语言电子商务平台支付系统的安全性要求最高的是账户安全管理模块。用户进行实名认证是保证系统安全的关键之一，否则容易被人破解密码，导致对系统后台造成破坏，所以用户登录必须要进行验证。用户登录交易运营平台可以查看自己的信息是否完整，否则系统会提醒用户完善信息。

（3）支付交易模块设计方面：支付交易模块主要实现买家通过支付宝的支付功能。买家在订单确认后进入多语言电子商务平台支付页面，选择支付方式后跳转到多语言电子商务平台支付系统，通过扫描二维码或登录账号完成支付。支付成功后，卖家的账户上显示商品卖出后收到了销售金额，但只是虚拟金额，而不能提取，只有当买家确认收货以后，并在网上单击确认收货按钮或在一个星期后系统才自动将销售金额支付到卖家的收款账户上。支付方式可以通过扫描二维码和账户登录的方式进行支付。

（4）交易查询模块设计方面：用户注册、登录交易运营平台后，可以在该平台查询自己的交易信息。用户可以根据交易类型（包括购物、充值、转账、提现等）、交易状态（包括全部信息、进行中、未付款、等待发货、未确认收货、退款、交易成功、取消交易等）和交易时间来查询自己的购物情况。用户可以实时查询自己的消费情况。

（5）会员管理模块设计方面：会员指的是卖家入住民族特色农产品多语言网络交易展示平台成为本平台的长期使用者，可以是个人也可以是企业。管理员可以通过系统管理平台查看商家的基本信息、账户信息和账单信息。

（6）系统资金统计模块设计方面：系统资金统计模块是后台管理人员对系统交易状况的全面管理，系统资金统计模块能够直观地反映交易流水情况，交易管理人员可以进行销售情况的查询和统计，并且与银行进行对账。该模块主要开放给交易管理人员、公司财务人员和公司管理层使用，便于实时了解民族特色农产品多语言网络交易展示平台交易的数据情况，进行交易数据的汇总统计。

该系统可以根据交易时间、订单号进行所有支付信息的查询和统计，可以查询某一个卖家的销售情况，了解某一个产品的销售情况，也可以统计每个品类的销售情况和总体交易额。系统管理人员每天与银行进行对账和差错校验，每月进行财务报表统计。卖家也可以在系统管理平台查询某个时间段的销售业绩情况，生成销售数据统计报表。

第六节　数据库的设计

多语言电子商务平台支付系统的数据库设计和实现对于整个支付系统来说是十分重要的一个环节。可以这么说，所有支付系统的根本都是数据，如果一个系统的数据结构设计不够完善和合理，那么将会导致项目的后期开发出现较多的问题。本节通过对多语言电子商务平台支付系统的分析，设计出了相应的主要数据库表，其中包括买家表、卖家表、订单表和交易表，并且设计了部分数据库。

系统只为注册用户提供多语言电子商务平台支付系统的安全支付功能，非注册用户不能使用安全支付服务。

（1）用户资料的删除：是对用户输入的用户名和密码到数据库中去核对，如果和数据库中的结果相匹配，给出确认的信息，然后返回给用户相关的确认信息，经过用户的确认和核对以后，删除该用户的资料，否则给出输入错误信息。

（2）用户资料的修改：是对用户输入的用户名和密码到数据库中去核对，如果和数据库中的结果相匹配，给出修改确认的信息，修改完成后，经用户确认，将数据库中的用户信息表中对应的信息进行修改，否则给出相关的错误信息。

（3）用户支付记录查询：可以根据用户交易的时间记录来查询相应的用户订单的物流状态，同时也可以查询用户以往的历史交易记录。

第七节　系统的实现

根据系统目标分析和系统整体功能模块设计，多语言电子商务平台支付系统要完成在线支付业务、系统安全性、交易运营平台和系统管理平台等的实现。下面分别介绍多语言电子商务平台支付系统各个功能模块的相关实现过程。

一、在线支付业务的实现

对于多语言电子商务平台支付系统来说，其核心业务是支付功能。本系统作为民族特色农产品多语言网络交易展示平台和支付宝的中转站，需要保障数据在多次传递过程中的安全性和唯一性，并以此为基础来满足用户的交易需求。

当买家在民族特色农产品多语言网络交易展示平台中选购商品并加入购物车，系统将跳转到支付系统的交易运营平台，在交易运营平台中提交订单，买家单击付款按钮后，系统页面将会跳转到支付方式选择页面，买家选择支付宝支付，服务器端则运行支付事务，将支付信息封装成符合支付宝接口要求的数据格式，并通过支付接口提交到支付宝进行处理，根据支付接口返回的支付状态信息判断支付结果，返回付款信息。如果付款成功，系统将转发支付成功页面。如果返回失败信息，则转发到支付失败页面，并根据支付接口返回的信息罗列出失败的可能原因。在线支付业务流程图如图 7-2 所示。

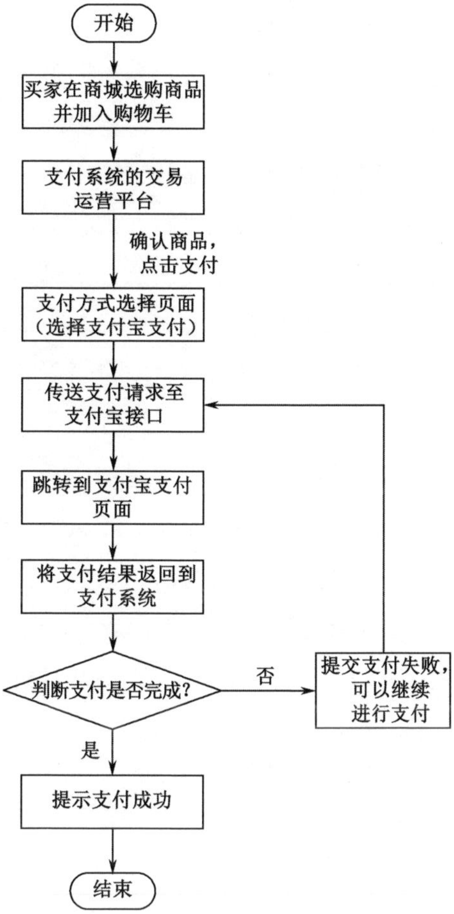

图 7-2　在线支付业务流程图

二、系统安全性的实现

安全性是多语言电子商务平台支付系统的根本，确保民族特色农产品多语言网络交易展示平台能够正常、安全、有效地运行是本设计的最终目标。采用 MD5 加密算法和 RSA 加密算法能够有效地保证系统的安全，防止用户信息的泄露。RSA 是目前最有影响力和最常用的公钥加密算法，能够抵抗到目前为止已知的绝大多数密码攻击。为了保证多语言电子商务平台支付系统的安全性，所以采用RSA签名、验签和解密。

系统用户想要使用本系统必须先在支付系统的首页进行注册，只有成为本系统的合法用户后才可以实施购买行为。当用户注册、登录后系统将会提醒用户进行实名认证，只有通过实名身份认证的用户，才能使用支付系统的服务，从而实现真正的、全面的实名制平台。为保护用户隐私，用户之间只有在得到对方授权的情况下才可以交换实名认证信息。为保护用户信息，用户提供的身份证信息，将直接传输到“全国公民身份信息系统”数据库中，并即时返回认证结果，多语言电子商务平台支付系统并不保留用户的身份证信息。

用户实名认证包含用户的基本信息、支付密码和实名认证三部分。用户首先要完善自己的基本信息，包括用户名称、手机号、绑定邮箱和所在的地区。其次，用户可以对自己的密码进行修改，系统将会对用户的密码进行评估，提醒用户密码的级别（分为高、中、低）。最后，用户必须完成实名认证。实名认证包含用户的真实姓名、身份证号码，以及身份证的正反面（系统不保留用户的身份证信息）。

三、交易运营平台的实现

交易运营平台是多语言电子商务平台支付系统的一大模块，买家在交易运营平台中既可以通过支付宝进行线上支付，又可以实时查询自己的交易状态。卖家可以查看自己货物的卖出情况，又可以余额提现（买家的付款通过支付宝直接打到交易运营平台）。

（1）买家可以登录交易运营平台，在该平台上买家可以根据交易类型（包括购物、充值、转账、提现等）、交易状态（包括全部信息、进行中、未付款、等待发货、未确认收货、退款、交易成功、取消交易等）和交易时间来查询自己购物的具体情况。可以实时查看自己近期的消费情况。

（2）卖家在多语言电子商务支付系统中预先绑定自己的收款账户，当卖家发起提现请求，系统调用银行支付接口，并启动支付系统自动将卖家提现额从卖家的账户余额打入卖家银行账户中。提现的实现流程与支付大致相同，卖家首先要进入交易运营平台，发出提现申请，系统接收到提现申请后，判断提现金额是否合法，如合法则转送支付请求给银行，自动进行资金清算，提款成功。卖家提现流程图如图 7-3 所示。

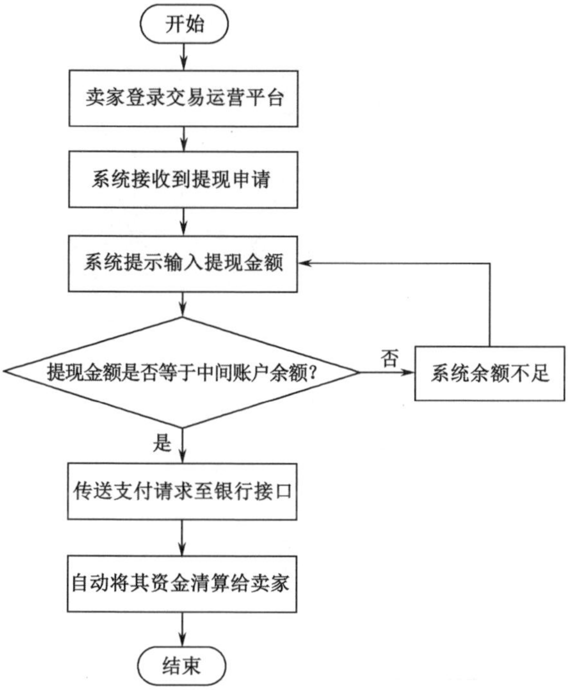

图 7-3　卖家提现流程图

四、系统管理平台的实现

多语言电子商务平台支付系统的系统管理平台主要实现管理员对整个商城支付系统的管理，管理平台可以进行相关交易数据的统计。系统管理员可以按照交易的类型（购物、转账、充值、提现等）、用户账号以及支付单号筛选出需要查看商户的交易金额与付款状态。系统接收到系统管理员筛选条件后判断筛选条件是否符合要求，符合则系统调取报表结果，将统计报表反馈到系统管理平台显示；多语言电子商务平台支付系统销售报表统计流程图如图 7-4 所示。

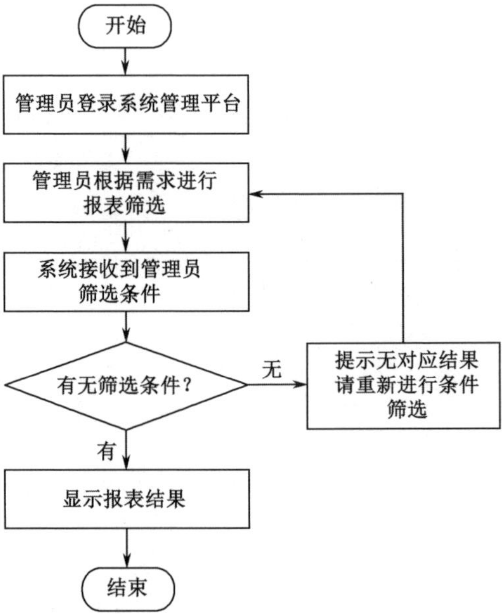

图 7-4 支付系统销售报表统计流程图

第八节 系统测试

一、系统测试的目的

多语言电子商务平台支付系统在开发时难免会存在一些不足，所以，当支付系统设计并实现之后，要对系统进行全面的测试，检测系统是否满足民族特色农产品多语言网络交易展示平台的要求。本系统测试的目的是在进行测试的过程中发现支付系统在设计实现后的不足之处，给出合理的解决方案，完善整个支付系统的功能和性能。系统在测试过程中要完成以下几方面的目标：

（1）通过测试查看支付系统是否满足用户在线支付的需求；

（2）验证支付系统是否可以保证用户的信息在传输过程中的完整性；

（3）该系统是否满足买家、卖家和管理员各方的需求。

在对多语言电子商务平台支付系统进行测试时，查看支付系统是否满足以上目标。如果存在问题，应及时减少系统缺陷，力求达到设计目标，使用户满意。

二、系统测试方法

系统测试一般都包含两种常规的测试方法，即白盒测试以及黑盒测试。黑盒测试也称为功能测试，进行测试可以证明每个实现的功能是否符合要求。白盒测试是指在已知产品的内部工作过程中，可以通过检测产品内部操作是否符合设计的规格要求。

多语言电子商务平台支付系统的测试采用黑盒测试。黑盒测试只有采取穷举输入测试，即把所有可能的输入都作为测试情况考虑，才能查出程序的所有错误。但是对于本支付系统要完全测试是不可能实现的，所以要进行有针对性的测试。本次测试主要针对在线支付功能、交易运营平台和系统管理平台三部分的部分功能进行测试，通过对这三部分的测试用例从而保证支付系统的质量。模拟买家在“一带一路”特色农产品网络交易平台实购物的操作：进入网站、单击登录、选择一个商品、单击购买、跳转到支付宝支付页面付款。模拟系统管理员在多语言电子商务平台支付系统的系统管理平台进行资金统筹与查询操作。场景设计思想是大量用户长时间反复操作的，从而检查系统的长期稳定性。

三、单元测试实例

为了更精确地测试多语言电子商务平台支付系统的功能实现情况，现通过黑盒测试法和步骤以及验证成果测试多语言电子商务平台支付系统。

本节主要给出在线支付功能、交易运营平台和系统管理平台三个关键子模块的测试用例。

（1）在线支付业务功能测试方面：首先买家在平台上选中商品，然后单击立即购买，系统将会跳转到订单信息填写页面，买家确认订单信息，并填写基本信息，选中在线支付并单击提交订单按钮即可。

买家提交订单后系统会自动进入支付系统，在支付系统可以看到支付单号和金额等信息，买家选择支付宝、微信以及银行卡等方式进行在线支付，然后单击确认付款即可。

当买家选择支付宝确认付款后系统传送支付请求至支付宝接口，界面将跳转到支付宝支付页面，买家可以通过扫描二维码或登录账户进行付款，从而完成在线支付功能。

（2）交易运营平台子模块测试方面：多语言电子商务平台支付系统的交易运营平台是和“一带一路”特色农产品网络交易平台的账号绑定的，买家可以在特产网上注册登录进入本系统，利用在特产网上注册过的账号直接登录本系统，当然也可以直接通过本系统的首页注册登录到交易运营平台。用户仅注册、登录后才可以进入本平台。

买家单击用户登录，然后输入正确的用户账号（邮箱、用户名和已验证的手机号）和密码就可以登录到多语言电子商务平台支付系统的交易运营平台。在交易运营平台用户可以进行交易查询、账户充值和好友转账等功能，本次测试以交易查询业务为例。用户可以根据交易类型、交易状态等进行查询。

以未付款为例，如果买家想要购买前段时间加入购物车的商品，可以单击交易查询中的未付款按钮，输入当时加入购物车的时间段，就可以查到自己想要的商品。如果买家想要立即购买本商品，只需要单击支付按钮，系统会自动跳转到订单支付页面，然后根据在线支付流程购买自己想要的商品。

（3）系统管理平台子模块测试方面：系统管理员在任何一个浏览器的地址栏输入多语言电子商务平台支付系统的系统管理平台起始地址，页面会跳转至系统管理平台的登录界面。只有输入正确的账号、密码和验证码，系统管理员才可以进入管理平台，否则系统会提示“登录失败，请重新登录”等信息。

系统管理员登录系统后可以根据交易类型（购物、转账、充值等）查看整个民族特色农产品多语言网络商城的交易情况。系统管理员单击资金，选中资金明细就可以看到所有人的交易情况。如果系统管理员只想查看用户在交易展示平台上具体的充值情况，可以选择交易类型中的充值选项就可以看到所关注的信息。

四、集成测试

本系统的集成测试建立在单元测试的基础上，需要将多语言电子商务平台支付系统所有功能根据相应设计需求组成为整体。支付系统进行的集成测试主要包括以下方面。

（1）性能测试方面：需要编写一些测试程序，在不同的电脑中持续性地访问多语言电子商务平台支付系统，测试支付系统的并发承受能力。

（2）支付系统各个功能模块之间接口测试方面：需要对系统各个模块之间的相互调用进行测试。首先需要登录到多语言电子商务平台支付系统的主页面，然后逐级单击查看平台的各个子页面，注意链接的有效性，以及各个模块间参数传递的准确性等。

（3）安全测试方面：对于多语言电子商务平台支付系统的各大模块使用完整的系统链接，并且在未登录的条件下访问本支付系统，通过这种方式来测试本系统对于恶意操作所具有的安全性。

第 8 章

民族特色农产品即时通信系统

第一节 研究背景

随着计算机网络技术的重大突破，互联网 Internet 已经融入了社会中的每一个行业，成为人们生活中不可缺少的一部分。在这样的环境下，一个名词——电子商务逐渐出现在了我们的生活中。顾名思义，电子商务就是指通过电子的方式完成的交易，打破原有面对面交易的方式，以信息为基础的商业构想的实现，以达到提高贸易过程中的效率。直至今日，电子商务已经完全融入到了我们的生活中，人们出门不用带现金，甚至是足不出户就能做到自己想做的很多事，购物不用去商场，办业务不用去银行，只需简简单单的一部手机或者一台电脑就可以完成这些操作。人们逐渐从过去“腰酸背疼”的购物方式，转变为“单击鼠标”来代替。电子商务不仅给消费者带来了方便，也降低了交易过程中产生的部分费用，已经成为这个时代的必需品，也是未来社会发展的一种必然趋势。

2017 年，我国互联网经济环境继续向好，电子商务保持快速发展，服务模式、技术形态和赋能效力不断创新突破。借助大数据、云计算等新兴技术，通过“产业链+供应链金融”的服务模式，构建供应链综合服务平台，以平台为中心对接上下游客户需求，提供完善的金融服务，从而提升贸易达成率。

并且，电子商务对传统业态渗透和赋能加快。电商平台向供应链上游拓展服务，同时，建立实体零售体验店，以技术和数据赋能线下业态，AR 技术、虚拟试衣间等产品将有效推动线下商业科技升级。2018 年 1 月，互联网络信息中心（CNNIC）发布了第 41 次《中国互联网络发展状况统计报告》，报告指出从 2017 年 1 月到 11 月，我国电子商务平台总收入为 2188 亿元，同比增长了 43.4%，较 2016 年逐月累计收入的增速放缓。虽然 2017 年电子商务平台收入增速波动幅度较大，但平台总体收入在快速增长。

另外，电子商务的内涵和外延也在不断充实和扩展，并不断被赋予新的含义，开拓出更广阔的应用空间。近年来，出现了一些新型的电子商务模式，如促进精准扶贫的农村电商、进出口交易的跨境电商等，这些新模式带来的不仅仅是巨大的商品需求，也给现阶段电子商务平台运营中的各个环节带来了新的需求和挑战。在我国电子商务的迅猛发展中，信息交流是一个非常重要的环节，作为互联网上进行通信的软件，即时通信（Instant Messaging，IM）软件以它的实时性、高效性和低成本的特质成为绝大多数网民在互联网上进行交流的必备软件。然而，随着技术的发展，用户需求的增多，即时通信软件已经不仅仅局限于用户之间的聊天，逐渐被运营商开始整合和利用来拓展电子商务，使电子商务过程中的沟通问题得到了有效解决。

第二节　国内外研究现状

即时通信从 ICQ 面世以来，发展迅速，打开了全球即时通信应用的大门。就是这么一款小小的应用，现在已经不单单是一个用于聊天的工具了，它已经逐渐发展成为集成了邮件、音乐、视频、游戏、咨询、电商、办公等为一体的综合化应用软件。根据国际研究机构 Technavio 调查报告指出，全球企业即时通信市场规模至 2019 年预估将达到 120 亿美元。继市值高达 38 亿美元企业协作新创独角兽 Slack，公布第 4 季最新用户安装数突破 600 万人后，拥有 17.9 亿全球用户的 Facebook 和挟带 8500 万 Office365 用户的微软 Teams，也纷纷抢进企业市场，显示企业即时通信及协作不仅是全球趋势，也是企业面临数字转型必备新工作模式。

现阶段国内外对即时通信系统研究超前的公司有 MS 公司、Sun 公司、思科等，前两个公司主要是对应用层的研究，而思科主要是针对底层传输研究。Java 现在是最为流行的后台开发语言，SUN 公司想凭借着它领先于别的公司，但是 MS 也拿出了 Visual C#来跟 JAVA 抗衡。当然，这其中最有名的当属 MS 公司的 MSN 了，虽然 MSN 在国内的使用量较少，也很少被人提起，但是其在办公型即时通信领域的领导地位不容小觑，在国外它基本已经成为“白领”们在线协同办公所必备的工具。另外，ICQ 基本上是全球通用的即时通信工具了，但是在国内也很少有人使用。在国内，各种 IM 应用不断出现，百度 Hi、阿里旺旺、Skype、网页泡泡等都参与了这场竞争，但是腾讯依然是一家独大，QQ 和微信基本已经占据了 90%的市场，在国内即时通信的竞争中稳居领导地位，也占领了国内市场 80%的份额。

随着互联网的发展，网页即时通信也开始逐渐代替客户端型即时通信。网页即时通信主要面临的问题是浏览器客户端怎样通过系统调用来达到和处于异地的另一个客户端浏览器通信的功能。以往的桌面应用工作方式是通过 Socket 和远程主机上另一端的一个进程建立 TCP 连接，从而达到全双工的即时通信。而浏览器不同，浏览器从诞生开始一直走的是客户端请求服务器，服务器返回结果的模式，即使发展至今仍然没有任何改变。所以可以肯定的是，要想实现两个客户端的通信，必然要通过服务器进行信息的转发。为了解决这个问题，现在使用最多的就是 WebSocket 技术，它不仅是一种 Web 通信方式，也是一种应用层协议。它提供了浏览器和服务器之间原生的全双工跨域通信，通过浏览器和服务器之间建立 WebSocket 连接（实际上是 TCP 连接），在同一时刻能够实现客户端到服务器和服务器到客户端的数据发送。

目前，随着即时通信技术的飞速提高，在未来的发展中呈现出整合多种业务、扩张移动平台、渗透企业用户、融入收费内容的发展趋势。另外，随着国内外各大公司对即时通信系统的激烈竞争也促进即时通信技术的不断提升。发送语音、实时视频这些在以前人们从来都没有想过的功能，在现在都已经得到实现，当然，更多有趣的、强大的功能还有待人类的继续开发和创造。随着互联网技术的发展，用户需求也在不断变化，同时，他们对即时通信系统的需求也会提升。是否能满足用户的需要，开发出更多的与时俱进、顺应时代潮流的功能将成为即时通信产品兴衰的关键。

第三节　相关概念介绍

一、LAMP

LAMP 是目前国际上最为流行的建站技术，也是国内外最前沿的技术，现如今市面上使用 LAMP 技术的网站超过 50%，例如：淘宝网、雅虎中国等大型网站都是使用它来建站的。LAMP 不是一项新兴的技术，它是由位于底层的 Linux 操作系统、位于第二层的 Apache Web 服务器、MySQL 数据库管理系统和 PHP 编程语言组合而成的。由于这四种技术都是开源的，可以使开发人员免费使用，所有的源代码和文档都可以在其官方网站下载并使用。

这四个组件把整个系统分为四层，它们在各自的层级中发挥各自的作用。Linux 操作系统是整个架构的基础，为整个站点提供底层的操作系统。Linux 有很多的版本，例如 Ubuntu、CentOS 等。当然，LAMP 也并不仅仅局限于 Linux 上，在 Windows 系统上也可以使用，通常称为 WAMP。Apache 是一款功能强大的 Web 服务器，它是负载 PHP 的最佳选择。MySQL 是当下最流行的数据库管理系统，用来存储所有的用户信息、业务数据等。MySQL 性能稳定、功能强大，支持百万级别数据存储，是数据库的首选。PHP 是一种脚本编程语言，它是最早嵌入 HTML 中的语言，主要用来实现动态页面。

现在已经有越来越多的人认识到 LAMP 的优势，使用 LAMP 构建的各种网站和应用显得竞争力更强，并且能更加地吸引客户。近年来，LAMP 的发展渐渐已经有超越 J2EE 和.NET 的趋势，许多 LAMP 爱好者喜欢把它比作开源的明灯，指引着他们前进的方向。

二、WebSocket 协议

随着 Internet 的飞速发展，Web 应用也在不断地发展，传统的 HTTP 协议已经不能满足现如今的 Web 的需求了。近年来，随着 HTML 5 的诞生，WebSocket 协议被提出。HTTP 的版本有 1.0 和 1.1 之分，区别就是我们常说的 keep-alive，是把多个 HTTP 请求合并为一个，但是 WebSocket 作为一个新协议，跟 HTTP 协议没有关系，它只是为了兼容现有浏览器的握手规范而已，也就是说它是 HTTP 协议上的一种补充。再简单地说就是它们层级不一样。

HTTP 不是一种持久化（长连接）的链接方式，但是相对于 HTTP 这种非持久的协议来说，WebSocket 属于一个持久化的协议。这里使用 PHP 生命周期来解释就是，HTTP 的生命周期往往使用 Request 和 Response 来表示，在 HTTP 1.0 版本中，一次 Request 和 Response 的对话就代表着这次 HTTP 请求结束了。但是，随着 HTTP 1.1 的出现，keep-alive 改变了这一现状。也就是说，在一个 HTTP 连接中，浏览器可以不停地发送 Request，服务器也可以不停地接收 Response。但是依然是只能一个 Request 对应一个 Response，而且这个 Response 也是被动地接收的，当有消息发送来的时候并不能向浏览器主动的发起，这就是 HTTP 的弊端。至此，WebSocket 就是为了解决这一问题而诞生的。WebSocket 只需要一次 HTTP 握手，链接建立成功后，浏览器端就可以和服务器端建立数据通信了。WebSocket 链接其实就是对 TCP 进行的链接，它不需要每次传输数据都进行链接，所以数据的传输量小了很多。

三、AJAX

AJAX 的全称是 Asynchronous JavaScript and XML，表示一种异步的 JavaScript 和 XML 技术，在以往的开发过程中大部分应用采用的是同步的方式，直到 AJAX 出现后完全改变了这一方式。简单来说，就是通过 XMLHttp

Request 对象服务器发送异步请求，从服务器获取数据之后，再通过 JS 来操作 DOM 节点。传统的 Web 应用程序，在接到用户的请求后，服务器直接接收处理传过来的表单，然后返回一个新的网页。如果用户前后两次请求页面内容相差很少，页面整体刷新没有必要，就会造成很差的用户体验度。然而，通过 AJAX，可以实现网页的局部刷新，使得我们可以创建更好、更快以及更友好的 Web 应用程序。例如，谷歌地图随着鼠标的移动，地图也会时时显示你想搜索的地址信息，可更新的只是显示地图的这一小块区域，别的地方并没有更新，它们就是通过 AJAX 的只更新局部功能实现的。

四、jQuery

jQuery 是 JavaScript 的一个框架，是轻量级的 JavaScript 库，它经常用到 JavaScript 方法进行封装，不仅能使系统开发的过程操作界面更加简洁明了，还能减少代码的编写量，以达到高效的开发目的。导入 jQuery 就像导入一段外部 JS 代码一样简单，可以使用 MS 或 Google 的 CDN 进行加载。另外，它不仅兼容 HTML 元素选取和操作、CSS 操作、JS 特效与动画、DOM 处理、AJAX 等，还兼容各种浏览器，例如 IE、谷歌、猎豹等。

第四节　即时通信系统需求分析

本节从不用角度分析网页即时通信系统的需求，包括服务器端和浏览器端，并详细介绍每个模块的主要功能。

一、应用概述

需求分析，简单来说就是在产品构思的初期，一般会先罗列尽可能多的需求，也会从客户、用户那里收集到很多的需求，然后通过对这些需求的分析，把它们转换为对应的软件系统需求的过程。在实际学习、工作、生活中，开发软件的过程是很消耗人力、物力、精力、财力和时间的，因此，在开发过程中绝不能忽略客户提出的任何一个需求，否则将给开发者带来不可估量的损失。在开发的过程中，需求分析对于软件的设计方向、开发方法起到了指引性的作用。因此，需求分析在开发中的地位可谓是重中之重。在一些大型软件系统的开发过程中，需求分析的作用往往要远大于程序设计。

二、系统总体目标

本系统设计是用于多语言电子商务平台中的，因此本系统的使用者主要是在平台中已经注册过的买家和卖家。用户若想使用本系统，只需在平台上注册账号即可，并且用户注册时的个人信息即为即时通信系统的信息。本系统主要是为了解决买家与卖家之间的沟通而设计的，另外消费者彼此之间也可以互相添加好友进行交流，方便消费者在平台中的购物。

买家，在电商平台中是购买商品的一方，属于消费者，也是即时通信系统使用的主要人群。买家在购物过程中，发现自己感兴趣的商品，可以通过即时通信系统向卖家获取这些商品更多的细节，包括质量、外观、具体功能等。从商品评论中，他们也可以向购买过此商品的买家进行询问，了解他人对商品的使用情况。在本网页即时通信系统中，买家可以使用的功能主要有发起聊天、发送文字、发送表情、发送图片、添加好友、删除好友、查看聊天记录等。

卖家，在电商平台中属于运营、销售商品的一方，主要负责引导买家购物，根据买家的需求向买家推荐合适的商品。买家通过即时通信系统提出的问题，卖家必须及时地以文字或图片的方式进行反馈，加以解答。在本网页即时通信系统中，卖家可以使用的功能主要有发送文字、发送表情、发送图片、添加好友、删除好友、查看聊天记录等。即时通信系统用例如图 8-1 所示。

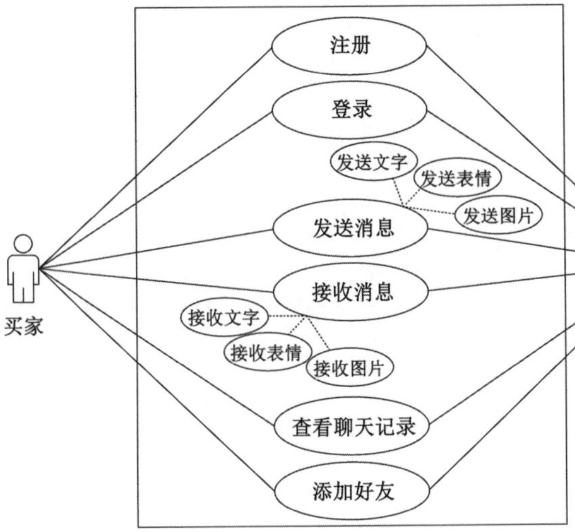

图 8-1　即时通信系统用例

三、服务器功能需求

在此 Web 即时通信系统中，最核心的部分就是 WebSocket 服务器，主要负责客户端与服务器之间的相互通信。本系统用 Node.js 搭建 HTTP 和 WebSocket 服务器，并借助 Socket.IO 来辅助搭建。WebSocket 服务器可以很容易地把客户端和服务器建立全双工的通信连接。一旦连接成功，服务器便可将最新的数据推送到客户端了，并且直到明确关闭之前一直保持打开状态。WebSocket 服务器主要支持的功能被分为以下几个模块，如图 8-2 所示。

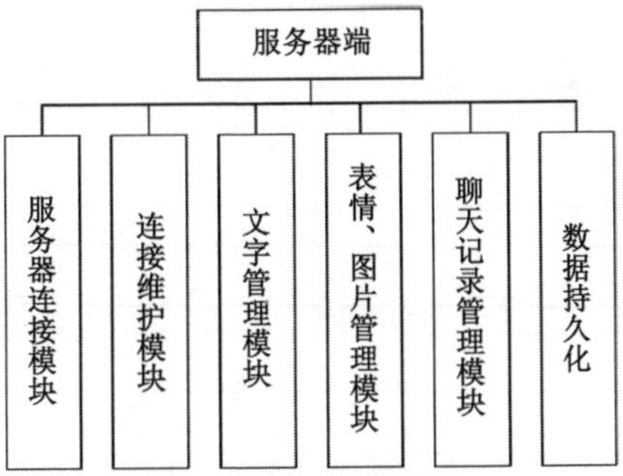

图 8-2　服务器端功能图

（1）服务器连接模块：主要负责服务器与浏览器之间的连接，当用户登录平台时，服务器需验证用户的个人信息。成功登录后服务器端就可以直接与浏览器建立 WebSocket 连接。若之前有未处理的信息，服务器会直接发送给用户。

（2）连接维护模块：主要负责维护服务器与浏览器间的 WebSocket 连接，针对可能导致连接失败的异常情况进行处理。当有消息发送过来时，服务器要及时地发送给浏览器，不能由于系统的不稳定而导致用户接收消息失败。

（3）文字管理模块：主要负责管理浏览器端发送过来的文本消息。在此过程中，服务器将接收到的消息发送给用户。若此时用户处于离线状态，服务器则将消息暂时存储，等待用户上线后再次发送。

（4）表情、图片管理模块：主要负责处理浏览器端发送的表情和图片消息。在此过程中，若用户处于在线状态，则图片可以直接通过服务器发送给浏览器，交给用户进行处理；若用户处于离线状态，由于表情和图片所占空间较大，为了减少服务器存储的压力，服务器会提示发送方等待接收方上线后再重新发送。

（5）聊天记录管理模块：主要负责存储用户使用系统过程中产生的聊天记录。服务器会自动把用户的聊天记录存储到数据库，并且每 30 天清除一次记录。

（6）数据持久化，是服务器对客户端所有用户的数据操作都要进行数据持久化。每一个功能都要进行数据库操作。

第五节　客户端需求分析

一、客户端 UI 需求

UI（User Interface）即用户界面的简称，是对用户前端操作界面的设计。本系统设计的是一款网页即时通信系统，目的就是为了使用户不需要下载客户端，不需要对系统进行安装、更新等操作，提高买家与卖家之间通信的效率。因此，在整个系统开发过程中，给系统设计一款界面简洁，使用时操作方便的 UI 界面是很重要的。通过对用户使用习惯的分析，得出整个 UI 界面的设计要遵循以下原则。

（1）界面清晰度方面：界面清晰才能使用户体验达到最佳，这是界面设计最基本的要求。用户在使用的过程中，可以轻松地识别使用各个功能，并能成功地与他人进行交互，这样才能达到系统设计的预期。如果整个界面的清晰度不够，就好像一个人不修边幅一样，总会给人一种不舒服的感觉，这样会大大降低用户的体验，减少用户的忠诚度。

（2）高效操作方面：单就高效而言，似乎与第一条差不多。但是，高效并不是就意味着清晰、正确地处理目标任务。人们总喜欢对物品操纵的感觉，但是这只能在电影中见到，因为在界面设计时，有些图片是没有必要设置的，从根本上简化界面的设计才是目标。所以优化功能逻辑，减少层级，同时预判结果，让操作更顺畅，让人们使用更加轻松和快捷。

（3）用户习惯性方面：在 UI 界面设计中，应该先调查用户常规的使用习惯，尊重用户以往对即时通信系统使用的操作习惯，以避免用户因出现反常规的操作而对系统产生反感。当然，某些时候为了能够突出某个功能，或者让人加深印象，往往也会设计成不一样的情况，所以做好用户调查，灵活运用此原则也是很重要的。

（4）设计一致性方面：满足用户的需求是设计的基本目标。直观简洁的界面，方便熟悉的操作，使用户在使用的过程中一目了然，不需要查看任何帮助说明就能灵活地使用系统，容易上手。例如，文字的字体和颜色要保持一致，避免一套主题出现多种样式；页面的整齐划一让人看起来也很舒服，如无特殊情况应避免同一页面出现多种数据对齐方式等。

（5）美观设计方面："最好的设计就是没有设计"，这句话换种说法就是好的设计让你感觉不出来它是经过设计的，一切都是那么的自然和顺理成章。对于一个产品而言，漂亮和美观是提升体验和激发共鸣或者说愉悦的一个重要手段。

根据以上对UI设计的原则，我们在对本系统的前端页面设计时必须结合实际来决定。首先本设计是基于多语言电子商务平台的即时通信系统，因此系统的前端界面设计风格要与整个电商平台的设计风格一致才能使用户看起来无违和感。其次本平台是面向大众的购物网站，所以界面设计风格要使人看起来简洁、清新，用户在使用期间不会产生视觉疲劳和反感。

二、客户端功能需求

即时通信系统主要具有以下五个模块的功能，其功能模块图如图8-3所示。

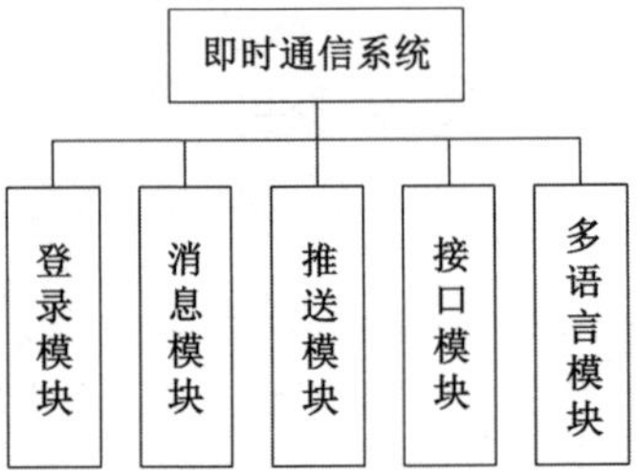

图8-3 客户端功能模块图

（1）登录模块：主要是为了验证用户的个人信息。当用户登录成功则代表验证通过，这时HTTP与WebSocket协议进行一次握手，完成浏览器端与服务器端的链接，这样用户就可以随时与商家进行通信了，服务器也会将接收到的消息第一时间发送给用户。

（2）消息模块：主要负责对用户聊天过程中产生的消息进行处理。这一模块包括：发送消息、接收消息、查询聊天记录、保存聊天记录、消息撤回。

接收消息、发送消息是实现用户和商家互相传递信息的功能，不同的商家提供不同的聊天窗口，在聊天结束后用户可以选择关闭此窗口。在这个窗口中，包括消息输入框和消息显示框。在输入框中，用户可以根据自己的需要选择发送文本信息、发送表情和发送图片。当用户输入完毕后，单击发送按钮或者Enter键，即表示消息发送成功。成功发送的信息会显示在消息显示框中，内容包括发送者发送的内容和时间，以及接收者接收的内容和时间。

另外，当网络忙而没有发送到对方那里时，会提示发送失败。

查询聊天记录是当用户使用即时通信系统进行消息发送时，服务器会自动地把聊天记录存储到数据库中，保存的过程中系统会把这些信息按照聊天对象的昵称以及消息发送时间进行保存，以便事后查看。当用户单击查看聊天记录时，系统会调出用户与该商家的聊天记录供用户查看。

保存聊天记录是用户通过即时通信与卖家聊天并购买商品之后，难免会出现一些纠纷问题，平台方可以把聊天记录以文本的形式保存下来，以作为证据参考，用户不享有此功能。

消息撤回是在平时聊天的时候，因为有时候比较忙，发现自己发出的消息可能发错对象，或者，在我们给别人发消息的时候，发现已经发出的消息中有可能会造成别人的误解，产生不必要的麻烦和误会，消息撤回是一个很实用的功能。在用户发出一条消息后的两分钟之内，用户可以选择撤回已发出的消息。

（3）推送模块：主要包括，第一，信息推送，这里主要是指广告的推送，根据用户平时浏览的商品记录，把互联网广告以合适的方式推送给合适的消费者；第二，订单推送，当用户成功提交订单、完成支付、完成签收后，会自动向买家推送一条消息，让买家更清晰地了解当前订单的状态。

（4）接口模块：系统是多语言电子商务平台网页即时通信系统，虽然具备聊天所用的大部分功能，但是为了提升用户体验，满足一些用户多方面的需求，本系统提供两个第三方接口供用户更方便地与商家交流使用，分别是QQ 接口和阿里旺旺接口。此设计要求用户提前在 PC 端下载和安装这两个客户端，当用户单击这两个图标时，会弹出相应的登录界面，登录后便可直接弹出与商家的聊天窗口。

（5）多语言模块：就是可以支持多种语言（而不是单种语言）实现的电子商务平台，用多语言来服务不同的用户是本平台的一大亮点，让使用不同语言的用户都能够从同一个网站获得内容相同的信息。因此即时通信系统也应该支持多语言功能。本系统需要设计出汉语、英语、藏语、蒙古语、维吾尔语五种语言的显示，来满足需求。

第六节　系统设计

本节详细介绍多语言电子商务平台网页即时通信系统的设计思路和具体设计方法。确定好系统的设计架构是最重要的，之后对服务器和客户端的功能各自进行设计，然后对系统的数据库进行设计。

一、系统整体架构设计

（一）系统整体架构分析

因为本设计是基于网页的即时通信系统，所以应该采用 B/S 架构。随着互联网技术的飞速发展，浏览器技术也在不断地成熟，使用这种模式，可以明确地把客户端和服务器端的功能划分开来。浏览器可以使用多种前端技术来实现用户的工作界面，例如 vue.js、artTemplate.js 等，而不用考虑太多的业务逻辑。服务器端主要是对业务逻辑进行设计。使用 B/S 架构设计使系统具有分布性强、维护方便、开发简单且共享性强、总体成本低等特点。在用户的使用过程中，不再需要下载客户端、安装、更新等操作，只需要打开浏览器便能够开始使用。另外，由于 AJAX 的出现，使浏览器可以不用刷新页面，便可进行实时的交互，使浏览器的实时性和实用性得到了大大增强。

B/S 架构通常是把整个业务分成三层架构，即表现层（UI）、业务逻辑层（BLL）和数据访问层（DAL）。这三层之间是相互独立的，当系统的某一功能发生变化时，只需修改其对应的层次即可，不用做大幅度的结构调整。本系统采用 PHP 语言对整个系统进行开发，由于 PHP 具有性能强，配合简单、稳定、容易部署，成本低等特点，使开发出来的系统效率高、跨平台性强，非常符合本设计的条件。

（1）表现层：通俗地讲，就是用户用肉眼可以看见的界面。它可以给用户显示出各种系统中的信息，是供用户使用和操作的交互式界面。它负责直接跟用户进行交互，也就是系统的各个操作界面，主要用于用户的各种操作和部分数据展示等。这也就意味着它只做与外观展示相关的工作和少量的业务逻辑，其他的工作由别的层级实现。

（2）业务逻辑层：主要用于对服务器端的一些业务逻辑进行设计，使系统可以达到正常、稳定的运行。如用户登录时是否验证通过；对系统各种功能的算法实现；对数据库中的数据进行的操作；对信息的输入有一些权限设置；用户的操作是否合法等。通过对事物逻辑的设计，来完成对整个系统功能的开发，保证系统的运行正常。

（3）数据访问层：顾名思义，就是专门用于对数据库进行操作，主要用于对数据库的增加、删除、修改和查看等。需要强调的是，系统中所有的数据都是在这一层中被引用的，如 System、SQLClient 等，除数据层之外的任何地方都不应该出现这样的引用。

三层架构结构图如图 8-4 所示。

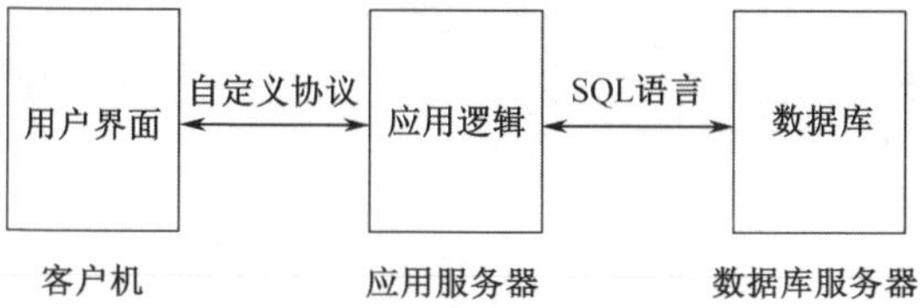

图 8-4　三层架构结构图

系统交互过程是，用户通过浏览器打开平台并进行注册、登录等操作。成功登录后，即可打开即时通信系统与商家进行交流，并能够根据系统的前端界面进行相应的功能操作。业务逻辑层根据用户不同的操作进行不同的功能处理，再通过数据层进行相应的数据存储工作，最后完成用户的操作。

（二）系统整体架构设计

根据上述分析，按照 B/S 结构把系统分成三部分，系统整体框图如图 8-5 所示。

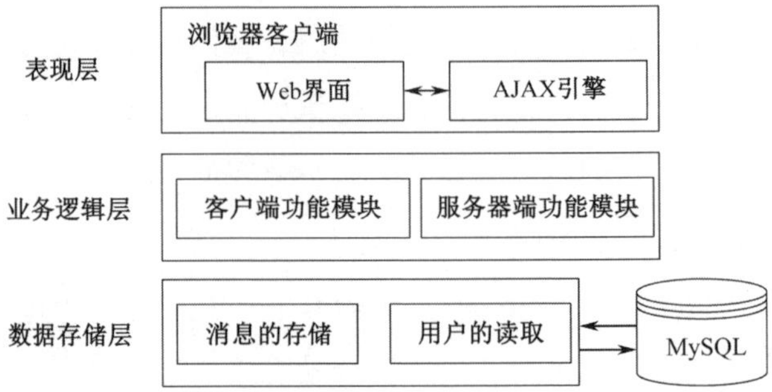

图 8-5　系统整体框图

（1）表现层：前端界面主要使用 HTML5、CSS3 和 JavaScript 来构建。HTML5 主要用来搭建结构，用 CSS3 对页面进行渲染，JS 主要用来实现页面的交互。在实现方面只需要采用<link>和<script>标签就可以将其导入 HTML 的结构中。另外，使用 jQuery 框架编写 AJAX 引擎，它采用异步的方式实现浏览器与服务器之间的交互，对于一些比较简单的操作，AJAX 引擎自己就可以处理掉。如果用户的某些操作需要从服务器中调取数据，引擎就会异步进行这些工作，从而不耽误用户对其他功能的使用。AJAX 功能结构图如图 8-6 所示。这样设计出的页面具有可移植性强、灵活性大的特点。

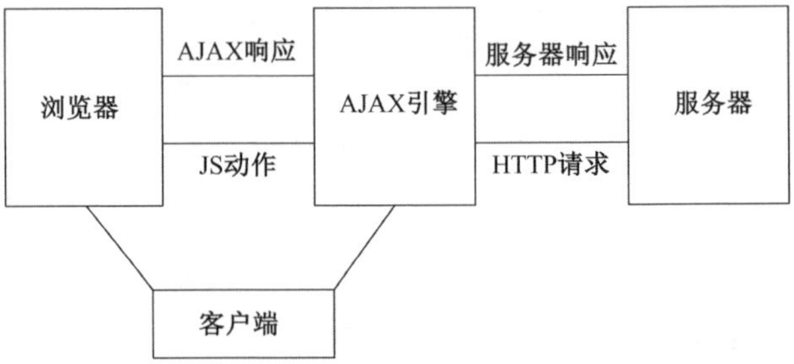

图 8-6　AJAX 功能结构图

（2）业务逻辑层：通过 PHP 实现系统的各个接口，实现服务器端的各个功能。用 PHP 中编写 XML 文件系统的方法有多种，本系统中使用 simplexml 的方法，首先用 simplexml_load_file()函数载入 xml 文件$myxml= simplexml_load_file ('config.xml')，然后就可以用$myxml 来访问每个节点了。如果某节点不重复，就是唯一的，可以直接输出；如果某节点是重复的，有多个节点名称一样，则取得的值是一个数组。因此，这种方法和它的名字一样简单易用。在聊天过程中产生的聊天记录会存入 XML 文件中。

（3）数据存储层，主要用来存储聊天记录和用户的信息等相关数据，由于用户的聊天记录存储在 XML 文件系统中，那么用户的信息和其他的一些相关数据就存储在关系数据库中。这样设计使用户的信息和其他相关数据完全可以使用其他系统的数据，只要和对应读取和验证接口连接，整体就可以很方便地嵌入其他网站系统。

（三）通信流程

即时通信系统在整个电商平台中有着很重要的地位，所以为系统做一个合理的安排是有必要的。为了更好地实现系统的功能，下面先列出系统总流程图，如图 8-7 所示。

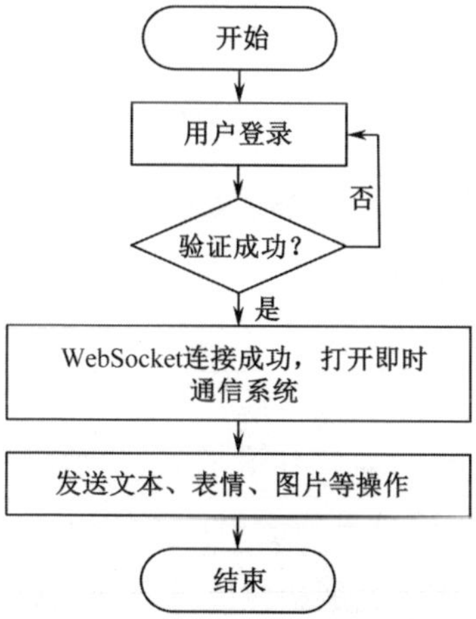

图 8-7　系统总流程图

平台使用单点登录技术，用户只需在平台上注册并且登录自己的账号即可使用即时通信系统与商家进行交流。打开即时通信界面，如果 WebSocket 服务链接正常，用户便可与商家进行正常的接收、发送消息，包括文字、表情、图片、文件等信息，同时，本系统还为用户提供了查看聊天记录的功能。

（四）前端部分具体设计

前端部分的 HTML 页面 index.html 主要呈现 HTML 结构，CSS 部分的 main.css 代码放到与 index.html 同路径下的 styles 文件夹里，在 index.html 中只需要将 main.css 通过<link rel="stylesheet" href="./sstyles/main.css">标签引入进来即可。同样，前端部分在 index.html 中也只是将外部的 JS 文件通过<script type="text/javascript" src="./scripts/chat.js"></script>引入进来，这个 JS 文件存于 index.html 同路径下的 Scripts 文件夹中。

通过采用以上的方法，前端部分的页面结构层、表现层、行为层就完全得到了分离。通过这样的方式各层次之间互不影响，使各部分之间的影响尽量地局部化，例如在后期维护的时候，需要改动结构的时候只需要改动 index.html 中的内容；需要改动渲染的样式的时候，只需要改动 main.css 中的代码；需要改动 JS 动态效果或者逻辑的时候，只需要找到 chat.js 进行相应的修改。

二、系统主要功能设计

通过需求分析把本系统分为 5 个不同的模块，包括登录模块、消息模块、推送模块、第三方接口模块和多语言模块；每个模块下又包含一些子功能。

本系统要整合到多语言农产品电子商务平台中，因此，Web 即时通信系统需要一个与平台适合的前端界面。此外，本系统最核心的功能是聊天接口，用户发出聊天内容，获取新的聊天内容。这里需要实现持久化协议 WebSocket 与 HTTP 协议之间的握手，然后获取用户接口，获取聊天对象的信息和在线成员信息；在数据读取上除了读取数据库外，还需要一个读取聊天 XML 文件的接口，这个接口效率上要求较高。下面列出系统的几个主要功能的技术实现。

（一）发送文本消息功能

文本消息的发送，是即时通信最基础的功能。本系统通过 Click 事件来实现，并使用 Addevenlistener 方法来向按钮添加单击事件。当用户打开即时通信系统，在输入框中输入想说的话后，单击发送按钮，内容会被发送到服务器，这时会触发到系统已经封装好的 socket.IO，这样服务器就可以把消息发送给对方。文本发送流程图如图 8-8 所示。

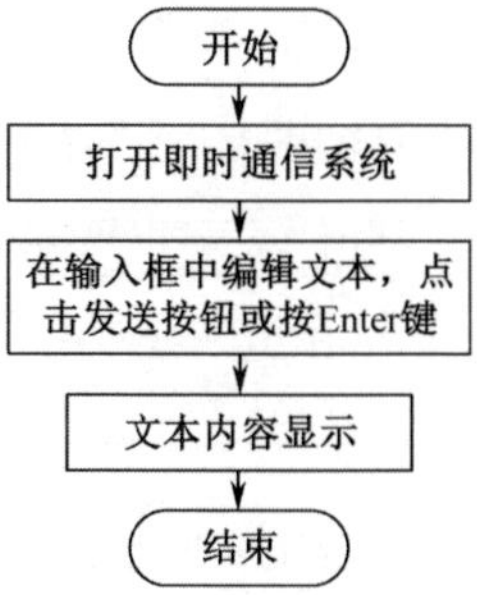

图 8-8　文本发送流程图

（二）接收消息功能

由于本系统使用了 HTTP 和 WebSocket 服务器，因此避免了以往 AJAX 轮询和 Long Polling 的一些复杂操作，避免了客户端不停地向服务器端发送消息请求来接收消息的方式。当 WebSocket 连接成功，服务器一旦接收到消息，就可以主动地推送信息给客户端。但是在推送过程中服务器会连接数据库对用户信息进行对比，这时 is_get 字段的值为 0，每取出一条，记录中的 is_get 的值置 1、对比成功后通过 AJAX 回调函数，使用 DOM 在聊天界面进行数据显示，其中每条消息都是拼接返回的，避免覆盖上一条信息。接收消息流程图如图 8-9 所示。

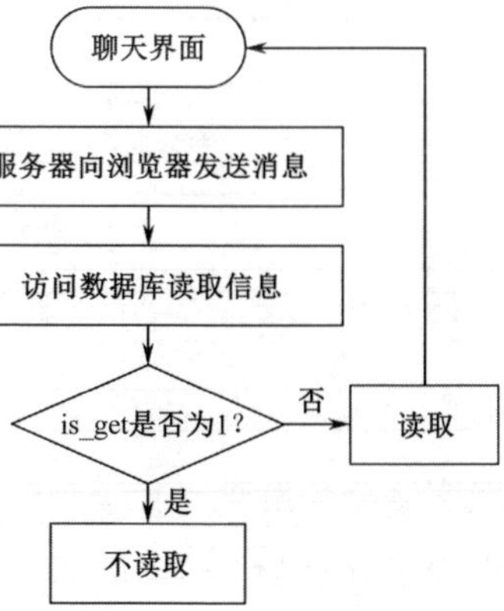

图 8-9　接收消息流程图

（三）发送表情功能

众所周知，早期的表情发送是用一些特定的符号组成的，例如“：)”代表微笑。但是这种方法很难达成标准化，能表达的范围也很有限。然后渐渐地 Unicode 开始为 Emoji 表情分配码点，也就是说，现在的 Emoji 符号就是一个文字，它会被渲染为图形。Emoji 虽然是文字，但是无法书写，必须使用其他方法插入文档。

为了实现这一功能，首先要下载 Emoji 的 JS 相关内容和图片，下载完后，页面需要显示 Unicode 编码的字符，数据库保存的是 utf8mb4 编码，所以要进行编码转换。之后首先引入 emoji.css、emoji.js、emoji.png 这三个文件。使用 $('.remark-edit')来展示表情的 div（注意：div 里存放的是展示表情和字符串的文本，不能有其他的标签在里面），然后可以引入 JS 中 avalon 方法，使用 emoji.unifiedToHTML（html）对 emoji.js 里的表情进行解析，这样就可以实现发送表情的功能了。发送表情功能流程图如图 8-10 所示。

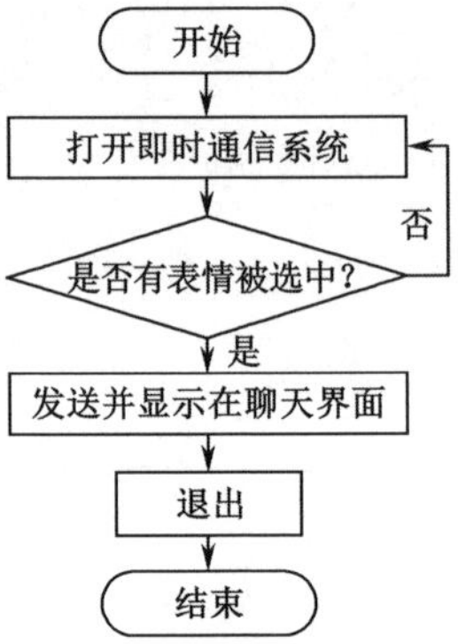

图 8-10　发送表情功能流程图

（四）发送图片功能

图片的发送相比发送文字略微麻烦一点，这里将使用到 JS 中的 FileReader 对象。FileRead 对象允许 Web 应用程序异步读取存储在用户计算机上的文件（或原始数据缓冲区）的内容。当用户单击图片选项时，会弹出一个本地文件选择窗口，用户可以根据自己的需要选择要发送的图片。发送的过程中，图片会以字符串的形式进行发送，但是当图片发送成功，出现在消息显示框中时依然是以图片的形式显示的。FileReader 获取到的是图片的 Base64 代码并预览发送。文件一旦开始读取，无论成功或失败，实例的 result 属性都会被填充。如果读取失败，则 result 的值为 null，否则即是读取的结果，绝大多数的程序都会在成功读取文件的时候，抓取这个值。发送图片功能流程图如图 8-11 所示。

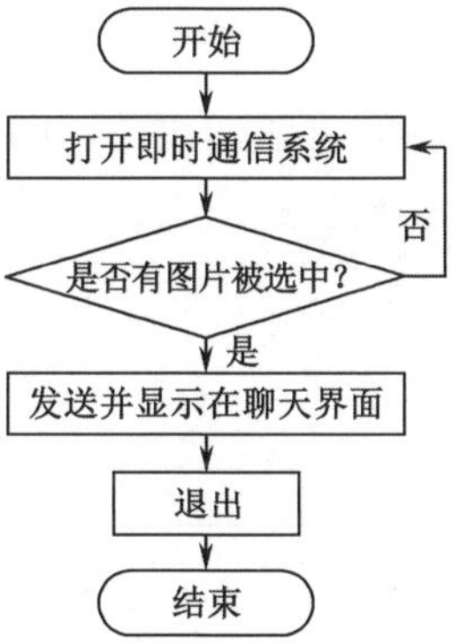

图 8-11　发送图片功能流程图

（五）查询聊天记录功能

查询聊天记录是一个大工程，在用户的聊天过程中会产生大量的消息，用普通的读取方式会导致在实现的方面出现一些问题，因此本系统在设计的过程中采用了高效的信息读取算法。本系统主要采用了 Last-Modified 这个时间参数，它的功能是返回文档最近被修改的日期和时间。在用户聊天的过程中，一旦有消息发送出来，这条消息的时间就将被 Last-Modified 属性在 XML 中改为最后发送时间。此外 userLast-Modified 代表参与聊天用户变动的最后时间，messageLast-Modified 代表聊天数据读取的最后时间。当这两个参数的时间小于 Last-Modified 时，就会根据 messageLast-Modified 的时间去获取这个时间段之后的聊天内容。同理，如果 userLast-Modified 时间与之不相同，则将返回全部成员的信息。

（六）多语言功能

多语言电子商务平台目的是为满足不同民族语言的用户需要而研发的，所以本系统支持多语言功能的实现。根据实际情况本系统暂时实现中文、藏文两种语言。

三、数据库相关描述

通常，使用实体-联系图来建立数据模型，可以把实体-联系图简称为 E-R 图，相应地可把用 E-R 图描绘的数据模型称为 E-R 模型。通过以上对系统各个模块需求和功能的介绍，在此对数据库设计之前首先画出数据库的实体-联系图，以下分别画出了用户实体-联系图、用户好友实体-联系图、聊天记录实体-联系图、好友分组实体-联系图。

（1）用户实体-联系图：其中用户实体属性包括用户 ID、用户名称、登录密码、用户年龄、用户性别、电子邮箱、手机号码、注册时间、用户类型等。用户实体-联系图如图 8-12 所示。

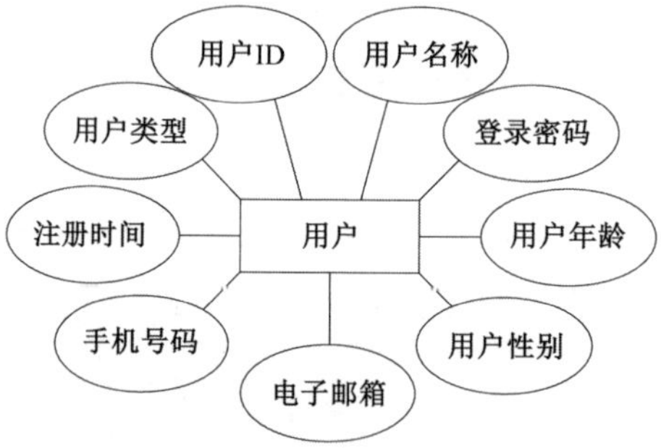

图 8-12　用户实体-联系图

（2）用户好友实体-联系图：其中用户好友实体属性包括用户 ID、好友 ID、所在分组、请求状态、备注名称、好友类型等。用户好友实体-联系图如图 8-13 所示。

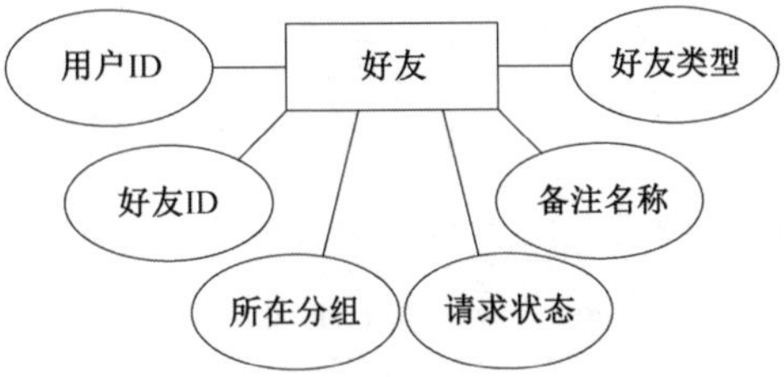

图 8-13　用户好友实体-联系图

（3）聊天记录实体-联系图：其中聊天记录实体属性包括消息 ID、发送方 ID、接收方 ID、发送内容、发送时间等。聊天记录实体-联系图如图 8-14 所示。

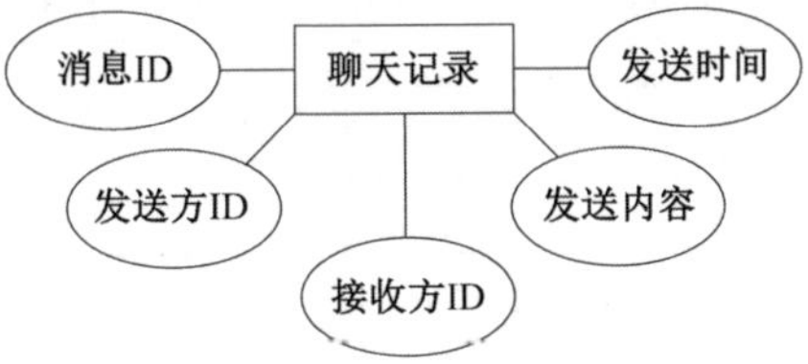

图 8-14　聊天记录实体-联系图

（4）好友分组实体-联系图：其中好友分组实体属性包括分组 ID、分组名称、用户 ID 等。好友分组实体-联系图如图 8-15 所示。

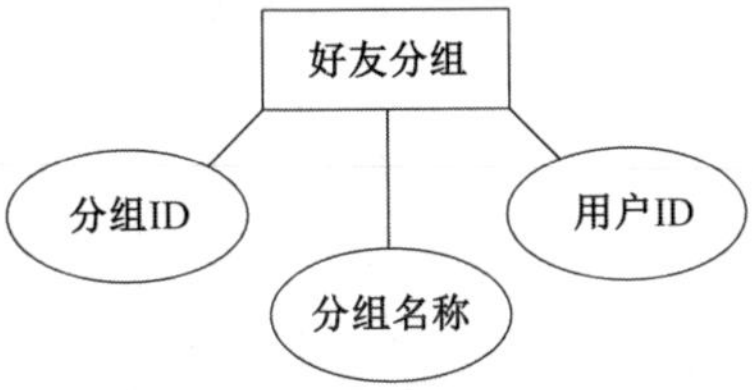

图 8-15　好友分组实体-联系图

四、数据库详细设计

业务逻辑层主要是针对数据库进行的操作，因此数据库的设计也是本设计中重要的一部分。买家是使用本系统的主要人群，也是最多的人群，所以对系统中的几个主要数据库表（用户信息表、用户好友表、消息存储表和好友分组表）进行如下设计。用户信息表用来存储用户的基本信息，详见表 8-1。用户好友表用来存储用户的好友有关的信息，详见表 8-2。聊天记录表用来存储用户发送的所有聊天消息，便于查看聊天记录，详见表 8-3。好友分组表用来存储用户建立的好友分组的有关信息，详见表 8-4。

表 8-1　用户信息表

字段名	数据类型	长度	主键	约束条件	字段描述
U_ID	Int	10	是	NOT NULL	用户 ID
U_Name	VARCHAR	20	否	NOT NULL	用户名称
U_Password	VARCHAR	20	否	NOT NULL	登录密码
U_Age	CHAR	10	否		用户年龄
U_Sex	CHAR	10	否		用户性别
U_Email	VARCHAR	50	否	NOT NULL	电子邮箱
U_Phone	VARCHAR	30	否		手机号码
U_RegistTime	CHAR	20	否	NOT NULL	注册时间
U_Sort	VARCHAR	20	否	NOT NULL	用户类型

表 8-2　用户好友表

字段名	数据类型	长度	主键	约束条件	字段描述
F_ID	Int	10	是	NOT NULL	主键 ID
F_UserID	Int	10	否	NOT NULL	用户 ID
F_FriendID	Int	10	否	NOT NULL	好友 ID
F_GroupID	VARCHAR	30	否	NOT NULL	所在分组
F_RequestState	CHAR	10	否		请求状态
F_RemarkName	VARCHAR	30	否		备注名称
F_Sort	VARCHAR	20	否	NOT NULL	好友类型

表 8-3　聊天记录表

字段名	数据类型	长度	主键	约束条件	字段描述
M_ID	Int	10	是	NOT NULL	消息 ID
M_FromUserID	Int	10	否	NOT NULL	发送方 ID
M_ToUserID	Int	10	否	NOT NULL	接收方 ID
M_PostMessages	TEXT		否		发送内容
M_Time	VATCHAR	20	否		发送时

表 8-4　好友分组表

字段名	数据类型	长度	主键	约束条件	字段描述
G_ID	Int	10	是	NOT NULL	分组 ID
G_Name	VARCHAR	30	否	NOT NULL	分组名称
G_UserID	Int	10	否	NOT NULL	用户 ID

通过以上对数据库表的设计和对各表之间关系的分析得出以下数据库模型关系图，如图 8-16 所示。

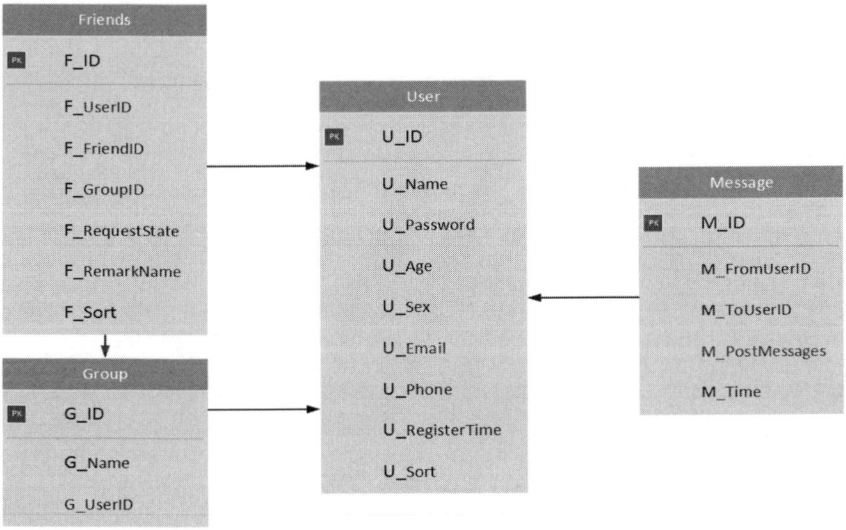

图 8-16　数据库模型关系图

第七节　系统实现与测试

一、系统实现框架

本系统各个模块的代码实现是采用模型—视图—控制器（Model-View-Controller，MVC）的方式来组织的。MVC 是一种系统设计模式，它把应用程序的输入、处理和输出强制性地分离开，各自处理各自的任务。它的存在是为了让负责的软件有清晰合理的架构，使代码结构清晰，便于开发和维护，减小耦合。但是，MVC 模式中的每个部分也是分工明确、界定清晰的。其中 M 层处理数据，业务逻辑等；V 层处理界面的显示结果；C 层起到桥梁的作用，控制 V 层和 M 层通信以此来达到分离视图显示 View 和业务逻辑层 Model。如果要用不同的表现形式来展现一个程序，那么 MVC 模式是首选，它就是用来把 M 层和 V 层的代码进行划分，例如，用条形图和折线图都能表示某组数据的变化情况。C 层则是为了确保 M 和 V 同步，随着 M 产生变化，V 也应做出同步的变化。

（1）M（Model，模型层，也叫领域层）：是应用程序的核心部分，对象是开发的应用程序中的一些核心对象，负责应用的逻辑计算，有许多与业务逻辑有关的方法或操作（如 Account.sendEmail()、Order.calculateTotal()、Order.removeItem()等），而不是仅仅像 Value Object 那样用来传递数据（Getter、Setter）。Model 层不只是对数据库进行增、删、改、查这么简单，从开放封闭的原则来说，Model 层中放的应该是“业务逻辑上不容易变化的东西”。例如“根据 id 获取资源结构”，当然，这里的资源结构可能涉及多个表和多个字段合并等。

（2）V（View，视图层）：视图层中处理数据显示的部分，虽然随着 AngularJS 的出现，有些人已经不再使用 View 层，但是对于系统工程师而言，真正属于 View 部分的代码依然是存在的，只是输出方式和范围不同罢了。View 层一般包含两个部分：View 类和模板文件，View 类并不是必需的，采用 View 类可以整合代码，因为有时候 View 层也会有一些复杂的逻辑和数据读取的操作，这些操作最好放在类（或者对象）中实现，如果直接在模板文件中实现，会让模板文件很凌乱，并不利于代码复用和后期维护。

（3）C（Controller，控制层）：Controller 层负责具体的业务模块流程的控制，Controller 层主要调用 Service 层里面的接口控制具体的业务流程，控制的配置也需要在配置文件中进行。Controller 可以决定要显示哪一个 View 并负责定义和调用 Model。它接收用户的输入并调用模型和视图去完成用户的需求。

当 Web 页面中的超链接和发送 HTML 表单时，控制器本身不输出任何东西和做任何处理。它只接收请求并决定调用哪个模型构件去处理请求，然后决定用哪个视图来显示模型处理返回的数据。

二、IM 系统客户端功能的实现

（1）收发消息功能实现方面：收发消息界面采用了目前网络上使用最多的界面设计，上端显示聊天内容并显示每条消息发送的日期与时间；下端是用户输入框，输入完成后，单击发送按钮或者 Enter 键即可发送消息；右边显示最近联系人和我的好友，方便用户进行通信。

（2）表情发送功能实现方面：发送表情需要用户单击界面上的表情按钮，单击之后会弹出一个表情框，用户可以根据自己的需要选择表情，通过发送按钮或者 Enter 键即可发送表情。

（3）发送图片功能实现方面：发送图片需要用户单击界面上的图片按钮，单击之后会弹出一个对话框，用户可以根据自己的需要选择图片，通过发送按钮或者 Enter 键即可发送图片。

（4）查询聊天记录功能实现方面：查询聊天记录需要用户单击界面上的聊天记录按钮，当按钮变成绿色时右边会弹出一个聊天记录对话框，显示用户近期的聊天记录，同时对话框下方有 7 天、15 天、30 天的字样，用户可以根据自己的需要查询不同时间的聊天记录。

（5）多语言功能方面：藏语版的即时通信系统是在藏语版的电子商务平台中使用的，用户只需在藏语版的电子商务平台中打开即时通信系统即可。

三、系统测试

系统测试是项目开发中很重要的一部分，目的是检测系统的功能、性能是否能达到我们的需求，从中发现系统中存在的一些问题和错误，并对发现的问题和错误进行合适的分析和评估，通过修改以确保系统满足需求。它包括系统测试环境、系统测试方法、系统功能测试、系统测试总结等。

（1）系统测试环境方面：即时通信系统运行在 CentOS7（64 位）操作系统下，基于 LAPM 环境开发。本系统通过 WebSocket 服务来接收浏览器终端发送的信息，将客户端发送的信息接收到指定的客户端。另外在搭建好的环境中需要安装 Zend Optimizer，其作用是对数据库优化、页面缓存，利用为服务器减压来提高性能的方法对代码做最佳化处理，以提高 PHP 应用程序的执行速度。

硬件环境是华硕笔记本电脑（CPU：4 核，内存：6GB）；操作系统环境是 CentOS7（64 位）；PHP 版本是 5.4；Zend Optimizer 版本是 5.4；浏览器是火狐浏览器。

（2）系统测试方法方面：随着互联网的飞速发展，软件测试技术也在不断发展。选择最优的测试方法对系统的开发设计有着事半功倍的效果。面对现在网络上越来越多样化的测试方法，如何选择成为我们所面临的难题。现阶段常用的测试方法主要包括黑盒测试法、白盒测试法、灰盒测试法、动态测试、静态测试、集成测试、单元测试、自动化测试等。以下对其中几种方法进行介绍。

黑盒测试法：黑盒测试法也叫功能测试法。黑盒测试法中主要关注的是被测软件的功能能否正常使用，针对软件的前端界面和各个功能的实现进行测试，而不考虑内部逻辑。在测试的过程中，系统内部的运作情况是不清楚的，测试工程师拿到设计好的系统，根据已知系统的功能，来验证是否与其一致。

白盒测试法：白盒测试法也叫结构测试法。它与黑盒测试法恰恰相反，不是对系统功能进行的测试。它是把测试对象看作一个打开的盒子，使测试者能清楚地看到系统内部的运作过程。这种方法是通过对系统内部的运作流程查看，检验是否是按照需求分析和系统设计等方式来正常进行。通过查看程序代码，检验每个模块甚至每个方法是否能按预期正常实现。白盒测试法主要包括静态分析技术和动态分析技术两种。白盒测试法的优点是它可以迫使测试人员对软件的实现有更深层的思考，也可以彻底地对程序代码的各个分支和路径进行测试，对系统的测试更加细致化。但是这种方法也存在缺点，价钱昂贵，并且对于代码中出现的遗漏和数据的一些错误就无法检测出来了。

自动化测试：自动化测试包括回归测试和验收测试，它鼓励对所有回归测试用例进行自动化测试。这种方法中常用到的工具有 TAR、AutoRunner 等。使用这种测试方法减少了测试人员的工作量，用自动化的工具来对系统中的功能、性能进行等方面实现测试过程的自动化。

（3）系统功能测试方面：网页即时通信系统的设计主要要求用户在通信期间具有较高的稳定性，因此测试阶段可以主要围绕用户是否可以稳定地发送文本、表情、图片和聊天记录展开进行。通过上一节对测试方法的介绍，本节决定采用黑盒测试法对系统进行测试。下面主要对系统的发送消息功能、发送表情功能、发送图片功能和查询聊天记录功能进行功能性、安全性和稳定性测试。以下是各个功能的测试情况。

发送消息功能是向指定商家发送文本信息，测试系统能否正常发送文本信息，详见表 8-5。发送表情功能是向指定商家发送表情信息，测试系统能否正常发送表情信息，详见表 8-6。发送图片功能是向指定商家发送图片信息，测试系统能否正常发送图片信息，详见表 8-7。查询聊天记录功能是查询与指定商家以前的聊天记录，测试系统是否可以正常查询聊天记录，详见表 8-8。

表 8-5　文本信息发送测试表

测试用例	向指定商家发送文本信息
期望结果	Test 能成功向 Jack 发送文字信息，并实时显示到每个人的聊天界面
测试步骤	1. 打开与 Jack 的即时通信对话框
	2. 在输入框中输入“您好”，单击 Enter 键或者发送按钮
	3. 发送成功，在消息框中显示发送的内容
测试结果	买家能成功地向商家发送文字信息，并实时发送到每个人的聊天界面

表 8-6　表情信息发送测试表

测试用例	向指定商家发送表情信息
期望结果	Test 能成功向 Jack 发送表情信息，并实时显示到每个人的聊天界面
测试步骤	1. 打开与 Jack 的即时通信对话框
	2. 单击表情按钮，选择要发送的表情，单击 Enter 键或者发送按钮
	3. 发送成功，在消息框中显示发送的表情
测试结果	买家能成功地向商家发送表情信息，并实时发送到每个人的聊天界面

表 8-7　图片信息发送测试表

测试用例	向指定商家发送图片功能
期望结果	Test 能成功向 Jack 发送图片信息，并实时显示到每个人的聊天界面
测试步骤	1. 打开与 Jack 的即时通信对话框
	2. 单击图片按钮，选择要发送的图片，单击 Enter 键或者发送按钮
	3. 发送成功，在消息框中显示发送的图片
测试结果	买家能成功地向商家发送图片信息，并实时发送到每个人的聊天界面

表 8-8　聊天记录测试表

测试用例	查询与指定商家聊天记录功能
期望结果	能成功查询与 Jack 的聊天记录
测试步骤	1. 打开与 Jack 的即时通信对话框
	2. 单击聊天记录按钮
	3. 分别选择 7 天、15 天、30 天来查看聊天记录
测试结果	买家能成功地查询与他人的聊天记录

（4）系统测试总结方面：通过以上对系统的实现与测试，不难看出整个前端页面设计简洁大方，清晰美观，与多语言电子商务平台的设计风格一致。系统的几个主要功能也已经基本实现，预期结果与实际结果一致，操作方便。但是在测试过程中仍然发现了少许问题，例如系统运行不够稳定、程序内存还有待优化等，还需根据测试结果继续完善系统。但是现阶段基本可以满足用户需求，测试合格。

第 9 章

移动终端的设计与实现

第一节　国内外现状

移动电子商务是移动通信技术和电子商务相结合发展起来的移动在线购物平台。据调查，目前国内外移动电子商务的应用和发展呈现出极不平衡的状态。下面从国外和国内两方面对移动电子商务应用的发展现状进行介绍。

一、国外研究现状

移动电子商务和传统商务相比，突破了时间和空间上的局限性，是一个发展潜力无限、市场需求庞大的综合信息服务领域。

调查显示，当今移动电子商务领域位于国际领先水平的国家和地区主要有日本、韩国、美国、欧洲国家等。其中，最早利用移动通信技术和 PC 端电子商务发展移动电子商务的国家是日本，由于日本的 3G 网络普及率高、移动终端标准化高，使得日本的移动电子商务前进的步伐依然领先于国际水平。韩国市场环境良好，产业链的完善推动了移动电子商务的发展，使其仅次于日本，在国际上水平靠前。美国发展移动电子商务的时间晚于日本，但是其物流规模处于世界领先水平，并且智能终端发展水平较高，促使美国的移动电子商务市场发展良好。欧洲 GSM、SMS 技术领先世界，促进移动电子商务快速发展。

在这些移动电子商务发展水平处于国际领先地位的国家和地区的引导下，移动电子商务在原有水平上的快速成长，促进了基于移动电子商务平台服务行业的发展，促使移动电子商务再一次迎来了飞速发展的大时代潮流。

二、国内研究现状

随着我国 3G 通信技术的广泛使用和 4G 通信技术的成长，移动互联网通信技术日新月异，移动电子商务开始走进人们的生活。人们的消费理念开始由传统的上街购物向可以随时随地移动在线购物的方向转变，我国的商业模式也开始大规模地由传统模式向移动互联网方向转变。移动电子商务正在以一种新型的商务模式走进人们的生活，成为人们生活中重要的构成部分。

据调查，智能手机在我国已经得到了普遍使用，市场份额仍然在逐步提升。这种现象表明手机已经成为了人们生活中的一部分，依托手机等移动终端设备而存在的移动电子商务市场前景广阔，发展空间巨大，潜力无限。

随着科技的进步，网上支付、网上银行服务不断发展，网络安全技术更新，国内移动支付的标准日趋完善，移动电子商务得到了强有力的支持并迅速崛起。

我国的移动电子商务网站主要有“淘宝”“京东”等正在运营的一些软件系统，但它们都具有一个不足之处，那就是不支持民族语言的显示。目前，我国支持民族语言显示的移动终端系统很少，支持民族语言的移动电子商务平台几乎没有，因此，开发支持民族语言显示的移动电子商务平台显得十分重要。本系统正是以电子商务平台为基础对移动电子商务应用进行相关设计与开发并实现民族语言的显示。

第二节　研究内容

一、App 界面与模块功能设计

Android 客户端 App 界面与模块的设计如图 9-1 所示，按照功能可划分为四个界面：首页、搜索、购物车和个人中心界面。详情将在后面的章节详细介绍。

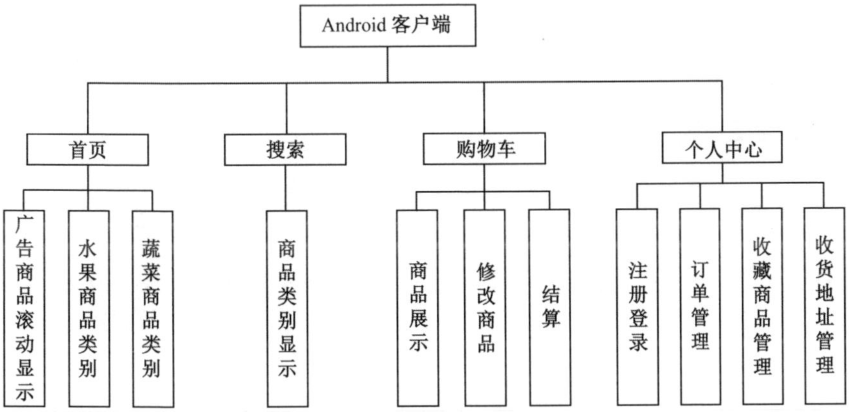

图 9-1　研究内容图

二、多语言显示

目前 Android 平台没有藏文语料库，而且藏文输入法不够成熟，因此电子商务 App 不能通过语言选择显示藏文。必须下载 Android4.4 的源代码并进行编译，在语言选项中增加藏文选择项，并加入藏文字体、将藏文语料包导入，进而实现藏文的 Android 本地化处理，设置完之后，Android App 能够支持藏文的显示，以此为基础对系统的藏文显示模块进行设计。

三、App 与服务器之间的通信接口设计

Android 客户端、Web 服务器、数据库三者之间的通信如图 9-2 所示。Android 客户端接口目前常用的有三种，分别是标准 Java 接口、Apache 接口、Android 网络接口。本系统采用 Http 技术实现 App 与服务器端的通信。

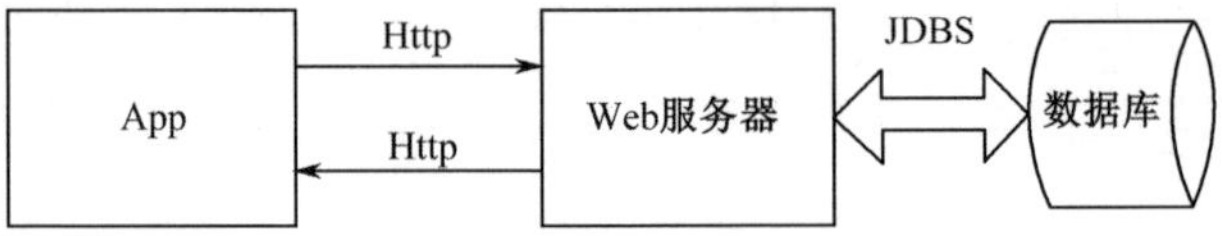

图 9-2　App、Web 服务器和数据库之间的通信

四、系统实现的目标

系统研究目标如图 9-3 所示，系统将要实现的研究目标包括：完成 App UI 界面的设计，完成功能模块实现，完成 App 通信接口的设计，实现多语言展示。

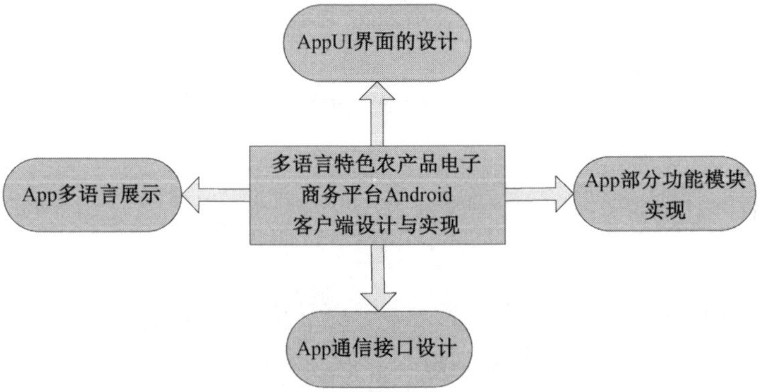

图 9-3　系统研究目标

第三节　Android 开发相关技术介绍

一、Android 平台介绍

目前，在智能手机市场中，手机上使用的主流操作系统主要有 Android、iOS 等，而 Android 又是目前最受欢迎的、应用最普及的移动操作系统之一。本系统设计的运行环境就是 Android 平台，因此 Android 开发技术是本系统要掌握的主要技能，是完成系统的基础。

二、Android 系统平台概述

目前，Android 系统主要应用在智能手机、平板电脑等移动设备，市场占有率最高，发展空间大，前景广阔。

Android 系统采用的是软件堆层架构，其组成包括四个部分：操作系统、用户界面、中间件以及应用软件。由 C 语言开发的 Linux 核心作为基础构成了 Android 系统底层；由 C++语言开发的 Virtual Machine 虚拟机和 Library 函数库构成了 Android 系统中间层；由 Java 语言开发的各种语言软件构成了 Android 系统的用户界面。

三、Android 平台的体系架构

Android 系统架构是一种分层体系架构，从上到下依次为 Application（应用层）、Application Framework（应用框架层）、Libraries 和 Dalvik（函数库和虚拟机层）以及 Linux Kernel（Linux 内核驱动层），如图 9-4 所示。

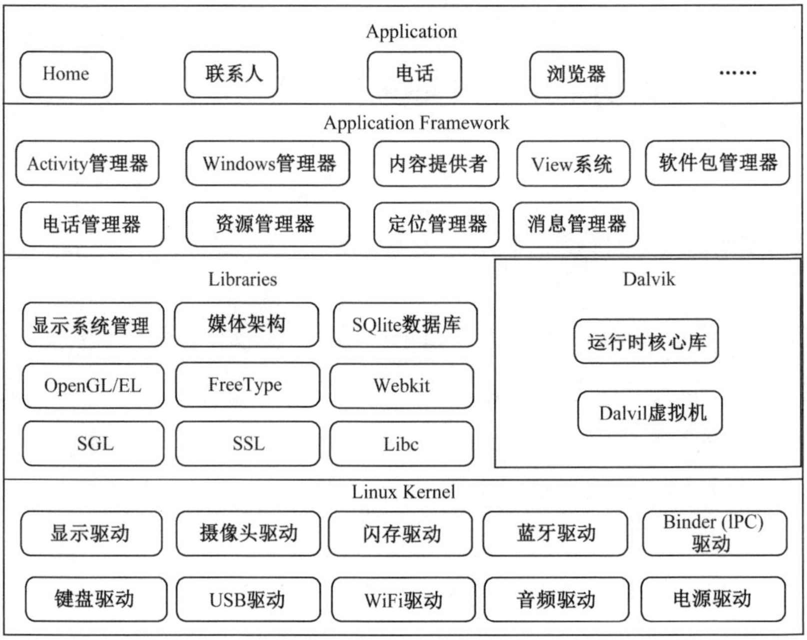

图 9-4　Android 系统架构

（一）Application（应用层）

Android 应用层采用 Java 语言对用户界面进行开发，提供了与用户交互的最基本界面，用户通过 Android 应用层的应用程序实现与 Android 移动设备之间的互动，而且应用程序在 Android 移动设备上以固定大小的图标形式展现。

（二）Application Framework（应用框架层）

Android 应用框架层采用 Java 和 JNI 语言进行开发，主要功能是为应用开发人员提供各种服务、各种控件等，其实质就是 Android 的 API。

（三）Libraries 和 Dalvik（函数库和虚拟机层）

这一层由 Libraries 函数库和 Dalvik 虚拟机组成。Libraries 函数库又称原生函数库（Native Libraries），由 C/C++语言编写而成，开发者通过应用框架调用各种服务，是 Android 系统的中间件，包括显示系统管理、媒体框架、SQLite 数据库等。例如，Libc 是从 BSD 继承来的标准 C 语言系统库，为 Linux 系统设备提供服务；媒体库用于处理音频、视频文件；OpenGL/ES 是 3D 图形函数库，适合嵌入式系统使用，常用于 3D 游戏开发；SGL 是 2D 图形引擎，用于处理 Android 的 2D 图形，常用于 2D 游戏开发；SQLite 是一款轻量级但功能齐全的关系型数据库搜索引擎，当数据被 Android 应用程序访问的时候，它可以提供方便。

Dalvik 虚拟机可以在一个设备上同时高效地运行多个虚拟系统，用于执行.dex 文件。Dalvik 的工作原理是，首先所有类经过 Java 编译器编译，再通过 AndroidSDK 中的 DX 工具转化成.dex 文件，最后由虚拟机执行，程序执行流程图如图 9-5 所示。

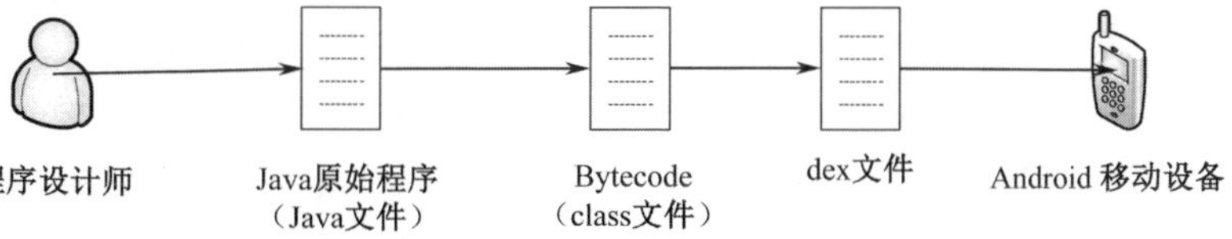

图 9-5　程序执行流程图

（四）Linux Kernel（Linux 内核驱动层）

Linux 是 Android 的底层，是 Android 核心系统所依靠的对象，是一种抽象层，用于实现系统软件栈和系统硬件之间的沟通，主要包括显示驱动、摄像头驱动、闪存驱动等。

Linux 为 Android 提供的主要服务有系统安全性管理（Security）、内存管理（Memory Management）、网络协议栈（Network Stack）、进程管理（Process Management）、驱动模型（Driver Model）、电源管理（Power Management）等。

四、Android 的四个组件介绍

Android 应用程序的开发用到了各种组件，各个组件之间相互配合、相互调用，共同实现了 Android 应用程序的功能。Android 组件有四个：Activity 是活动组件，Service 是服务组件，ContentProvider 是内容提供者组件，

BroadcastReceiver 是广播接收器组件。

（一）四个组件基本概述

（1）Activity 组件：Activity 是系统程序与用户交互的窗口。从视觉角度来看，Activity 的实质是一个界面，它用来对控件进行显示并对所有的窗口事件进行响应。从内部逻辑的角度来看，Activity 为了保持各个界面的当前状态，需要对数据、图片等资源进行持久化处理，并且要妥善管理生命周期以及应用 Intent 使不同组件之间进行一些逻辑转跳。

（2）BroadcastReceive 组件：BroadcastReceive 组件的本质是一种全局监听器，使用 BroadcastReceive 组件可以对系统的全局广播信息进行监听，使用 BroadcastReceive 组件可以在不同组件之间进行通信，可以接收来自系统和应用的广播。每个 BroadcastReceiver 组件都可以获取一种或多种 Intent 作为触发事件。当系统接收到 Intent 触发事件的时候，系统会唤醒或向 BroadcastReceive 传递消息。使用 BroadcastReceive 组件可以对外部事件进行过滤，进而对感兴趣的外部事件进行接收并做出响应。

（3）Service 组件：Service 是长时间运行在 Android 后台的组件之一，并且它没有用户界面的程序。一个 Activity 可以使用 Context.startService()来启动一个 Service，还可以在 Service 运行前，通过 Context.bindService()，启动并连接到 Service 上。当一个 Activity 和一个 Service 连接之后，就可以使用 Service 通过接口与 Activity 进行通信。Service 使用步骤：第一步，继承 Service 类；第二步，在 AndroidManifast.xml 配置清单文件中的<application>节点里对服务进行配置；第三步，通过 Contex.startService()或 Contex.bindService()启动服务。

（4）ContentProvider 组件：ContentProvider 组件是 Android 提供的第三方应用数据访问方案，将一个应用程序的指定数据集提供给其他应用程序，实现了不同程序之间的数据共享。Android 用来保存数据的方法有 SharedPreferences、文件存储、SQLite 数据库存储、ContentProvider 存储和外存储五种存储方式。其中三种 SharedPreferences、文件存储、SQLite 数据库存储对数据的保护很严密，不允许直接访问，但是使用 ContentProvider 组件可以实现应用程序对外的数据交互。

通过 ContentProvider 组件可以使不同的应用程序之间对数据进行交换。每个 ContentProvider 组件都用一个 uri 作为独立的标识并允许其他应用程序访问或修改。ContentProvider 遮挡了内部数据的保存细节，向外提供了同一接口，使上层应用的书写简单化，为数据的整合提供了更便捷的方法。

（二）四个组件生命周期介绍

组件一：Activity 生命周期。Activity 的状态分别是 Active/Running 状态、Paused 状态、Stopped 状态、Killed 状态四种。四种状态中，可见状态是 Active/Running 状态和 Paused 状态，不可见状态是 Stopped 状态和 Killed 状态。四个状态简要描述如下：Active/Running 状态，当一个 Activity 启动之后会进入栈中运行在屏幕的前端，这时它处于激活状态并获得了焦点，位于栈的最上面，处于可见的状态，可以与用户进行交互，同一个时刻只有一个 Activity 处于激活状态；Paused 状态，当处于激活状态的 Activity 被 Dialog（对话框）或者另一个 Activity 遮住时，Activity 就会进入 Paused（暂停）状态，此时的焦点离开了 Activity 导致其无法和用户继续交互，但它依然位于可见状态；Stopped 状态，当 Activity 被另外的 Activity 完全挡住时，Activity 进入 Stopped 状态，这时它是不可见的并且不能与用户进行交互；Killed 状态，用户停止 Activity，或者系统关闭了 Activity 且进行回收处理的时候，或者 Activity 没有启动，Activity 处于 Killed 状态。

（1）启动 Activity：第一步，系统初始化 Active，通过调用 onCreate()实现；第二步，系统向用户显示 Active，通过调用 onStart()实现；第三步，调用 onResume()与 Active 进行交互，Activity 进入运行状态。

（2）进入暂停状态：假如一个新的 Activity 挡住了正在运行的 Activity，或者正在运行的 Activity 进入锁屏状态，系统调用 onPause()表示正在前台运行的一个活动将由前台运行转向后台运行，系统暂停了当前 Activity 的执行，Activity 进入暂停状态。

（3）再次进入运行状态：当被挡住的 Activity 恢复遮挡前的状态或锁屏状

态解除，系统会调用 onResume()，使 Activity 再次进入运行状态。

（4）进入停滞状态：如果正在运行的 Activity 界面跳转到一个新的界面，或者按下 Home 按钮从当前界面退出，返回到主界面时，系统调用 onPause()，然后调用 onStop()，Activity 进入停滞状态。

（5）再一次进入运行状态：系统调用 onRestart()，再调用 onStart()，最后调用 onResume()，用户后退回到此 Activity，再一次进入运行状态。

（6）当前的 Activity 若处于被遮挡的状态或处于后台不可见的状态：此时系统内存不足，系统会杀死当前的 Activity，然后用户退回当前的 Activity，这时，再次调用 onCreate()、onStart()、onResume()，Activity 进入运行状态。

（7）用户退出当前 Activity：系统首先会调用 onPause()，然后再调用 onStop()，最后会调用 onDestory()，结束当前 Activity。

组件二：BroadcastReceive 生命周期。BroadcastReceive 广播接收器的生命周期开始于回调 onReceive()，结束于该方法返回结果，事件时间很短，大概不会超过 10s，如果调用 onReceive()处理事件的时间超过了 10s，系统就会报程序无响应信息（Application No Response，ANR）。

组件三：Service 生命周期。Service 有两种状态，分别是启动状态和绑定状态，而且它的状态与其生命周期有关，状态不同生命周期也不同。其生命周期都是开始于 onCreate()结束于调用 onDestroy()。①service 启动状态，调用 context.startService()来启动 Service，调用 context.stopService()结束 Service。②service 绑定状态，调用 Context.bindService()建立，调用 Context.unbindService()关闭。其中 onBind()将向客户端返回一个 IBind 接口实例，IBind 则允许客户端回调 Service 的方法。

组件四：Content Provider 生命周期。理解应该知进程一样，它作为系统应用组件，其生命周期应该跟 App 应用的生命周期类似，只是它属于系统应用，所以随系统启动而初始化，随系统关机而结束，但也存在其他状态下结束进程。例如，系统内存不够时，进行内存回收，会根据生成的时间态、用户操作等情况进行是否回收内存。

第四节　Android 通信技术介绍

Android 操作系统主要是通过无线通信模块来完成相应通信功能，当用户向某一网络发出请求的时候，系统会调用底层的无线通信模块对相应的数据进行传输。Android 系统的无线通信模块结构如图 9-6 所示。

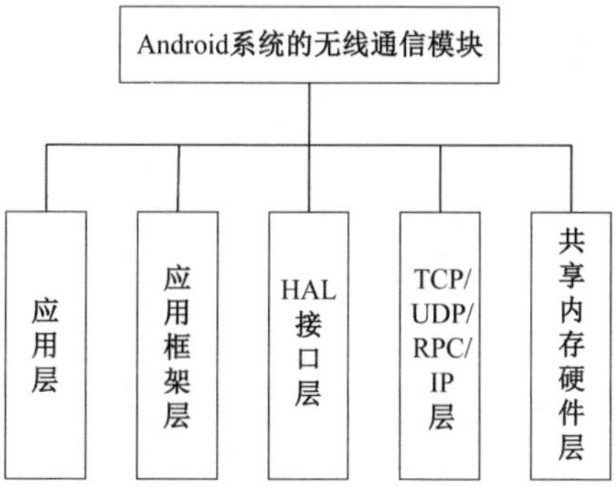

图 9-6　Android 系统的无线通信模块结构

应用层、应用框架层、HAL 接口层、TCP 层等以及共享内存硬件层这五层共同构成了 Android 操作系统的底层无线通信模块。与移动终端有关的设备处理由应用层负责；为移动终端应用程序提供通信过程中所用到的接口由应用框架层负责；解析移动终端应用程序通信时反馈的相关信息由 HAL 接口层负责；处理控制管理基带通信由 TCP/UDP/RPC/IP 层负责；共享数据信息由共享内存硬件层负责。

基于 Android 的信息通信中，Socket 常被用来实现设备之间的数据通信。Http 常被用来实现网络数据之间的请求。因此，基于 Android 的通信模式通常有两种：一是基于 Socket 的网络通信模式；二是基于 Http 协议的网络通信模式。

一、基于 Socket 的网络通信模式

Socket 是应用层与 TCP/IP 协议层通信的中间软件抽象层，由 IP 地址和端口号组成，可以用来描述设备中的进程或应用程序。其中 IP 地址用来定位设备，端口号用来定位应用程序或者进程。实现 Socket 通信需要两部分：服务端（Server）和客户端（Client）。Server 端的 ServerSocket 对象，用来自动监听 Socket 中的端口是否收到连接请求。当 Server 端接收到 Client 端发送来的连接请求时，Server 端会调用 ServerSocket.accept()返回一个连接的 Socket 对象，使 Client 端和 Server 端建立连接，通过 InputStream（输入流）和 OutputStream（输出流）进行数据交互，实现通信功能。Socket 的工作原理如图 9-7 所示。

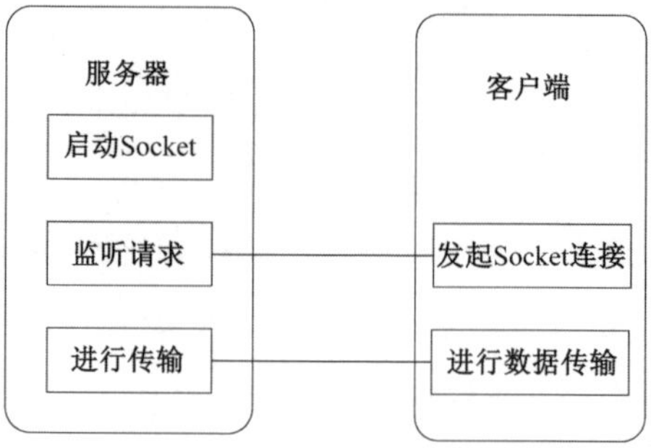

图 9-7　Socket 的工作原理

移动终端实现通信功能的步骤：第一步，在服务端创建并启动一个 Socket 用于远程通信；第二步，客户端主动发起一个连接 Socket 请求到服务端；第三步，通过该连接实现客户端与服务器的通信功能；第四步，通信结束，关闭连接，退出客户端。

二、基于 Http 协议的网络通信模式

Http 协议是分布式超媒体信息系统的应用层协议。基于 Http 的通信模式是通过请求-响应方式进行通信的。Get 和 Post 是 Http 协议中的两种请求方式，

Get 是从服务器上获取数据，在进行数据请求时，会把数据附加到 URL 后面；Post 是向服务器发送数据，是将请求的数据放到 Http 请求头中，作为请求头的一部分传入服务器。基于 Http 的 Android 网络编程步骤如表 9-1 所示。

表 9-1　基于 Http 的 Android 网络编程步骤

编程步骤	具体实现代码
（1）建立连接对象	Http URLConnection url Conn=new URL（“网络地址”）；
（2）设置标志	urlConn.setUseCache(false);
（3）设置内容标志	urlConn.setRequestProperty();
（4）准备发数据到服务端	DateOutPutStream();
（5）获取数据	urlConn.getInputStream();
（6）关闭连接	Conn.close;

三、Android 本地数据持久化技术

Android 应用程序是否能够离线运行取决于是否进行本地数据持久化操作。Android 本地持久化技术有两种：一是 SharedPreference，SharedPreference 是一个轻量级的存储类，是 Android 本地数据持久化的一种方式，用于从存储中读写键值对，而且 Shared Preference 支持整数、浮点型数据、字符串等类型的原始数据或由这些类型构成键值对字段；二是 SQLite，SQLite 是 Android 中内置的数据库，具有开源、轻量级、占用内存小等优点。

本系统采用 SharedPreference 以 XML 文件的形式将用户账号、登录状态等信息存储在客户端；采用 SQLite 数据库存储一些本地使用的数据，例如收货人地址用的全国省份、城市、邮编等信息。

第五节　系统需求分析

本节从两个方面介绍了多语言特色农产品电子商务平台 Android 客户端的需求。第一部分整体介绍了需求分析的原则；第二部分介绍了系统的功能

需求，具体阐述了 App 的各模块所具有的功能以及各功能的业务逻辑。

一、需求分析原则

需求就是在项目立项的时候就已经确立的一个远景，用户需求决定了软件最终所具有的功能，根据用户实际需求才能对系统进行设计与实现。系统的需求分析是设计并实现系统的基础，需求分析就是分析用户的需求是什么。需求分析具有方向性、战略性和决策性的作用，在软件开发的过程中占有很高的地位。需求分析就是全面分析、理解用户的要求有哪些，在明确了用户的需求后制定解决方案，为后期的设计、开发、测试、部署等工作做准备。

（一）问题引入

通过需求获取，总结出本项目的主要功能需求包括：

（1）用户需要通过 App 客户端进行注册、登录，能够填写、修改自己的个人信息，查看购买商品的状况等；

（2）用户需要通过 App 客户端实现浏览、搜索商品，查看商品详情、收藏商品、删除收藏等功能；

（3）用户需要将商品添加到购物车或从购物车删除商品，并在购物车里完成在线支付等；

（4）用户需要通过语言选项选择语言，使 App 可以显示民族语言。

（二）分析问题

需求分析主要的使命是逐步细化系统的各个功能，找出系统各元素之间的联系、接口的特性，并制定出满足需求的设计方案，制定出系统的详细逻辑模型。

其主要步骤如下：

（1）根据用户需求总结出系统需要实现的业务，确认业务的流程；

（2）采用管理思想，优化业务流程；

（3）对业务进行分类并规划出系统功能模块；

（4）明确每个功能模块的具体内容并逐一进行实现。

（三）解答问题

通过分析，总结用户需求，设计满足上述需求的多语言特色农产品电子商务平台 Android 客户端，应包含 7 个模块，分别是用户注册/登录模块、用户商品模块、购物车模块、在线支付模块、个人中心模块、通信模块以及民族语言显示模块。

二、系统功能需求

系统开发过程中的一个主要环节就是功能需求分析，功能需求分析能够明确开发目的，确立系统要实现的功能，为系统的开发绘制蓝图。根据系统的购物流程，分析得出用户的整体用例图，如图 9-8 所示。

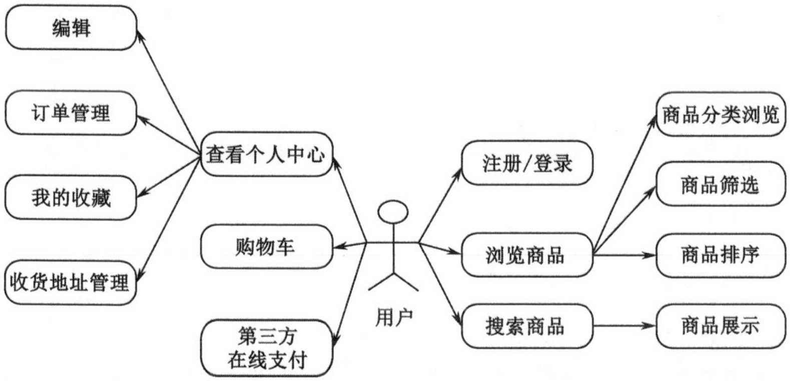

图 9-8　Android 客户端用户整体用例图

由图 9-8 可知，多语言民族特色农产品电子商务平台 Android 客户端具有多个功能，分别是用户注册/登录功能、用户商品功能、购物车功能、在线支付功能、个人中心功能、民族语言显示功能等。下面分别对这些功能进行详细描述。

（一）用户注册/登录模块

系统设计并实现的是面向用户的 Android 在线交易系统，用户要想实现在线交易这一购物行为，必须进行注册、登录。用户注册/登录流程图如图 9-9 所示。

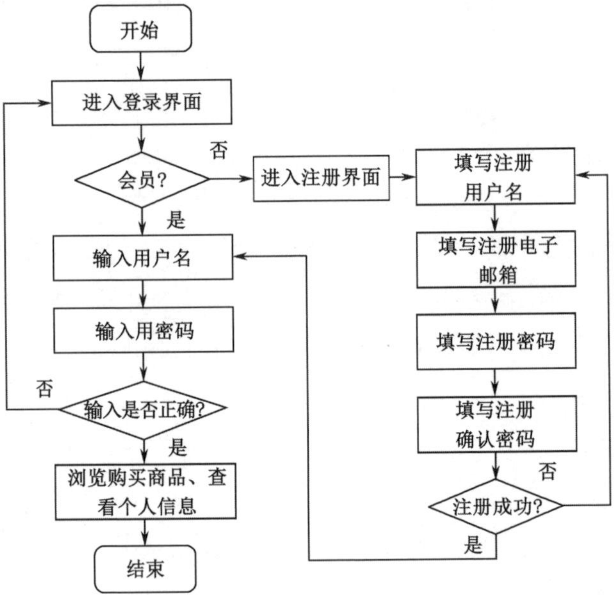

图 9-9　用户注册/登录流程图

用户打开 App 后进入登录界面，接着输入用户名和密码，单击登录按钮，App 客户端会将用户所填信息以消息包的形式发送到服务器端进行验证，若验证未通过，则登录失败，App 客户端会弹出悬浮窗提醒用户名或密码填写有误，这时需要用户重新输入用户名或密码；若用户登录成功，界面会自动跳转到会员登录界面的上一页。

用户注册模块，没有 App 账号的用户购买民族特色农产品需要先进行注册。首先用户需要进入会员登录界面，单击免费注册按钮进入账号界面，之后填写用户名、电子邮箱、密码和确认密码这些信息，最后单机用户注册按钮。若填写信息有误或不符合规范，App 系统会弹出悬浮窗提示用户具体出错情况。如果提示 E-mail 已使用，则用户需要重新输入新的 E-mail 地址；如果提示密码不一致，则用户需要重新输入密码和确认密码，直至弹出悬浮窗提示欢迎使用为止，用户注册成功。

（二）用户商品模块

对用户商品的功能进行需求分析，结果总结如下：无论用户是否登录，都可以对商品进行浏览、搜索；用户可以对浏览、搜索到的商品的品牌、价格范围等信息进行筛选；用户可以对浏览、搜索到的商品进行排序，可以按照人气排序、按照价格降序排序、按照价格升序排序；系统首页上部分是广告商品轮播展示，下部分是商品类别展示，用户单击可以进行商品详情查看。用户商品模块用例如图 9-10 所示。

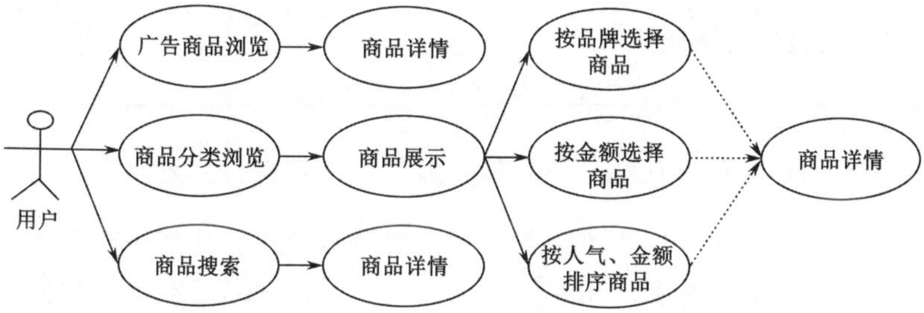

图 9-10　用户商品模块用例

（三）购物车模块

购物车用来存放用户选购的商品，为用户的购物带来方便。通过对购物车的功能需求进行分析，结果如下：若用户处于未登录状态，则无法将选购的商品加入购物车，需要用户先登录 App 系统；若用户处于未登录状态，则无法进入购物车界面，无法查看购物车内的商品信息，用户需要先登录 App 系统；用户登录成功后，可以进入购物车对商品数量进行修改；用户可以对购物车内的商品进行移除操作；用户可以在购物车中对选购商品进行结算。购物车功能用例如图 9-11 所示。

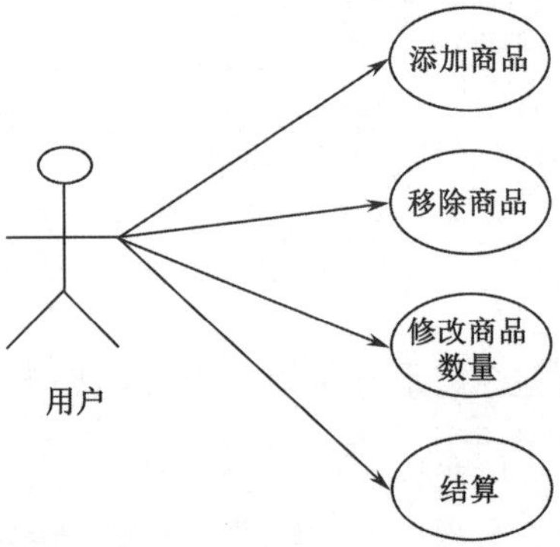

图 9-11　购物车功能用例

通过上述需求分析，分析出购物车应该实现的功能有添加、移除商品功能，购物车中商品展示功能，修改商品数量功能以及购物车中商品结算功能。

（四）在线支付模块

用户在结算界面选择支付方式时，有两种情况：支付宝和货到付款。系统主要实现的是支付宝在线支付功能。若用户选择支付宝进行支付，当用户单机提交订单进行结算时，弹出悬浮窗单机确认按钮，在弹出的悬浮窗，显示有两个选项：支付宝支付和支付宝 Wap 支付。若选择支付宝支付则打开支付宝客户端进行第三方在线支付；若选择支付宝 Wap 支付，则打开支付宝网页进行在线支付。并且两种支付方式在支付过程中都是加密的，保证了支付的安全性。用户第三方在线支付功能用例如图 9-12 所示。

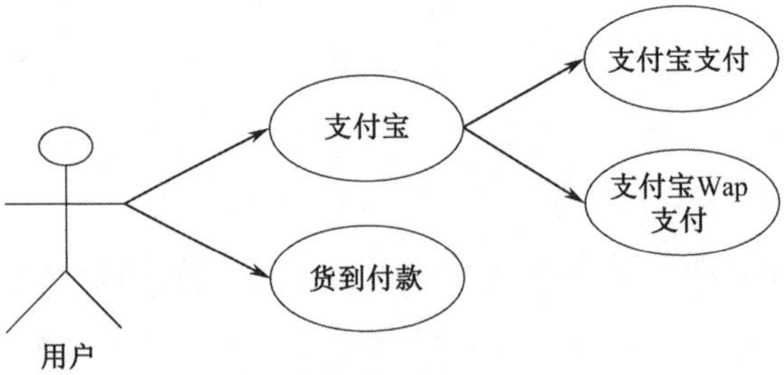

图 9-12　用户第三方在线支付功能用例

（五）个人中心模块

个人中心模块是用来存储会员用户个人信息的。通过对个人中心模块进行功能需求分析，总结后得出该模块应实现的功能包括以下几个方面：用户只有在登录状态下才能查看个人中心模块里面的个人信息；用户登录后，可以在个人中心模块查看个人的订单信息，可以在个人中心模块查看所收藏商品的信息，可以在个人中心模块查看收货地址信息。个人中心模块用例如图 9-13 所示。

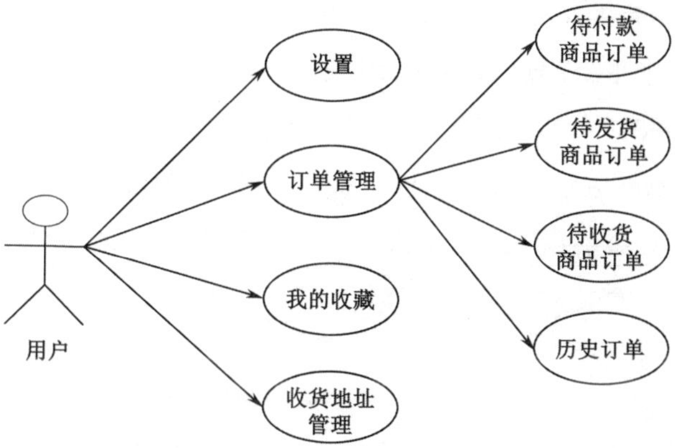

图 9-13　个人中心模块用例

（六）民族语言显示模块

系统多语言民族特色农产品电子商务 Android 客户端设计与实现主要是面向少数民族进行设计与开发的一款 App 在线交易系统，特色部分就是民族语言的显示。主要采用常规 Android 软件开发技术与 Android 客户端民族语本地化技术相结合，实现民族语言在 Android 客户端的显示。

1. 藏文字体特点

藏文是一种由 34 个字母组成的拼音文字，包括 30 个辅音和 4 个元音。藏文字体的特征包括两部分。

（1）藏文字体的叠加：藏文字母主要是围绕一个核心字母通过前后附加和上下叠加的方式组成。藏文是以基字为核心，通过添加前加字、后加字、上加字、下加字和元音字母组合而成的。

（2）藏文字体的变形处理：藏文中的个别字母在叠加时需要进行变形处理。两个字母上下叠加产生变形，成为第三个字母。在 Unicode 编码中给出了藏文基本集，包含了 194 个藏文字符，但是由于没有实现对完整藏文的编码，加上藏文叠加变形的特点，使得 Android 客户端藏文的显示变得困难。

2. 藏文本地化处理

Android 平台没有自己的藏语语言包。目前实现藏语显示的方法主要是 Android 系统自带的字体。在这个过程中需要 Root 权限，还需要对 Android 源码进行修改并且重新编译。实现的具体步骤如下。

（1）Android 源代码下载与编译。①下载 Android 4.4 源代码，配置源代码编译环境，下载并安装 Java JDK1.8。②将 Path 路径添加到 Bin 文件夹中，下载 Repo 工具并添加权限使之可执行。③重新创建源代码的目录，并初始化 Repo 客户端。④确定程序编译的对象，初始化程序运行环境，对 Android 4.4 的源码进行重编译。

（2）在 Android 语言选项中添加藏文选项。①采用文件 full_base.mk 调用文件 locale_full.mk 获取语言列表。②注释文件 locale_full.mk 中的 product_locales。③文件 language_small.mk 会被文件 locale_full.mk 调用，在文件 language_samll.mk 中的 product_locales 里面添加 bo_CN、en_US、zh_CN、zh_TW 将会被保留下来。④在 Res 文件夹中新建一个文件夹 values-zy-rCN。⑤将文件夹 values-zh-rCN 中的文件 strings.xml 中的内容翻译成藏语。⑥将翻译好的文件 string.xml 复制到新建的文件夹 values-zy-rCN 里面。⑦运行源代码进行重编译，此时打开 Android 的语言选项可以看到藏文选项。

（3）在 Android 中加入藏文字体。①在 Android 的字体库文件夹 Fonts 中添加喜马拉雅字体并进行重命名 DriodSans-Ti-betan.ttf。②将新的藏文字体加进文件 Android.mk 之中。③运行 Android 源代码，打开模拟器，打开 Android 的语言设置，可以看到藏文选项如图 9-14 所示。

图 9-14　多语言选择框

以此为基础，可以开展民族特色农产品电子商务农产品平台 Android 客户端的藏文显示工作。

第六节　系统性能需求

多语言民族特色农产品电子商务 Android 客户端设计与实现主要是面向少数民族进行设计与开发的一款 App 在线交易系统，特色部分就是民族语言的显示。主要采用常规 Android 软件开发技术与 Android 客户端民族语本地化技术相结合，实现民族语言在 Android 客户端的显示。通过对系统性能需求进行分析得出软件的性能需求包括界面性能需求、网络性能需求和质量性能需求。

一、界面性能需求

当用户打开 App 时，首先看到的就是首页界面，因此，一款软件给用户的感觉如何，第一印象十分重要，这就要求界面整体效果要美观大方、清晰明了、简洁，让人看起来舒心、耐看。除了界面整体效果，界面还要包括其他一些性能，通过对界面的性能进行需求分析，总结如下。

（1）界面操作起来要保持一致性，即用户操作的内容和界面显示的内容要保持一致。

（2）界面显示的内容要能突出商品的特色，从而吸引用户操作。

（3）界面操作要保持流畅性能良好，以确保用户在操作时不会出现卡顿现象。

（4）弹出的悬浮窗提示要保证内容准确明了、无歧义、易理解，以确保用户能够根据提示继续完成操作。

（5）界面要保证有1～2种民族语的显示，以方便少数民族用户在线购物。

二、网络性能需求

系统设计并实现的App以无线网络通信为主，能够实现2G/3G/4G网络以及WiFi接入。考虑到移动平台以流量为标准进行收费，因此系统要求通信时数据流量要尽可能地小。在进行一些消耗流量较大的操作时，最好给出提示信息，避免因流量原因导致系统用户量的流失。

三、质量性能需求

系统运行时对系统的质量有一定的要求。影响系统质量的因素有很多，通过对系统质量性能进行分析，总结出其主要需求包括系统安全性、系统健壮性、系统可靠性、系统可扩展性、系统可维护性等。下面对几个性能需求进行详细介绍。

（一）系统安全性

系统安全需求包括：

（1）用户登录、注册时，用户账号、密码在传送和存储的过程中需要加密保护，防止用户账号、密码轻易泄露。而且还要保证用户账号具有唯一性，即已经注册过的账号，不能再进行注册。用户账号和密码具有匹配性，只有账号、密码都正确才能登录。

（2）用户进行在线支付时，付款前要通过验证码验证，要输入密码，以保证个人财产的安全。

（3）系统运行时要保证安全，要防止系统运行时出现异常、崩溃、自动退出等情况的发生。

（4）系统要有一定的抵御病毒的能力。

（二）系统健壮性

系统健壮性是指系统的坚固性、坚实性，是系统在接收到不按规范的、错误的输入或运行时出现异常的情况下仍然能够恢复正常运行的能力。系统的健壮性要求：

（1）若用户输入的内容没有按照规范要求进行，系统能够判断出输入的不合理之处并采用合理的方式进行处理。

（2）系统可以在不同的环境下正确地运行，即在不同的环境下，系统都是健壮的。

（3）系统具有模块级健壮性的特点，即系统具有内部保护机制，能够检测自身内部设计或编码的错误，并做出正确的处理。

（4）系统运行时要确保运行正常，不能出现崩溃、死机、闪退等情况。

为确保多语言民族特色农产品电子商务 App 的健壮性，需要采取一些基本的措施。主要措施如下。

（1）从数据录入的角度分析：系统需要录入数据的位置有多处，分别是用户登录、用户注册、用户收货地址等。系统程序必须能够对用户输入的每一项内容进行严格的验证，对用户输入的不符合规范的内容能够进行正确处理并弹出悬浮窗提示用户。客户端验证通过后，录入的字符串需要进行加密处理，发送到服务器端进行二次验证，通过后，数据才能存储在数据库。

（2）从程序编码的角度分析：电子商务 App 的代码要简洁明了，目的明确，能够很好地处理大量数据，避免死循环的出现，对抛出的异常要进行正确补救处理。

（3）从监控反馈的角度分析：当程序出现异常后，要及时提示，系统要有一定的自处理能力，及时修复一些可修复性异常。

（4）从架构设计的角度分析：为了提高系统的健壮性，系统的架构设计一定要合理，模块之间的逻辑关系一定要紧密。

（三）系统的可靠性

系统的可靠性是指系统在规定的条件下和规定的时间内完成规定功能的能力。系统可靠性是描述、评价系统质量的一个特征量，表明了系统按照用户的需求和设计目的，执行其功能的正确程度。

随着科技的进步，Android 客户端在线购物已经走进了人们的生活，随着时间的推移，在线购物的用户数量会越来越多，系统需要处理的数据也越来越多。因此一个良好的系统必须能够可靠地处理大量数据。

为了提高系统的可靠性，需要采取一些措施：

（1）控制并减少程序的复杂性以减少程序运行时发生错误的概率；

（2）深入研究用户需求，避免需求错误引起的可靠性降低情况的发生；

（3）使系统功能模块化并保证模块的独立性。若一个模块出错，要确保对其他模块的影响尽可能小；

（4）编写程序时，赋予程序一定的容错能力、差错能力、纠错能力以提高系统的可靠性；

（5）采用好的开发方法，如结构化方法、面向对象方法等避免不必要的程序出错，提高系统的可靠性。

（四）系统可扩展性

随着移动电子商务技术的不断发展，用户对电子商务 App 系统的性能和功能的要求越来越高，因此电子商务 App 对系统可扩展性的要求也越来越严格。良好的可扩展性不仅意味着系统的功能可以不断完善，还预示着系统未来发展潜力巨大，市场前景一片光明。随着时间的推移，App 的数据管理需求不断增长，移动终端用户的需求不断增加，App 的功能类型需求也在不断增多，而良好的可扩展性就是为了适应这些不断增长的内容，使软件具有良好的扩展空间，功能满足市场的需求。

一般来讲，可扩展性就是指适应增长和变化的能力，对于软件系统来说，可扩展性就是指在软件基本完成后还可以根据新的需求添加新的功能模块并保证原有功能执行的良好性。通过对其进行需求分析，为了提高系统的可扩展性可以采取的措施有：

（1）从软件开发的角度分析，为了提高系统的可扩展性，就要在一定程度上最大限度地重用已有代码；

（2）在搭建系统框架时，要充分考虑框架的可扩展性；可以采用动态编译、XML 语言等技术提高系统可扩展性；插件系统可以很好地解决系统的可扩展性，在搭建系统框架时可以预留许多插件接口，提高系统的可扩展性。其原理如图 9-15 所示。

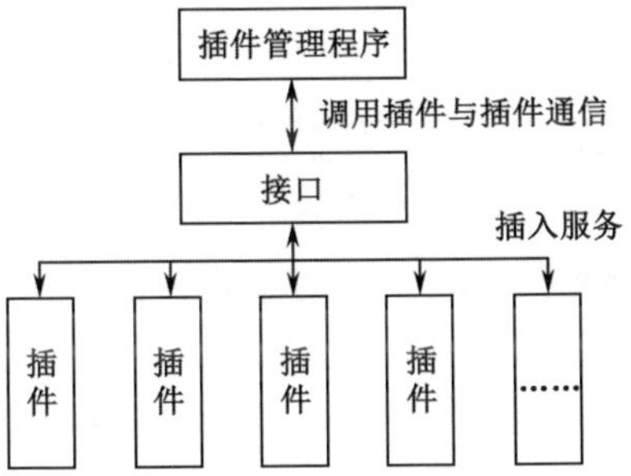

图 9-15　插件系统原理

（五）系统可维护性

系统可维护性就是维护人员对该系统进行维护的难易程度，简单讲就是软件代码可被修改的难易程度，具体讲就是修正错误，适应新的环境，满足新的需求。为了使系统设计后期的维护工作能够顺利进行，系统在开发之初就要考虑的一项重要因素就是系统的可维护性，因此提高系统可维护性是软件开发过程中重要的一项内容。评价系统可维护性的标准有四个，即可分析性、可改变性、稳定性、易测性。其中可分析性，是系统开发首先要遵守的要求，包括可读性、可理解性、可追溯性三个方面：可读性指代码要遵守代码书写规范；可理解性指代码编写应遵循约定俗成的模式，不能将代码写得太抽象；可追溯性主要强调了代码之间的依赖性。可改变性，是指系统做出修改的难易程度，需要考虑的因素包括程序做出修改的难点，程序修改后对其他部分是否会产生影响。稳定性是指某部分代码修改后，对其他部分代码的影响尽可能小。常用的处理手段有封装数据结构、分离组件、进行数据抽象等。易测性是指软件发现故障并隔离、定位故障的能力特性，以及在一定的时间和成本前提下，进行测试设计、测试执行的能力。

第七节　系统模块详细设计与实现

本节首先从整体的角度出发，设计了系统的整体架构以及技术路线。接着从局部的角度出发，对系统的每个模块进行设计并实现。

本系统根据功能的不同可以将 Android 客户端分为用户注册/登录模块、商品模块、购物车模块、在线支付模块、个人中心模块、系统通信模块、民族语言显示模块，每个模块单独完成某个具体功能，结合在一起实现了系统的在线购物功能。

一、系统整体架构设计

通过对系统的架构进行设计，使系统程序模块化，使模块内部高内聚、低耦合，以达到提高系统性能的目的。对于软件系统来说，系统架构的描述一般涉及两个方面的内容：业务架构和软件架构，两者需要和谐统一。

业务架构用来描述系统的主要业务模块以及系统的组织结构，是从需求的角度出发，分析出系统的物理结构和逻辑结构，再以此为基础划分出系统的各个子模块，以确保所描述的业务构成具有良好的可维护性和可扩展性。

软件架构是一种思想、一种蓝图，是对系统结构组成的规划。一个完整软件系统能够处理存储、业务逻辑、界面交互，能够保证系统的安全性能。软件架构就是从技术的角度出发，根据业务逻辑划分具体功能模块，并规范接口和协议，将它们有机地结合在一起，使软件系统职责清晰、结构明朗。

系统整体架构设计如图 9-16 所示。

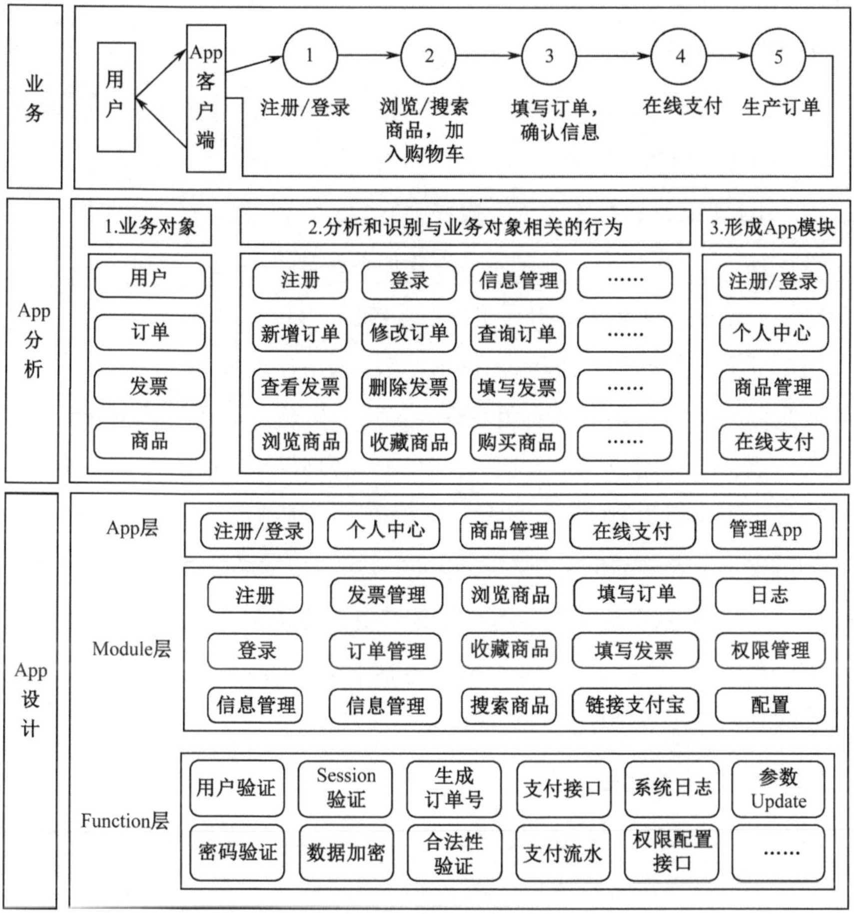

图 9-16　系统整体框架设计

系统整体框架图详细描述了系统的业务流程，通过对业务流程的分析，最终确定电子商务 App 系统具有的子模块包括注册/登录模块、个人中心模块、商品管理模块、在线支付模块等，实现了账号验证、密码验证、数据加密传送、订单生产、商品查询、商品收藏、在线支付等功能。

为了保证民族特色农产品电子商务平台 Android 客户端能够顺利实现，需要一定的技术支持。目前，Android 客户端设计用到的最流行的架构包括 MVC、MVP、MVVM、HMVC 等。本系统采用 MVC 架构进行设计。

二、用户 UI 界面设计

（一）UI 界面设计原则

用户 UI 界面是软件系统用户进行交互的地方，是软件系统的主要组成部分。设计好用户 UI 界面，不仅能够使软件系统界面整洁、美观、耐用，而且还会给用户带来好的享受，提高用户对系统的友好度。

用户界面是面向用户进行设计的，最终为用户服务，因此，用户界面要能够满足用户需求，还要具有美观性、易用性等特征。用户界面设计原则包括以下几点：①以用户为中心原则；②布局合理原则；③各功能部分设计一致性原则；④简洁美观原则；⑤易用性原则；⑥规范性原则。

多语言特色农产品电子商务 Android 客户端依据功能的不同，按模块划分主要分为用户注册/登录模块、用户商品模块、购物车模块、在线支付模块、个人中心模块。它们之间相互联系，相互调用，共同完成系统的在线购物功能。下面分别介绍各个模块的具体设计与实现。

（二）系统购物流程分析

本系统是一个基于 Android 平台的民族特色农产品 App 购物客户端，所以必须要实现购物功能。多语言特色农产品电子商务平台 Android 客户端的购物流程如图 9-17 所示。

由图可知，用户可以在个人中心登录或注册，也可以先浏览、搜索商品，当看到自己喜欢的商品，将其加入购物车或单击立即购买按钮时，界面会跳转到注册/登录界面进行注册或登录。登录成功后，用户可以直接单击立即购买按钮跳转到购物车界面，或加入购物车，再单击购物车进行结算，完成购物，购物流程结束。

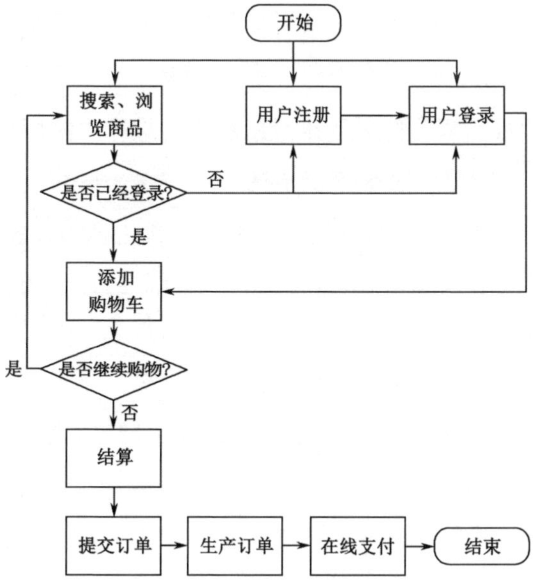

图 9-17　系统购物流程

（三）用户注册/登录模块设计与实现

用户通过本系统 App 客户端实现在线购物需要进行注册和登录操作。根据用户界面设计原则，App 客户端界面要简洁、美观、易用。用户注册/登录界面如图 9-18 所示。

图 9-18　用户注册/登录界面

由图可知，用户登录需要输入用户名和密码。点击免费注册，用户注册需要输入用户名、电子邮箱、密码、确认密码。系统运行，单击个人中心可进入注册/登录界面或者用户处于未登录状态，进行收藏商品、加入购物车等操作时界面会跳转至用户注册/登录界面。

单独创建一个 Activity 事件用来实现用户的注册/登录操作。用户注册/登录界面从上到下采用 LinearLayout 布局，垂直线性布局里嵌套水平线性布局。用户注册、登录按钮采用 Button 组件实现；用户名、密码采用 EditText 组件实现；图片显示采用 ImageView 组件实现。

进入注册/登录界面是 Activity 通过 Intent 进行界面跳转实现的。用户在注册/登录时，需要对输入信息进行验证，从 App 客户端输入框 EditText 中获取用户输入信息并与服务器端对应的信息进行匹配，匹配成功后，用户注册/登录功能才算实现。

为了避免用户单击登录或用户注册按钮时，直接出现成功的现象，对按钮设置监听事件，并且客户端会自动判断登录事件是否满足 validateData()，如果满足则系统会继续执行 showProgressDialog（this）连接数据库，匹配输入信息，当信息匹配则说明登录成功，系统会跳转到下一个 Activity 界面；当用户输入信息有误时系统会弹出 Toast 悬浮窗进行提示。

（四）用户商品模块

用户商品模块的界面包括系统首页、商品分类展示、商品详情三个界面。由于用户商品模块是面向用户的，因此，界面要整洁、美观、一致，给用户留下好的体验。下面分别介绍系统首页界面、商品展示界面、商品详情界面的设计与实现。

（1）系统首页界面：如图 9-19 所示，系统首页主要可分为三个部分，分别是顶部标题栏，显示了“农产品移动商城”这几个字；中间有两部分，图片轮播，用于按一定的顺序及一定的时间间隔来显示广告商品，商品分类将特色农产品分为水果、蔬菜等类型；底部按钮代表系统的 4 个界面，从左到右依次是首页界面、分类展示界面、购物车界面、个人中心界面，单击它们可以跳转到相对应的新界面。

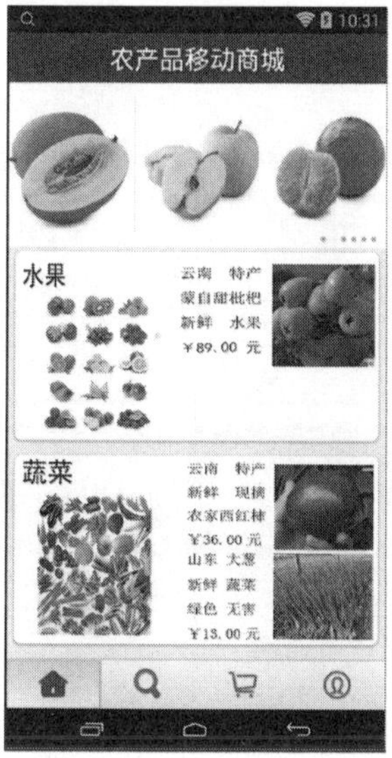

图 9-19　首页界面

整个界面采用 LinearLayou 进行布局设计，采用 ScrollView 设置垂直滚动条，实现界面的上下滚动浏览功能。采用 ViewPager 组件实现循环滑动效果，采用 Adapter 显示轮播的图片，最终实现图片轮播显示。底部的 4 个界面按钮采用 LinearLayout 进行布局，属性设置为 android：orientation="vertical"，实现 4 个按钮的水平发布，每个按钮采用 selector 标签将其设置为状态选择器，即分别在 bt_menu_0_select.xml、bt_menu_1_select.xml、bt_menu_2_select.xml、bt_menu_3_select.xml 这 4 个文件中对 select 进行配置，根据按钮所处的状态进行对应界面的跳转。

（2）系统商品展示界面：如图 9-20 所示，界面主要实现的功能有商品关键字搜索功能，商品筛选功能，商品按人气、价格升降排序功能，商品图片展示功能。

界面顶端导航栏包括一个后退按钮、一个查询按钮、一个关键字输入框、一个筛选按钮。整个界面采用 RelativeLayout 组件进行界面布局将界面分为三个部分，界面的上、中、下三部分分别嵌套 LinearLayout 进行界面布局。顶端导航栏关键字输入框是采用 EditText 组件实现的，当用户输入商品关键字后，单击搜索图片按钮，系统会将用户输入的信息以请求的形式发送到服务器端，服务器查找内容匹配的商品信息，并将查找到的信息封装成 Json 形式返回到客户端，客户端解析 Json 字符串，并将查找到的内容在界面的下部以上下滑动的形式展示出来，上下滑动的效果是通过 ScrollView 组件实现的。界面中部是界面排序选择按钮，单击后系统会按照要求进行排序，排序后的商品顺序在下面显示。

图 9-20　商品展示界面

（3）系统商品详情界面：如图 9-21 所示，这个界面可分为三个部分，顶部是一个导航条，中间是商品详情展示，底部是 4 个功能按钮。

导航条由两部分组成：左侧是后退按钮，右侧有“商品详情”四个字。整个导航条采用 LinearLayout 线性布局控件实现，其中“商品详情”这四个字采用 TextView 文本组件显示，后退按钮采用 ImageView 组件显示。当单击返回键按钮时，系统调用 onClick()实现返回操作功能。

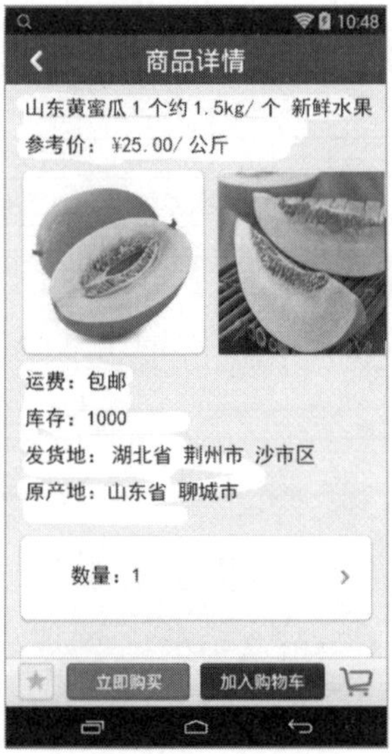

图 9-21　商品详情界面

中间商品详情展示部分，用于展示商品的详细信息，包括商品的名称、图片、价格、发货地、原产地等信息。其中文字显示采用 TextView 文本组件实现，图片资源采用 ImageView 组件实现。还有一个“数量”按钮，单击后弹出悬浮窗，对数量进行选择，悬浮框如图 9-22 所示，单击“+”按钮数量增加，单击“-”按钮数量减少。该悬浮窗采用 LinearLayout 进行布局，采用 TextView 文本组件实现“+”、“-”数字的显示，采用 Button 组件，实现“确定”按钮的显示，当单击“确定”按钮时，程序调用事件监听器 OnItemClickListener()对操作做出反应，调用 dissmiss()，悬浮框消失。

图 9-22　数量控制悬浮框

底部 4 个功能按钮分别是收藏图标按钮，“立即购买”按钮，“加入购物车”按钮以及购物车图标按钮。整个底部采用 RelativeLayout 组件进行布局，为每个按钮绑定一个事件监听器，单击后调用 onClick()实现响应功能的操作。

（五）购物车模块

整个界面采用 RelativeLayout 组件进行布局，局部嵌入了 LinearLayout 组件，图片显示采用 ImageView 组件实现，文字显示采用 TextView 组件实现。每个按钮都设置监听事件，单击是调用 onClick()实现界面的跳转功能。

（六）在线支付模块

当在购物车中单击“结算”按钮时，界面跳转至“结算”界面，如图 9-23 所示。

图 9-23　结算界面

用户想完成在线支付功能，需要填写收件人、收件地址、支付方式、配送方式等信息，之后单击“提交订单”按钮便可连接到支付宝，完成支付。

整个界面采用 RelativeLayout 组件进行布局，局部嵌入了 LinearLayout 组件，图片显示采用 ImageView 组件实现，文字显示采用 TextView 组件实现。中间界面的上下滑动采用 ScrollView 组件实现。创建类 BuynowActivity 并继承 Activity，在类中实现各个按钮的功能。

单机提交按钮后，系统将支付宝 SDK 接入 Android App 中，调用 API 完成支付，支付宝 SDK 接入总流程如图 9-24 所示。

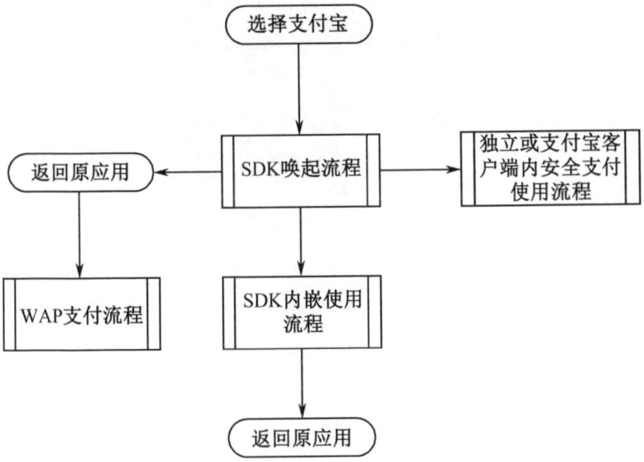

图 9-24　支付宝 SDK 接入总流程

支付宝 API 数据交互主要包括 5 个步骤：

（1）构建请求数据；

（2）发送请求信息；

（3）支付宝处理请求数据；

（4）返回处理结果；

（5）处理返回的结果数据。

（七）个人中心模块

个人中心界面如图 9-25 所示，个人中心模块所实现的功能主要包括订单管理、收藏商品管理、收货地址管理等功能。其中订单管理又包括待付款订单管理、待发货订单管理、待收货订单管理以及历史订单管理。

整个界面采用 RelativeLayout 组件进行布局。头像部分采用 ImageView 组件进行布局，系统未登录时，单击头像图标，界面跳转到注册/登录界面，系统登录后，单击头像图标无效。订单管理、收藏商品管理、收货地址管理等功能都是在 RelativeLayout 布局中嵌套 LinearLayout 布局实现的。单击后界面的跳转功能是通过调用 onClick()实现的。

图 9-25　个人中心界面

（八）通信模块设计与实现

目前 Android 开发中，通信模块的实现主要有两种方法：基于 Socket 的网络通信编程和基于 Http 协议的网络通信编程。本系统采用基于 Http 协议的通信编程技术对通信模块进行设计。

Android 中基于 Http 协议的网络通信编程分为两种方式：HttpURLConnection 和 HttpClient。本系统采用 HttpURLConnection 进行设计，用于发送 Http 请求和获取 Http 响应。

使用 HttpURLConnection 实现客户端与服务器之间的通信主要方法有两个：GET 和 POST。一般情况下，使用 GET 从服务器端获取数据，使用 POST 向服务器传递数据。

第八节　数据库模块设计与实现

一、数据存储方式

Android 客户端的正常运行，需要数据库的支持，因此数据库的设计与实现是 Android 客户端开发必不可少的一个主要环节。Android 常见的数据存储方法分别是：SharePreferences 存储、文件存储、SQLite 存储、ContentProvider 存储以及网络存储。本系统采用网络存储方式，使用 MySQL 数据库。Android 客户端通过网络和服务器连接，实现数据之间的交互。

其中，SharePreferences 用于存储 Android 中常用的配置信息，文件用于存储数据的文件信息，SQLite 是 Android 系统的本地数据库，用于存储小规模的数据信息，支持 SQL 语言，ContentProvider 通过一个抽象接口将自己的数据显示出来，再通过 RL 来获取数据。

二、数据表结构设计与实现

本系统数据库主要用于存储用户信息、农产品信息、订单信息、发票信息等，Android 客户端运行时通过网络调用数据库中的数据，完成客户端信息的显示。

（1）用户信息表：用于在用户注册时存储用户信息，在用户登录时查询数据库信息并验证信息的正确性以便用户能够安全登录。表的字段包括：userID，userName，userPassword，userEmail，userAddress，userState。userID 自动为表中信息编号，userName 用于存储用户名，userPassword 用于存储用户密码，userEmail 用于存储用户邮箱，userAddress 用于存储用户地址，userState 用于存储用户登录状态，用数字 0 表示未登录状态，1 表示已登录状态。

（2）商品分类表：用于存储商品的分类信息，以便对商品进行分类管理，包含两个字段：fenleiID 自动生成商品分类的序号，fenleiName 用于存储商品类别名称。

（3）商品信息表：用于存储商品的信息包含 7 个字段，goodsID 字段用于存储生成的商品序号，goodsName 用于存储商品的名称，goodsPrice 用于存储商品的价格，goodsNum 用于存储商品的库存数量，goodsFenleiTableID 存储的是商品分类表 goodsFenleiTable 的 ID 序号，由于 goodsFenleiTable 和 goodsInfoTable 是一对多的关系，所以需要创建此字段并设置外键约束，使其通过外键指向 goodsFenleiTable 的主键，使商品分类表和商品信息表关联在一起。

（4）订单表：用于存储用户购买商品时自动生成的订单信息，包含 8 个字段，intentID 字段用于存储生成的序号，intentName 用于存储订单中商品的名称，intentTime 用于存储订单生成的时间，intentPrice 用于存储订单金额，indentState 用于存储订单的状态（包括三个状态，即代付款订单、待发货订单和历史订单），indentAddress 用于存储用户的收货地址信息，intentPhone 用于存储用户的电话信息，intentPersonName 用于存储收货人姓名。

（5）中间表：由于用户和订单之间是多对多的关系，不能够直接通过外键关联，因此需要创建中间表使它们能够产生联系，可以相互查询。包含 5 个字段，middleId 字段用于存储自动生成的序号；goodsInfoTable_ID 用于存储商品信息表的 ID 并设置外键约束使其通过外键指向商品信息表的主键；IntentTable_ID 用于存储订单表的 ID，也是通过外键指向订单表的主键；number 用于存储一张订单用户交易成功的商品指数；subtotal 字段用于存储交易成功商品的总金额。

三、民族语言展示模块设计与实现

本系统的特色之一就是多语言显示，目前实现了中文、英文、藏文的显示。系统默认的语言是中文，其他语言可以手动切换。下面对 Android 平台的藏语显示的实现进行介绍。

Android 平台没有藏文语料库，而且藏文输入法不够成熟，因此电子商务 App 不能通过语言选择显示藏文。要想实现 Android 平台的藏文显示，可以通过 view 控件自定义藏文字体实现藏文的显示。具体实现步骤如下。

（1）在 Android 的资源文件夹 Assets 中添加藏文字体 himalaya.ttf。

（2）在 Android 工程的 Res 文件夹中创建一个文件夹，命名为 values-la-rT，然后将 Values 资源文件夹中的所有文件翻译成藏文并将翻译后的文件保存在 Values-la-rT 文件夹中。这时电子商务 App 就可以进行语言切换了。

系统多语言特色农产品电子商务 Android 客户端的主页藏文显示界面如图 9-26 所示。

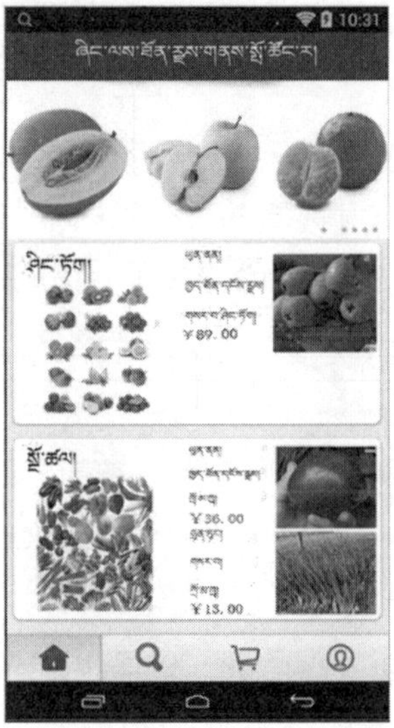

图 9-26　藏文首页界面

第九节　系统测试

软件测试是软件系统开发过程中的一个至关重要的环节。软件测试就是从用户需求、代码编程等多个方面对软件系统的质量进行检查以确保软件达到系统设计的要求和目标。软件测试的实质是在执行程序的过程中发现错误。因此，对于本系统多语言民族特色农产品电子商务 Android 客户端设计与实现来说，系统测试是贯穿系统开发始末的必不可少的关键一环。

一、软件测试原则

目前，在软件行业，软件质量问题已经成为软件使用者和软件开发者关注的焦点。软件测试用于检验软件的质量，其目的是发现软件的缺点并进行修改，使软件系统的质量得以提高。因此，软件测试在软件开发的整个流程中地位重要。为了达到软件测试的目的，需要遵守一些测试原则。

（1）系统开发的时间和资源有限，测试系统所有的功能、性能几乎不可能完成，需要测试重点功能模块和主要性能。

（2）软件测试具有一定的风险，测试的时候需多角度、全方位考虑。

（3）软件测试会出现集群现象，需尽量规避。

（4）系统缺陷很多，测试需谨慎，尽可能考虑全面。

（5）测试前拟定好测试方案，测试时严格按照步骤执行，避免测试的随意性。

二、系统测试

根据软件测试的策略和过程分类，软件测试可分为单元测试、集成测试、验收测试等。软件测试的过程如图 9-27 所示。

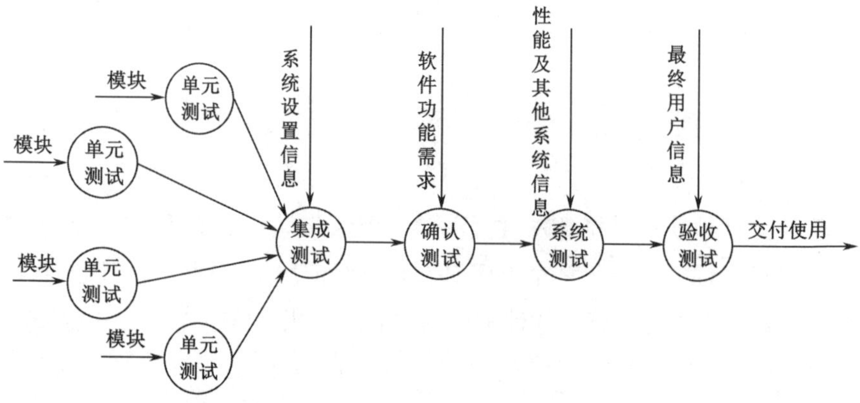

图 9-27 软件测试的过程

（一）单元测试

系统测试过程中的第一个阶段是单元测试。单元测试又称模块测试，就是将测试程序中可测代码的最小单元——模块，分离出来进行单独测试，判断其运行结果和预期是否一致。

本系统中对程序进行单元测试，首先创建各个模块的测试类，使每个测试类都继承 AndroidTestCase，其次在 androidmanifest.xml 文件中的 application 节点下配置一个 uses-library，在 androidmanifest.xml 中的 manifest 节点下配置一个 instrumentation;targetPackage（需要测试的工程的包名），最后编写单元测试程序进行单元测试。测试的主要内容有模块接口、局部数据结构、独立路径、边界条件、出错处理等。将测试结果不符合预期的模块进行修改使其最终和预期结果一致。

（二）集成测试

在程序开发的过程中会遇到这样的情况：每个模块单独运行时状况良好，但是将各个模块组装在一起后运行，就会出现各种错误。因此需要对软件系统进行集成测试。集成测试就是把模块组装起来后对其整体进行测试。集成测试的前提条件是，在进行集成测试之前要确保每个单元测试顺利通过。集成测试的内容包括单元接口和集成后的功能。集成测试的组装方式有两种：①非增量式集成测试：采用一步到位的方式进行测试，将所有单元模块连接后当作一个整体进行测试；②增量式集成测试：集成逐步实现，测试紧跟集成，逐步完成。

（三）确认测试

确认测试又称有效性测试，即在模拟环境下，采用黑盒测试法，验证被测试的软件系统是否满足预计需求。具体的测试内容包括安装测试、功能测试、可靠性测试、安全性测试、易用性测试、可维护性测试、可移植性测试、文档测试、压力测试。

（四）系统测试

系统测试是指将通过测试的软件系统和硬件设备相结合进行的测试。其影响因素包括系统软件、硬件设备、某些数据、操作系统等。

本系统通过不同的手机进行了系统测试，测试结果如下：

（1）从功能完整度情况分析，系统能够完成用户在线购物，用户注册/登录，用户浏览/搜索商品，加入购物车等软件设计阶段所描述的功能。

（2）从性能角度分析，系统运行基本流畅，基本实现了界面清晰、程序健壮、可扩展性好等要求。

（3）从数据角度分析，系统数据基本正常、错误率很低、商品查询信息准确，但是多次对同一数据进行杂乱无章的操作时，数据显示会出现不准确的情况。

（4）从兼容性角度分析，系统支持 Android 4.4 及以上版本的移动设备。

（五）验收测试

验收测试是部署软件之前的最后一个测试操作。在软件产品完成了单元测试、集成测试和系统测试之后，产品发布之前所进行的软件测试活动。它是技术测试的最后一个阶段，也称为交付测试。验收测试的目的是确保软件准备就绪，并且可以让最终用户将其用于执行软件的既定功能和任务。

第 10 章

PC 端的设计与实现

第一节　研究目的和意义

一、研究目的

民族农产品电子商务平台能够使农产品的销售和流通突破空间和地域的限制，本章的研究目的在于搭建民族特色农产品电子商务平台——产品展示平台，采用 Django 结合 WebGIS 技术实现特色农产品地图和图文的展示和民族特色农产品的地域、种类检索和地图分布等功能。

二、研究意义

在互联网时代，营销模式的转变迫使产品展示方法寻求新的突破。民族特色农产品展示平台通过采用图文和地图两种展示方法，在一定程度上方便了用户对特色农产品信息的浏览，其对于用户从海量数据中获取直观信息有重要的意义。

（1）探索产品展示的新形式和新方法：本章采用 GIS 空间地图并结合图

文的方式来展示民族特色农产品的地域分布和地域特色等信息。

（2）丰富了关于电子商务农产品信息展示方面的理论研究。随着“物联网”时代的到来，物联网被应用到人们生活中的各个领域。尤其是电子商务的出现，使人们能够足不出户就能完成对商品的购买，从而改变了人们的传统生活方式，极大地方便了人们的生活。然而电子商务在农产品信息化建设和产品展示方面的研究相对匮乏。在参考了目前国内互联网上多数的农产品电子商务平台后（如“中国兴农网”“搜农网”“农产品价格网”和“育农网”等），发现目前国内农产品信息化存在各系统相对独立无法共享信息、尚未形成农产品信息标准化、没有突出农产品地域特性等不足。

(3)促进基于 WebGIS 的信息可视化技术在农产品电子商务领域中的应用和推广。目前电商商务网站农产品展示主流方式主要是通过单纯的文字和图片来描述的，然而对于某些产品例如农产品，地域信息在用户进行决策中充当着重要角色。然而单纯通过图片和文字这种展示方式不够直观，当用户面对成千上万种商品图片时，并不能够快速地筛选出符合自己意愿的商品。这就需要一种基于空间展示的手段将农产品的产地通过地图的形式展现出来，这样在面对成千上万种农产品信息时，针对地域信息用户能做出快速决策。

第二节 国内外研究现状

一、农产品电商发展现状

国外农产品电子商务的发展起步较早，美国农产品电商的发展一直处于国际领先地位，也是最早将电子商务技术应用到农产品贸易的国家。1976 年，美国就建立了电子棉花交易市场，20 世纪 90 年代互联网的产生也促使了美国农产品电子商务的形成，2001 年，美国已建立起涵盖 220 万家农场的农业资源信息管理系统，农场主可通过该系统在网上进行信息获取、网上采购、农产品销售、财务管理等，该系统已成为农场主获得农业咨询的主要渠道。从

2005 年开始，美国农场逐步普及应用高速互联网接入手段，农场通过 DSL、卫星、光缆、无线等手段分别与世界互联。截至 2013 年 11 月，美国农场信息化程度已达到了 89.6%，农场互联网接入率已达到 91.2%，生产资料的网络购买比例达 59.8%，农产品的销售比例也达到了 69.3%。

英国的农产品电子商务起步比美国稍晚，1976 年，建立起了第一个农产品电子商务平台“农产品在线交易”（Farming Online），2000 年，建立了第一个农产品电子商务网站“农民市场”（Farmer's Market）。英国的农产品电子商务侧重于信息分类和网上交易，专业化程度与美国有一定差距。另外，“农业在线”（www.farmline.com）和提供鸡肉交易的鸡禽类电子商务平台（www.rooster.com）也是英国规模较大的农产品电子商务平台。

国外许多专家学者针对农产品电子商务平台涉及的各种问题进行了深入的研究，Leroux 等认为农产品电子商务具有非常好的发展前景，而工业产业结构、产品复杂程度以及农产品的运输是关键的因素，并预计 B2B 模式将会在农产品电商平台中获得成功。Agarwal 提出如果农产品电子商务平台由政府机构来搭建，借助政府的权威性，在保障电子商务平台交易安全的同时能够使顾客和相关农业企业更加信任该电子商务平台。Henderson 提出信息的已获得性、丰富的产品选择、更便利的产品比较以及支付便捷性是农产品电子商务平台发展的关键，另外通过平台建立农场主之间以及消费者之间的关联也很重要。Banke 以印度咖啡在线拍卖为研究对象，研究产地为印度的咖啡营销策略，提出了农产品供应链采购模型。Ruizgarcia 从农产品的产销链条进行研究，提出物流信息的及时发布和更新能够使得顾客更好地获得产品的具体情况。

与国外发达成熟的农产品电子商务体系相比，国内农产品电子商务仍处于发展阶段。我国的农产品电子商务是基于传统农产品流通销售模式基础上发展起来的，目的是解决我国农户生产规模小而市场巨大的矛盾，农产品电子商务平台能够实现市场需求与农民生产的有效衔接，在一定程度上改变农产品的流通模式，促进农产品销售的同时增加农民的收入。我国的农产品电子商务发展可大致分为以下五个阶段。

（1）1998—2005 年，棉花等农产品开始通过互联网进行交易。全国棉花交易市场于 1998 年成立，而中央储备粮也在 2005 年实现了网上交易。

（2）2005—2012 年，生鲜类农产品开始在网上进行交易，生鲜类农产品电商不断涌现，如 2005 年成立的易果网，以及后来的和乐康和沱沱工社等。

（3）2012—2013 年，生鲜类农产品电商开始走向品牌运营，各电商平台开始探索品牌化运营战略，如 2013 年的京城荔枝大战。

（4）2013—2014 年，此阶段是我国农产品电商飞速发展的阶段，各种类型的农产品电子商务平台不断推出，如直销型、批发型、平台型、众筹型、冷链物流型等，农产品 O2O 模式也在社交工具的推动下有了快速发展。

（5）2014 年至今，大量的资本涌向农产品电子商务平台，本来生活、美味七七等多个农产品电商平台都得到了大量的资金注入。

从 2014—2015 年，中国农产品电子商务发展报告中也能看出我国农产品电商的发展状况。截至 2014 年，我国拥有各类涉农的电子商务平台 3.1 万家，专业农产品交易平台 4000 家，农产品电商平台发展势头迅猛。一批涉及农产品的具有较强竞争实力的农产品电子商务平台不断涌现，如亚马逊、中粮我买网、顺丰优选、沱沱工社、菜管家等；服务于特有人群的成长型电商平台也逐渐崭露头角，如菜篮网、多利庄园、优果网、易果生鲜等。

二、农产品展示系统现状

国内许多研究人员也针对农产品电子商务的模式以及农产品展示平台的建设进行了深入的研究，胡天石等分析了当时中国农产品展示的发展状况，并提出国家对农产品高度重视以及农产品市场创新需求驱动使得农产品电子商业具有很好的发展前景。

于和琴提出国家应牵头建立农产品网络，研制开发适合中国国情的农产品网络展示平台，负责对农产品网络数据进行管理维护。胡俊波分析了现有农产品展示存在的问题，提出培养农产品电商经济人来弥补卖方信息链、充分利用现有资源搭建农产品展示平台、加快农产品标准制定以及信用体系的建立等多个建议。骆毅认为农产品电子商务涉及了农业生产、产品加工、物流配送、市场营销、农产品展示等多个方面，使得政府扶持和监管非常困难，提出应制定农产品电子商务实施的相应的标准和规范，并有选择地扶持一批有实力的农产品电子商务企业。朱自平基于 B/S 架构搭建了特色农产品展示平台，包括特色农产品的生产、加工、销售、分析、价格、技术服务以及提供信息等综合性服务内容。晏国生等开发了河北廊坊市特色农产品展示平台，该平台由特色农产品基础信息、实用生产技术信息、物理体系和信息服务模块构成。洪颖对农产品的信息展示进行了需求分析，采用 J2EE 开发了农产品展示平台。刘元君以湖南省为例研究了基于云技术的农产品展示移动平台的基础技术和设计方法，提出湖南省农产品展示平台的构建框架。

第三节　需求分析和关键技术

一、系统需求

（一）民族特色农产品现状调查

新丝路经济带主要包括陕西省、甘肃省、青海省、四川省、重庆市、新疆维吾尔自治区、西藏自治区、宁夏回族自治区、内蒙古自治区，由九省区（或直辖市）构成。民族特色农产品信息展示系统是国家科技支撑计划项目“民族特色农产品多语言网络交易展示平台关键技术集成与应用示范”的展示模块，采用多种形式展示新丝路经济带的特色农产品。

以甘南为例，甘南拥有几十种具有市场潜力和特色优势的农产品资源，其中药、牲畜、酒等在全国范围内拥有很高的知名度。甘南已经注册了十几种地标农产品，但申请者对地标产品商标保护意识淡薄，相当一部分地理标志的使用者还不知道如何保护自己的权益。仿冒、假冒、侵权、以次充好等欺诈行为的发生，造成了市场秩序混乱，严重损害了消费者利益，使甘南特色农产品的品牌形象受到伤害，严重影响了甘南特色产业的健康发展。基于地图的商品展示在一定程度上可以防止假冒商品，保护地标产品生产商的利益，消费者能从地图上清晰地浏览到地标商品的信息并能跳转到正确的产品链接上。

（二）业务需求

民族特色农产品电子商务作为一种针对个性商品的电子商务平台拥有巨大的市场和发展潜能。在电子商务产品展示方面，传统的基于文字和图片等代表的产品展示方式已经不能满足现代电子商务发展的需求。民族特色农产品与其地域有很大的关联，用户的需求也日益多样化，仅仅通过图片和文字的形式无法突出其地域的特性。面对海量的商品数据，用户希望能够通过简洁的页面快速了解到某个地域的代表特色农产品，或者根据民族特色农产品信息了解到其地域特性，因此建立一个能够基于地图显示的民族特色农产品展示系统是很有必要的。如今 B/S 的应用非常流行，相对于传统的 C/S 信息系统，人们更喜欢使用浏览器对应用进行访问，这种方式更加便利方便，是现代信息产业发展的潮流。

综上所述，系统的业务需求主要包括民族特色农产品图文展示和民族特色农产品地图展示两部分，民族特色农产品图文展示即用传统的图片和文字对特色农产品展示，用户可以通过浏览器浏览特色农产品基础信息和产品图片，并可以通过检索获取对应的信息。民族特色农产品地图展示是通过地图的形式对九省区（或直辖市）特色农产品信息进行地域展示，用户通过单击地图上的坐标来获取该地区代表特色农产品的信息。

（三）功能需求

功能需求是根据系统的整体架构，从功能的角度系统地进行初步的模块划分，每个功能模块具有完整的业务逻辑。根据业务需求分析，可以将本系统分为用户功能、信息查询、图文展示、地图展示四个功能。

用户功能主要包括用户注册、登录、注销、个人资料修改功能。不同身份的用户具有不同的数据访问修改权限和功能。

信息查询功能是根据检索条件对农产品信息进行筛选并按照首字母进行升序或者降序显示。检索条件主要包括种类、地域和关键词描述。对于信息的展示，主要是通过文本和图片的方式。信息展示功能还包括对高频查询的结果按照地域和种类进行排行显示的功能。信息检索和展示模块包括审核农产品信息、查询农产品信息、发布最新农产品信息。用户访问农产品信息只有通过管理员的审核才能显示到前台页面，管理员可以对农产品信息进行查询和修改，包括简单的名字模糊查询和多条件的高级查询，同时管理员还能发布新的农产品信息。

图文展示即以图片和文字的形式对民族特色农产品进行展示，通过网页布局将民族特色农产品图文进行合理的排版，以简约的形式将其展示出来。

地图展示功能通过地图手段对民族特色农产品信息进行展示。该模块主要功能是提供给用户通过地图交互显示出相应地域具有代表性特色农产品的信息，实现民族特色农产品的地域展示。

（四）可行性分析

根据需求分析，系统功能主要包括用户功能、信息查询、图文展示和地图展示。大部分的系统都拥有用户功能和信息查询的功能。目前在线的电子商务平台都有对产品的图文展示功能，该功能的关键在于怎么布局。部分农产品商务平台拥有对农产品地图展示的功能，地图功能的应用虽不成熟但实现技术相当成熟。目前有许多农业电子商务平台都有基于 WebGIS 的农产品展示的成功案例，如重庆特色农产品网、四川农村信息网等。因此，不管是在技术上还是在需求上，基于 WebGIS 的民族特色农产品信息展示系统的实施都是可行的。

二、关键技术

（一）Django 框架

Django 是基于 Python 语言的一种 Web 框架，基于 Python 的第三方库，其功能非常强大。使用 Django 进行 Web 开发可以让开发人员省去许多不必要的麻烦，从而达到快速开发。

Django 在页面管理、表单处理和后台管理等方面设计十分灵巧。

（1）页面管理方面：Django 在页面管理方面类似于 Jinjia2，具有模板的可继承性。通过这种机制可以将几个页面划分成若干小的功能模块，使用时直接导入而不必对代码进行复制粘贴。

（2）表单处理方面：Django 可以通过 ModelForm 根据模型自动生成相应表单，并且可以通过对 Form 类的设置对表单进行验证。

（3）后台管理方面：Django 拥有强大的后台管理功能，只需要在配置文件中设置参数便可开启。系统管理者可以运用后台管理界面进行数据的访问、修改等操作。

（二）JavaScript

本系统将采用 JavaScript 来进行系统界面交互功能的开发，其主要优点如下。

（1）简单性：与 Python 和 Perl 一样，JavaScrip 作为解释性语言不用经过编译就可以通过浏览器直接运行，因此开发过程极为简单。它的语法风格与 Java 和 C/C++类似，很容易学习。它提供的 document 类库能够很方便地调用 HTML 页面元素进行相应的交互操作。

（2）动态性：JavaScript 是一种动态语言，能通过客户端浏览器直接运行而不必通过服务器端。这样大大节省了与服务器的交互负担。

（3）安全性：JavaScript 安全性主要体现在禁止访问本地资源、禁止修改或删除网络资源、不能在服务器上进行数据存储等方面。

（4）跨平台性：Javascirpt 独立于操作系统环境而通过浏览器来运行，具有良好的跨平台性。

（三）AJAX

AJAX（Asynchronous Javascript and XML）技术作为 Web2. 0 核心技术，XML 客户端脚本语言进行数据交换与 Web 服务器实现异步 JavaScript 是其主

要工作方式，Web 页面能够动态刷新局部的页面内容而不用打断整个服务器交互过程再去刷新整个页面，其效果接近于常用的桌面应用程序。传统的 B/S 架构严格以时间为驱动实现 Web 应用响应请求，当浏览器端发送请求时，该请求的最后效果只是把当前网页改变了一小部分，但服务器接收请求后返回响应中则包含了改变后全部网页的所有代码，其中网页框架代码也在其中。还有一些广告代码，这些代码都是作为废代码而不影响当前请求，只是浪费网络带宽流量，减缓网页刷新速度，在响应返回到浏览器端之前，浏览者只能处于空等待状态。使用 AJAX 技术，网页采用异步传输方式来避免刷新整体网页，只是将用户请求改变为部分刷新，从而极大节省网络资源。

AJAX 技术工作原理是在用户浏览器和服务器之间加入了一个中间层，其中配置了 AJAX 引擎，使服务器响应过程和用户操作过程异步化，AJAX 引擎把必须由服务器完成的部分内容提交到 Web 服务器请求，页面本地处理其他内容，这样避免用户更新网页时整体页面被刷新，需要更新的那部分内容可以直接得到响应以实现操作。

AJAX 引擎可以理解为是由 JavaScript 语言编写成的程序，主要工作是处理用户请求并动态访问服务器及时更新文档对象模型（DOM)的内容。AJAX 是 JavaScript、HTML、XML、CSS、DOM 和 XSLT 等多种技术的融合，这些技术现都已经非常成熟，广泛地应用在 Web 应用程序开发领域。

（四）百度地图 API

百度地图 API 是百度公司为开发者提供的一个免费开源的地图服务应用接口，支持 Javascript 页面开发、Android 开发、iOS 开发以及服务器端开发等。百度地图提供基本的地图数据和地图操作并允许开发者根据自身需求设置地图的样式、地图标注以及地图查询、地图搜索和地图定位等服务，适用于 PC 端、移动端、服务器等多种设备。它将 GIS 底层复杂的逻辑进行了封装，使用者只需要进行 HTML 和 Javascript 编程就可以完成相应的 GIS 应用并连接到相应的网站。

本系统中将采用 Javascript API 进行民族特色农产品地图展示开发。参考百度地图 API 官网上详细的开发文档，Javascript API 由核心类、基础类、控件类、覆盖物类、右键菜单类、地图类型类和地图图层类等组成，其具体功能如表 10-1 所示。

表 10-1　API 类库功能

类库	主要功能
核心类	地图的实例化和基本功能的设置
基础类	点和矩阵区域的实例化
控件类	地图控件的设置
覆盖物类	创建标注和信息窗口、设置事件监听
右键菜单类	设置右键菜单的选项和功能
地图类型类	自定义地图类型
地图图层类	自定义图层

（五）MySQL 数据库

本系统将采用 MySQL 关系型数据库对民族特色农产品信息以及系统涉及的其他数据进行持久化存储。MySQL 数据库可支持要求较高的联机事务处理（OLTP)应用程序和 Web 电子商务。MySQL 是一个开放源码的小型关系型数据库管理系统，具备全面的提交、回滚、崩溃恢复和行级锁定功能，也是事务安全、全面集成、符合 ACID 的数据库。MySQL 凭借其易用性、扩展力和良好的性能，成为全球开发用户首选的开源数据库。

全球许多流量很大的知名网站都依托于 MySQL 来支持其关键业务的应用程序，其中包括 Ticketmaster、Facebook、Google 和 eBay 等软件。MySQL 采用 C/C++语言编写完成，经过多种编译器测试，支持 Windows、Linux、UNIX、MacOS 等多种操作系统源代码，有着良好的可移植性。为 C、PHP、Python、Perl、Java 等编程语言提供 API。支持多用户和多线程，充分利用了 CPU 资源;有一套非常优化的 SQL 查询算法，使数据查询效率有效地提高。提供 TCP/IP、JDBC 和 ODBC 等多种数据库的连接方式。

第四节　系统设计

系统的重点工作在于系统的设计与实现，在此之前要对系统的需求做出详细的分析并选取合适的技术进行开发，之后再进行详细的系统设计并最终实现设计出来的功能。系统的技术路线图如图 10-1 所示。

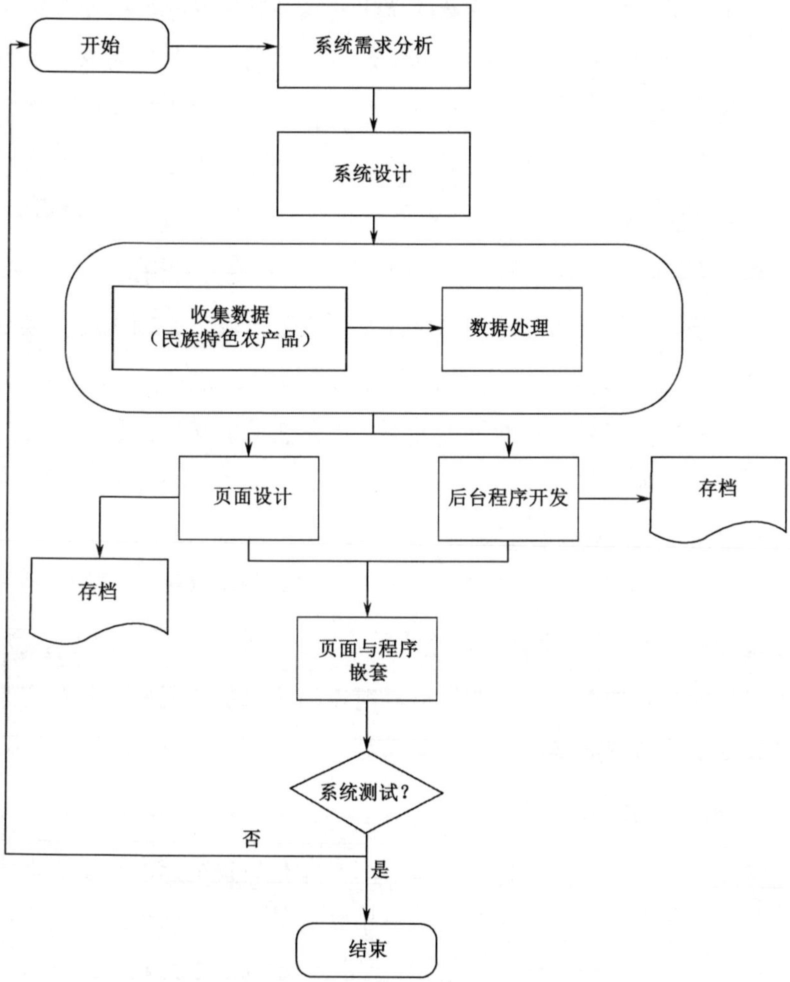

图 10-1　系统的技术路线图

一、总体框架设计

（一）设计的原则

系统的设计必须要让系统能够拥有一定的生命力，从而保证系统的性能和可拓展性。对于事务的处理，设计者要尽可能满足用户具体运用，保证系统拥有完整的功能模块，每一个功能模块要相互独立并且能够相互协作。在前文中针对需求问题进行了详细的分析，分析了用户的具体需求，确定了系统应具备的功能模块，并规定了系统采用的技术规范。为了保证系统总体目标的具体实现，设计系统的功能模块时必须遵循以下原则。

（1）合理性：在划分系统的功能模块时必须以系统论的设计思想为原则，将功能模块进行合理的区分和集成，使功能特点清楚、逻辑清晰、设计合理。

（2）完备性：系统功能结构的设计必须完整，逻辑必须正确，按照系统的设计目的设计出适合农产品展示的可视化要求。

（3）独立性：将系统功能进行分割并提供相应的接口，使模块的测试和维护更加容易。独立的模块设计是衡量系统优劣的一个重要标准，高内聚和松耦合是本系统的重要设计原则。

（4）高可靠性和高安全性：在系统设计时要充分考虑系统各个功能模块的安全性和可靠性。“千里之堤，溃于蚁穴”，在系统设计中看似无关紧要的代码片段可能会导致整个系统的崩溃，所以高质量的代码质量是决定系统的可靠性和安全性的重点。

（二）框架的设计

根据需求分析，系统主要由前台用户界面和后台数据库管理界面组成，前台访问权限是普通用户和游客，后台由管理员访问。前台页面的主要功能是对民族特色农产品信息的图文展示、地图展示以及根据农产品地域、种类和关键词对农产品信息进行检索的功能。后台管理界面主要是用于对数据库的管理，包括查询、修改、删除和增添的功能。

整个系统采用 B/S 体系结构，运用经典的数据层、业务层和用户层三层结构来设计。用户层可理解为客户端。用户层作为系统的核心部分，提供给用户传统的图文展示和地图展示两部分功能。系统采用 JavaScript 实现 Web 页面的交互功能，采用百度地图 API 的 JavaScript 接口能够调用百度地图服务在客户端实现地图展示功能。基本上所有的浏览器都支持 JavaScript，因此在客户端能够实现真正的跨平台性。

在业务层，系统将采用 Django 框架来搭建系统的 Web 框架，Django 拥有非常合理的分层结构。最高级的用户层用来处理用户在客户端发出的 HTTP 请求并做出相应的 HTTP 响应。应用层采用 MTV（Model Template View）开发模式，与传统的 MVC 原理相同，在 Django 中将传统的 Control 层命名为 View 而将原本的 View 层命名为 Template。Model 及模型层用于构建数据模型并能够通过面向对象的方式对数据进行访问修改。系统总体架构如图 10-2 所示。

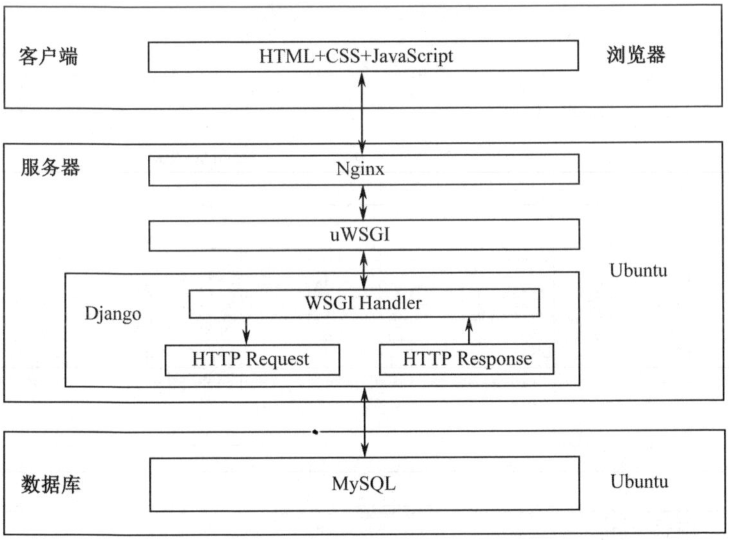

图 10-2　系统总体架构

二、模块设计

（一）模块划分

根据系统的总体结构设计可以将系统分为用户模块、民族特色农产品信息检索、民族特色农产品图文展示、民族特色农产品地图展示和后台管理 5 个模块。用户模块主要包括用户登录/注册以及用户个人资料管理等功能。民族特色农产品信息检索包括地域、种类和关键词检索。民族特色农产品图文展示是以图片和文字的形式在页面上对农产品进行展示，文字信息包括农产品的名称、描述、供应商信息等数据，通过单击农产品图片可以跳转到农产品详细信息介绍的页面。农产品地图展示是通过地图的形式展示九省区（或直辖市）代表性地理标识特色农产品信息，通过单击相应省份行政区图标弹出相应的特色农产品信息窗口。系统主要模块结构图如图 10-3 所示。

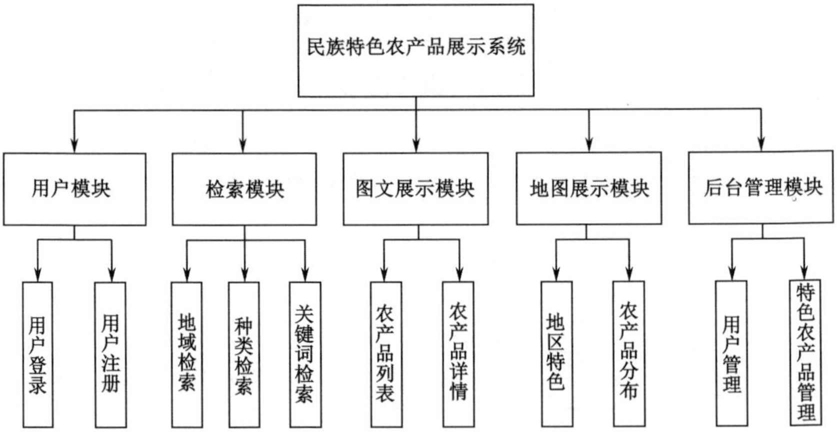

图 10-3　系统主要模块结构图

（二）模块具体功能描述

（1）用户模块：主要包括用户注册、账号密码登录、匿名登录、注销、个人资料修改功能。用户管理模块中的用户分为普通用户和游客两种，不同身份的用户具有不同的数据访问修改权限和功能。游客是匿名登录的用户，可以浏览游客权限内的页面和注销登录操作。普通用户是经过注册的用户，可以使用注销和修改个人资料的功能。

（2）农产品信息检索模块：该模块主要功能是根据检索条件对农产品信息进行筛选并按照首字母进行升序或者降序显示。检索条件主要包括种类、地域和关键词描述。通过种类、地域和关键词检索筛选出相应的数据，并进行相应的图文或地图信息展示。

（3）农产品图文展示模块：通过文字和图片的形式对民族特色农产品进行展示。包括农产品列表和农产品详情两个板块。

（4）农产品地图展示模块：通过地图的形式对民族特色农产品进行地域展示，用户可以清晰地看到特定地域的代表特色农产品信息。该模块包括地区特色和农产品分布两个板块。

（5）后台管理模块：包括管理员登录、民族特色农产品管理、民族特色农产品分类管理和用户管理。其中用户访问农产品信息只有通过管理员的审核才能显示到前台页面，管理员可以对农产品信息进行查询和修改，包括简单的名字模糊查询和多条件的高级查询，同时管理员还能发布一些新的农产品信息。

三、系统页面设计

（一）页面设计原则

用户界面是联系人与计算机的桥梁，是用户与系统进行交互的接口，用户仅能依靠对输入界面的操作达到向系统发送请求的目的。良好的界面设计应具备操作简单、美观易懂的优点，并能对用户进行适当的引导，使用户能简单轻松地上手使用系统。界面设计的根本性原则就是需要从用户角度考虑，不仅要满足用户的视觉需求与大多数人的操作习惯，同时也要达到系统设计者的要求。因此，界面设计需要遵循下几个原则。

（1）规范性原则：现今的各种计算机系统与软件越来越多，除了在系统或软件的开发技术上需要严格遵循一定的规范协议外，在界面设计上也要遵循一定的规则，这些规则应当与大众的视觉与操作习惯相符合，这样的界面才让用户容易接受。

（2）直观性原则：界面上的图形或图表的含义与其对应的操作要具有相似性，能直观地表达出系统的功能和设计者的意愿，降低用户误操作的可能性。

（3）简洁性原则：界面设计一般需要遵循简洁性的原则，不要出现重复多余的操作，并且尽量对界面的操作进行集成，保证用户能够一目了然地理解系统界面上的功能模块。

（4）用户引导性原则：用户引导性指的是对图形界面上的对象的提示、用户误操作时的提示等。由于界面图形所包含的信息与其含义有限，在用户进行操作的时候提供附加信息的说明是十分必要的。

（二）页面设计

系统主界面包括平台 Logo、导航栏、检索栏、特色农产品展示以及布告栏几个板块。顶部的菜单栏为用户提供了图文展示和地图展示的链接，通过单击菜单跳转到相应的功能界面。检索栏提供民族特色农产品种类、地域以及关键词检索，通过设置检索条件确认后能够在特色农产品展示区域获取相应条件的民族特色农产品图文信息。布告栏包括市场行情和数据统计两个板块，市场行情板块显示用户浏览次数最多的 10 条数据，数据统计板块显示机制时间、商户信息数目、供求信息数目、意向成交额和实际成交额的统计数据。地图展示的页面由地图底图、地图控件、比例尺以及地图标识等组成。

四、系统数据库设计

（一）系统数据库设计原则

数据库设计是指设计数据存储结构并建立数据库的过程，分为需求分析、概念设计、逻辑设计、物理设计和验证设计五个步骤。数据库设计原则主要有三点。数据的标准化和规范化，标准化用来减少数据库中的冗余数据，拥有多种形式，其中 TNF 标准被认为在性能、扩展性和数据完整性方面已经达到了最好的平衡。数据驱动，相比于硬编码的方式，运用数据驱动会使许多策略变更和数据库维护更加容易，增加了系统的扩展性和灵活性。应考虑到各种可能的变化，在设计数据库的时候应该考虑到哪些字段可能在将来发生变化而变化，如西方人姓氏，因此在存储时要有单独的字段存储姓氏并加上起止日期以便根据数据条目的变化而变化。

数据库的命名规范在数据库建设过程中非常重要，规范如下。

（1）只能使用 26 个英文大小写字母和 0～9 数字以及“_”这 63 个字符。

（2）命名不得超过 30 个字符的系统限制，对于变量名不能超过 29 个字符。

（3）要保持多表中字段名和类型的一致性，当在一个表中存在相应的字段和类型时，在另一个表中定义命名该字段并为其制定数据类型的时候要保证与其他表保持一致性。

另外需要注意的是，数据库在对数据库名、表名、字段名和定义字段类型时都有一定的规范。在命名数据库名和表名时，需要使用前缀并且单词间以“_”隔开，备份的数据库或数据表要在库名或者表名之后加上备份时间。字段的名称使用单词组合完成，首字母小写，后面单词的首字母大写，最好是带表名前缀。字段类型的选取规则就是用尽量少的空间来存储一个字段的数据，并且要考虑存取的速率问题。

（二）系统数据实体及关系分析

为了把用户的数据要求清楚、准确地描述出来，通常建立一个概念性的数据模型（也称为信息模型）。概念性数据模型是一种面向问题的数据模型，是按照用户的观点对数据建立的模型。它描述了从用户角度看到的数据，反映了用户的实现环境，而且与在软件系统中的实现的方法无关。数据模型中包含 3 种相关联的信息：数据对象、数据对象的属性及数据对象彼此间的相互连接的关系。

（1）数据对象：是对软件必须理解的复合信息的抽象，彼此之间是相互关联的。

（2）属性：定义了数据对象的性质。必须把一个或多个属性定义为标识符，当我们希望找到数据对象的一个实例时用标识符属性作为关键字。

（3）联系：客观世界中的事物彼此间往往是有联系的。数据对象之间相互连接的方式称为联系，也称为关系。联系可为一对一联系、一对多联系或多对多联系。根据系统需求，系统所涉及的实体之间关系如图 10-4 所示。

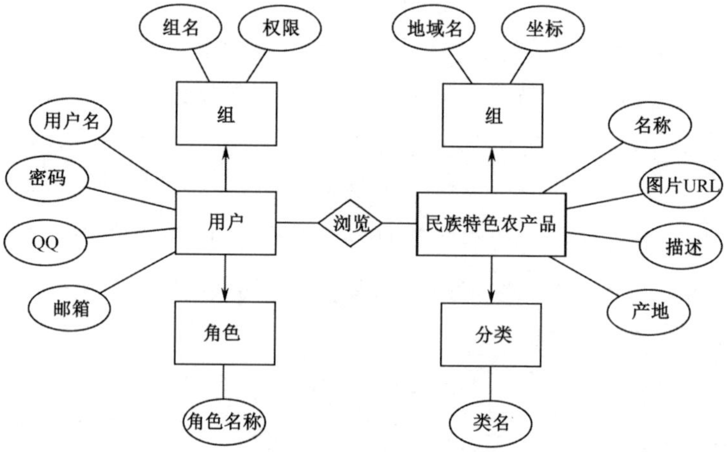

图 10-4　用户 E-R（实体-联系）图

（三）数据表的创建

数据是一切系统的核心内容，所以数据库设计在系统设计中扮演着重要角色，数据库设计的好坏直接关系到系统的优劣，一个好的数据库设计可以使系统具有良好的扩展性。

根据模块的划分以及需求分析，系统的数据库包含用户信息和民族特色农产品信息。主要包括管理员表、用户表和九省区（或直辖市）民族特色农产品信息表等，具体信息如表 10-2 所示。

表 10-2　数据库表名和描述

表名	描述
user	用户表
role	角色表
group	权限表
area	地域表
category	民族特色农产品种类表
product	民族特色农产品表

系统使用 MySQL 数据库进行建库，数据库表具体建表如下。

（1）用户表基本信息包括用户标识、用户名、密码、发布农产品和角色字段，用户名和密码用于系统的身份验证，发布农产品字段使用外键关联到民族特色农产品表，用户角色则通过外键关联到角色表。考虑到系统的可拓展性，增添了用户 QQ 和用户邮箱两个字段。用户可以通过 QQ 和邮箱找回自己的密码，并在系统以后的更新中可以添加产品邮箱推荐等功能。用户表结构信息如表 10-3 所示。

表 10-3　用户表结构信息

索引	字段	字段描述	字段类型	字段长度	外键
1	user_id	用户标识	INT		
2	user_name	用户名	VARCHAR	10	
3	user_password	用户密码	VARCHAR	20	
4	user_qq	用户 QQ 号	VARCHAR	20	
5	user_email	用户邮箱	VARCHAR	50	
6	user_product	发布农产品	INT		product_id
7	role	角色	INT		role_id

（2）角色表用来存储系统角色的数据，为了建立拥有良好可拓展性的数据库而进行单独建表。角色表包括角色标识、角色名称和权限三个字段。在系统模块功能设计中并不涉及权限的问题，权限字段的设置同样是考虑了系统的可拓展性，权限字段与 group 表中 group_id 相关联，角色表结构信息如表 10-4 所示。

表 10-4　角色表结构信息

索引	字段	字段描述	字段类型	字段长度	外键
1	role_id	用户标识	INT		
2	role_name	用户名	VARCHAR	20	
3	role_group	用户密码	SMALLINT		group_id

（3）权限表用来定义系统资源访问的权限。如用户有对网站资源访问并

上传民族特色农产品信息的功能，管理员则拥有对用户信息和民族特色农产品信息的管理功能。权限表结构信息如表 10-5 所示。

表 10-5　权限表结构信息

索引	字段	字段描述	字段类型	字段长度	外键
1	group_id	组标识	INT		
2	group_name	组名	VARCHAR	20	
3	group_level	组权值	SMALLINT		

（4）地域表用于存储九省区、市、县的详细信息，省级地域表结构信息如表 10-6 所示。

表 10-6　省级地域表结构信息

索引	字段	字段描述	字段类型	字段长度	外键
1	area_id	省份标识	INT		
2	province	所处省	VARCHAR	20	
3	city	所处市	VARCHAR	20	
4	county	所处县	VARCHAR	20	
5	x	x 坐标	FLOAT		
6	y	y 坐标	FLOAT		

（5）民族特色农产品分类用于存储农产品分类信息，民族特色农产品分类表结构信息如表 10-7 所示。

表 10-7　民族特色农产品分类表结构信息

索引	字段	字段描述	字段类型	字段长度	外键
1	category_id	分类标识	INT		
2	category_name	分类名	VARCHAR	20	

（6）民族特色农产品表用于存储农产品的具体信息，民族特色农产品表结构信息如表 10-8 所示。

表 10-8　民族特色农产品表结构信息

索引	字段	描述	类型	长度	外键
1	product_id	农产品标识	INT		
2	product_name	农产品名称	VARCHAR	50	
3	view_path	图片路径	VARCHAR	50	
4	add_time	添加时间	DATETIME		
5	area	产品地域	INT		
6	description	描述	VARCHAR	200	
7	category	种类	INT		category_id

第五节　系统实现

一、开发前准备

本地操作系统为 Ubuntu15.04，在 Ubuntu 环境下可以通过 sudo apt-get install 的终端命令来进行开发环境的安装。搭建 Django 开发环境步骤如下。

（1）安装 Django：在 Ubuntu 环境下通过终端命令 sudo apt-get install Django==1.8 即可完成 django1.8 版本的安装。

（2）创建项目：进入特定的目录通过 django-admin startproject zsxt 来创建项目目录。

（3）配置 Django：在 Django 中通过配置项目目录下的 settings 文件的 Databases 参数来实现数据库的连接，系统开发使用 MySQL 数据库。

（4）创建应用模块：在 PyCharm 中通过执行指定命令即可创建模块的项目目录。

二、功能模块的实现

（一）用户模块

（1）用户登录：用户登录过程中需要输入用户名、密码验证码，若忘记密码，还可找回密码。若还没有账户则需要申请账户。登录过程首先输入用户名等信息，其次验证信息的合法性，如果合法则可以输入正确的验证码等信息即可登录。用户登录流程图如图 10-5 所示。

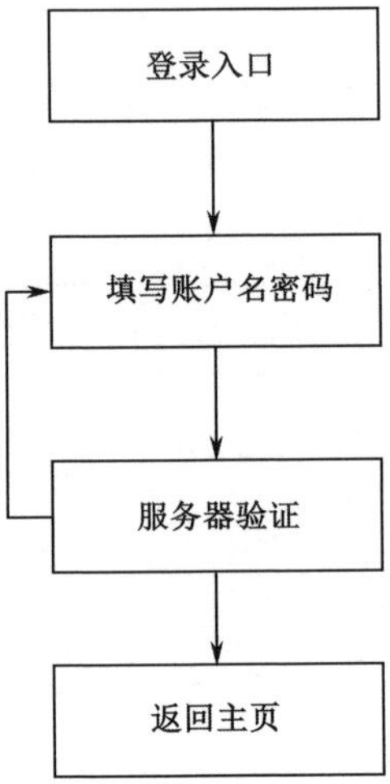

图 10-5　用户登录流程图

该模块的用户是指普通的用户，不包括系统管理员。用户输入用户名和密码之后系统会将其信息与用户表数据进行比对。若验证成功则成功登录；如验证失败则重新跳转到注册界面。

用户选定登录身份并输入用户名及密码，然后单击登录，表单会被提交到后台服务器进行处理。如果要对数据库进行操作，就先进行数据库配置，在 Python 下安装数据库驱动并连接数据库，Django 就会根据用户的身份查询相对应的数据表，判断该用户是否存在或核对该用户的口令是否正确。如果正确，则进入用户主界面并返回到用户浏览器；如果用户不存在或用户密码不正确则提示用户信息错误。

（2）用户注册：用户注册需要用户填写个人信息，如用户名、密码、QQ、邮箱等信息。在注册过程中首先填写用户名等信息，之后验证账号密码的合法性，如果不合法则会返回错误信息并提示重新注册。具体流程图如图 10-6 所示。

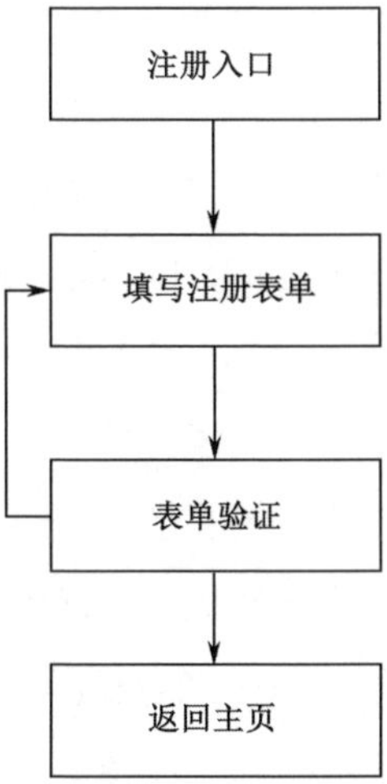

图 10-6　用户注册流程图

对于未注册用户，用户可以选择在首页中单击“注册”按钮，系统会显示用户注册页面，提示用户注册。用户只需按照提示，一步一步便可完成注册。对于已经登录的用户，可以在本网站发布农产品供求信息，修改个人信息等。

（二）信息检索模块

系统的信息检索主要分为地域、种类和关键字检索三种。

（1）地域和种类检索：项目涉及九省区（或直辖市）的特色农产品，地域检索功能能够根据用户选取的地域信息对农产品进行过滤，显示出符合条件的特色农产品信息。当鼠标悬停在导航栏民族特色农产品字段将会弹出地区和种类供用户选择。选择对应的地域和种类，则能够显示出该地域或种类相关特色农产品列表。

（2）关键字检索：关键字检索是通过农产品名称来对农产品信息进行检索的功能。输入相应的农产品名称则能够显示出相应的检索结果。

（三）地图展示模块

该模块为系统的核心部分，通过调用百度地图 API 来实现地图功能包括地图拖拽、滚轮缩放、鼠标双击放大和使用键盘移动地图等。通过单击相应的地图坐标来显示该地域的代表特色农产品信息。系统的地图功能主要包括地图功能和地域特色窗口。地图功能包括地图拖拽、缩放等功能，地域特色窗口用于显示坐标地域的特色农产品信息。功能的实现运用了百度地图 API 的 map、mapcontrol、point、marker 和 infowindow 等类库。使用 map 类库初始化地图服务，mapcontrol 用于添加地图组件，采用 point、marker 和 infowindow 实现了地图点坐标的选取、标记及弹窗显示。

（1）地图功能的实现：地图功能的实现分为地图创建和设置地图事件两个步骤。通过百度 API 可以使用 BMap 中的 Map 类来生成地图，然后运用 Map 对象的 centerAndZoom 方法、maxZoom 和 minZoom 参数来设置地图的中心点、最大显示级别和最小显示级别。地图创建完成之后，分别通过 Map 对象的 enableDragging、enableScrollWheelZoom、enableDoubleClickZoom、enableDoubleClickZoom 和 enableKeyboard 的方法来实现地图拖拽、滑轮缩放、鼠标双击放大记忆键盘移动地图的功能。

（2）地域特色展示：该部分使用 BmapLib 函数库中的 InfoBox 方法来实现。首先定义窗口格式地域坐标点和坐标点标记参数，然后通过 InfoBox 方法在地图中加载窗口，最后使用标记对象的 addEventListener 方法来添加鼠标单击事件。

（3）农产品地域分布展示：该部分运用到了 BMap 的子类 PointCollection，该类的构造方法包括点数组和配置字典两个参数。首先声明点数组和配置字典，然后根据这两个参数创建一个 PointCollection 实例，最后将该实例添加到 Overlay 中即可实现。

（四）后台管理模块

后台管理模块包括用户管理和民族特色农产品管理、这两部分模块在功能上相同都具有对数据表增添、修改、删除的功能，在此以用户管理为例来介绍后台管理的具体功能。

（1）管理员登录：管理员登录流程与用户登录流程相似。首先系统对管理员输入用户名和密码进行验证。若登录成功则进入管理页面。管理界面除了具有民族特色农产品管理和用户管理的基本功能外，还具有记录管理员操作的面板功能，能够将管理员的增、删、改操作记录下来。

（2）添加功能：单击“增添”进入添加界面，需要输入相应的表单。黑体字段表示必须填写，灰色字段可以选填。每个字段都有一定的格式要求，填写完表单之后单击“保存”则向系统提交数据。提交表单后，系统将对表单数据进行验证。如果符合字段要求则添加成功。如果输入的信息符合系统要求则添加用户成功，当添加信息不符合要求时则需要重新输入表单。

（3）修改功能：单击一个已有的用户名即可进入用户修改界面，修改界面与增添界面一样相当于向系统重新提交增添表单。提交表单后系统将重新对表单数据进行验证。若验证成功则修改覆盖原有数据；若验证失败则需重新填写表单。

（4）删除功能：后台管理的删除功能分为指定删除和批量删除两个方面，指定删除是指删除特定的某个对象。批量删除是指同时删除多个对象，通过批量操作来实现。通过选取“删除所选的用户”动作并勾选要删除的对象，单击“执行”即可完成批量删除操作。

3

第三部分

多语言电子商务系统信息检索及数据挖掘相关技术

第 11 章

特色农产品电子商务平台跨语言垂直搜索引擎

第一节　垂直搜索引擎概述

一、垂直搜索引擎的概念

垂直搜索引擎是针对某一个行业的专业搜索引擎，是搜索引擎的细分和延伸，是对网页库中的某类专门的信息进行一次整合，定向分字段抽取出需要的数据进行处理后再以某种形式返回给用户。垂直搜索是针对通用搜索引擎的信息量大、查询不准确、深度不够等问题，研究出来的新的搜索引擎服务模式，针对某一特定领域、某一特定人群或某一特定需求提供有一定价值的信息和相关服务。其特点就是“专、精、深”，且具有行业色彩，和通用搜索引擎的海量信息无序化相比较，垂直搜索引擎则更加专注、具体和深入。

二、垂直搜索引擎的国内外发展现状

垂直搜索引擎又称专业搜索引擎或主题搜索引擎。自 2000 年，国外就开始了垂直搜索引擎的研究。目前使用效果比较好的系统有：面向电子邮件收件箱的搜索，该网站不仅可以替用户监控电子邮件收件箱，还会关注用户联系人的动态消息；面向应用的搜索，该网站首先收集数以万计的网站中的内容，然后从中提取有用内容，分类返回给用户；面向计算的搜索，该网站能够帮助用户计算出复杂的答案；面向房地产的搜索，该网站向用户提供全面的房地产市场信息。

就国内而言，垂直搜索引擎发展比较晚，自 2005 年之后，才开始对垂直搜索引擎进行研究，它和 IT 业、服务业、购物领域等产业进行结合之后，随着这些产业的发展开始逐渐壮大起来。根据 Analysys 产业数据库公布的数据显示，在 2017 年第二季度，中国搜索引擎运营商的市场规模为 235.7 亿元人民币。

下面是几个国内发展很成熟的垂直搜索引擎，具体如下所示。

（1）携程网。携程网原来只专注机票预定需求，用户可以查询机票价格、起降地点、时间等信息，而从百度、谷歌等通用搜索引擎中无法快速准确地获取这些信息。随着科技的进步，携程网涉及的领域更多，有酒店、度假、商旅等多种服务领域。

（2）大众点评网。大众点评网专注于生活消费需求，不仅为用户提供多个生活领域的团购、外卖、线上预定线下体验服务，而且还为用户提供消费优惠、评价、办理电子会员卡等服务，此外，还具有餐厅搜索功能、优惠券领取及使用功能、跨地域预定功能、签到功能等特征性的功能。

（3）中国知网。中国知网专注于文献查询下载的需求。它是一个中文知识资源总库、数字化出版平台，随着科技的进步，中国知网也聚集了大量英文知识资源，此外它还为用户提供了文献数据评价、知识检索服务等。

（4）中国国家图书馆数字图书馆。可以将 App 下载到手机等移动端。它涵盖了多种类型的资源，如论文、音乐、视频、期刊、工具书等，目的是让用户可以随时随地免费阅读。

三、垂直搜索引擎的特点

（1）垂直搜索引擎逐渐发展起来，尤其是在电子商务迅速发展的大环境下，垂直搜索引擎越来越受到关注，相比较通用搜索引擎，它具有很多优势：提供的信息“专、精、深”，具有鲜明的行业色彩，搜索更专注、具体和深透；针对性强，信息来源于关注的行业站点，面向特定领域进行深度挖掘；提供专业服务，用户主要查找特定领域的信息，所以需求明确，可以提供更有价值的服务；命中率高，“一词多义”的现象在特定领域会减少很多，并且垂直搜索引擎可以利用行业内词典进行匹配翻译，命中率大大增强；关键词选择更简单，因为它的搜索行为以结构化数据和元数据为基础，提供信息更具体，关键词更容易选择。

（2）在技术实现方面，垂直搜索引擎与通用搜索引擎的比较如表 11-1 所示。

表 11-1　垂直搜索引擎与通用搜索引擎的比较

比较项	垂直搜索引擎	通用搜索引擎
用户需求	明确	不明确
用户数量规模	小	巨大
信息采集	深度：要求高	深度：要求不高
信息提取加工	结构化信息提取：要求高； 分类：要求高	结构化信息提取：要求不高； 分类：要求不高
检索	检索方式：结构化信息为主； 检索结果形式：结构化数据为主； 准确率：很高	检索方式：非结构化信息为主； 检索结果形式：网页链接和摘要； 准确率：很高

四、垂直搜索引擎的体系结构

垂直搜索引擎一般有五个部分，分别是信息采集模块、信息提取模块、索引模块、搜索模块及用户接口模块。

（1）信息采集模块。信息采集分为两种方式，一种是直接导出所依托电商平台的数据，另一种是网络爬虫自动采集。信息采集是指从指定的几个行业站点中采集有用的网页并保存到本地。该模块是搜索引擎的基础。采用网络爬虫自动抓取方式则会比较快速、全面地获得网页，而且定时更新搜到的旧信息。

（2）信息提取模块。信息的提取主要是将信息采集模块采集的不规范数据提取为规范的数据，确切地说，结构化信息提取是指将下载的网页中的半结构化数据转换为结构化数据，这是因为垂直搜索引擎的搜索功能以结构化数据为基础。

（3）索引模块。该模块将信息提取模块提取的结构化数据读取并写入索引库，索引的建立是为了更快速地查找信息，就像书本的目录一样。一般索引的结构为倒排索引结构。

（4）搜索模块。该模块根据用户输入的查询词，在索引库里查找索引项并调出对应的文档记录，在计算排序后将结果返回用户。搜索模块的实现在以上模块都完成的基础上才可以进行。

（5）用户接口模块。它是用户可以看得到的部分，即人机交互的窗口。搜索框是最基本元素，用户在搜索框里输入查询词单击“搜索”后，可以看到搜索结果，这是集用户请求与搜索引擎反馈为一体的网页。面向各个领域的垂直搜索引擎虽然不完全相同，但有相同的基本体系结构，根据基本结构可以设计其他领域的搜索系统。

第二节　电子商务平台跨语言垂直搜索引擎

一、跨语言垂直搜索引擎技术

（一）信息采集技术

主题网络爬虫是一种可以自动抓取网页的技术，在垂直搜索引擎设计过程中占据重要地位。主题网络爬虫与普通网络爬虫都能够将互联网中的网页抓取下来并且保存在本地。主题网络爬虫比普通的爬虫增加了筛选功能，在对网页大量分析之后，过滤掉了与主题无关的链接，只抓取与主题相关的网页并保存下来，而普通网络爬虫不会筛选，是把整个互联网看作目标。信息采集工具使用的是Heritrix，它是使用 Java 开发的一个完全开源、可扩展的信息采集框架，用来实现对网页信息的抓取并保存。

（二）信息提取技术

结构化信息提取技术是指在网页的非结构化数据或半结构化数据提取出有用的信息并转换成特定的结构化信息数据的技术，一般网页包括三种格式：结构化数据、半结构化数据、非结构化数据。结构化数据是类似表格等有固定的格式的数据，非结构化数据是指图片、视频等数据，半结构化数据是指类似 HTML 的数据。该技术增强了搜索的专业化，例如：购物类搜索引擎需要从抓取的网页中提取出商品的信息，从中提取出商品名称、销量、评论数、商品价格、品牌等，甚至可以进一步抽取出农产品商品的质量、产地、包装类型等结构化数据。相比通用搜索引擎，结构化信息提取技术是垂直搜索引擎独有的技术，起着至关重要的作用。

HTML Parser 是一个解析网页文件的 Java 包，它操作简单而且灵活，是很好的 Web 信息提取工具，它能准确高效地对 HTML 文本进行数据处理。HTML Parser 有两个方面的功能：转换和提取。

提取功能主要包括文本提取、链接提取、资源提取、链接验证和站点检查等模块，其中文本提取是对当前网页的文本内容进行信息抽取，主要包括正文的内容和标题等，再将提取的信息保存在本地的网页数据库中，以便构建索引；链接提取是从当下的网页中提取出所有值得抓取的超链接，并将其加入 URL 等待队列；资源提取是收集网页中所包含的图像、视频、声音等非结构化信息资源；链接验证是对提取的链接验证是否有效，验证是否可以正常打开；站点检查是比较分析判断网页内容，避免抓取重复的页面。

HTML Parser 的转换功能有：①首先是 URL 重写，对网页内容进行检查，且在错误链接的错误之处做适当的修正；②对 HTML 网页内容复制并检查；

③将 HTML 的网页数据转换成为 XML 格式的信息。④清除广告，对 HTML 信息进行清除，从而清理掉网页中的广告链接以及广告内容。

（三）主题相关度技术

布尔模型是一种工作机制最简单而且应用最广泛的检索模型，将集合论和布尔代数结合在一起。多个关键词集合成文档，利用布尔表达式将多个关键词组合成布尔查询式，并用逻辑关系连接。一个文档只有完全满足这个布尔查询式，才能够被检索出来。它的检索策略是以二元判断为标准，即一个文档只有两个状态，要么相关，要么不相关。其原理比较容易理解，实现起来比较简单，所以应用非常广泛，但是依然存在一些缺点：文档不能部分匹配，文档只有完全匹配才能被检索，导致很多文档查不到。一般的用户把自己的复杂想法写成布尔表达式是不容易的，从而降低了查询效率。排序策略不佳，没有考虑索引词的权重，不管索引词在题目里还是在正文里，都以相同的方式对其排序，从而降低了满意度。

（四）索引与检索技术

倒排索引又称反向索引，它是单词与文档的一种映射关系，指从单词项反向映射到文档。它由两部分数据结构组成：倒排索引项和倒排列表。一般文档集合里面有很多文档包含同一个单词，不过每一个文档里都会记录该单词在本文档出现的次数和所在位置等信息，这些信息就称作倒排索引项。包含这个单词的所有倒排索引项构成列表结构，也就是倒排列表。在一个文档集合里提取出来的所有单词所对应的倒排列表构成倒排索引，一般存放在磁盘中。

Lucene 是一种索引构建与检索工具，它是一个高性能的全文检索引擎架构，是使用 Java 语言开发并且免费开源的。另外，它具有简单却很强大的 API 接口，所以很多系统都选择嵌入 Lucene，既容易操作又能实现搜索功能。这是目前最受欢迎的开源检索工具之一。

二、跨语言垂直搜索引擎技术应用

（一）查询扩展

（1）查询扩展概念，从电子商务平台的特点出发，用户在进行检索农产品信息或者其他信息时，输入的查询检索式比较简短，对产品描述的信息较少，或者是由于查询检索式没有上下文的语境，即使与文档中的信息意思一致时，文档也无法被检索出来。从用户的角度出发，用户的行为通常是输入关键的几个词语信息进行检索，因此这样的查询式具有简洁的特点。

面对这种情况，为了更好地满足用户所需，自然要对查询检索式进行查询扩展。此技术是在用户输入的原查询检索的基础上对其进行优化，利用计算机语言学、信息学等多种技术，通过一些方法和策略把与原查询检索词有关的词、词项进行组合添加或者发现相似查询式，形成更能接近用户的查询意图的新查询序列，接下来再次对文档进行重新检索。运用此技术旨在弥补用户输入的查询信息不全面的问题，经过此技术使查询式所表达的意思与用户想要表达的意思更接近、更吻合。由于跨语言信息检索还要经历翻译过程，是需要确定翻译后的检索词与文档的匹配程度，而不是仅仅对检索词本身与文献中关键词的匹配问题，因此，此技术在跨语言信息检索中的应用比在单语言信息检索中更为重要。

（2）查询扩展理论，目前扩展词的来源主要有：初次检索中认为相关的文档；从日志或文档集中进行挖掘；某种包含词与词间相关信息的资源。查询扩展的技术主要分为两类，一类是全局分析方法，指的是不考虑查询以及返回文档，在这种情况下对初始查询检索式进行扩展和重构；另一类是局部分析方法，此方法是通过查询的初始匹配文档对初始查询检索式进行修改优化。从不同的角度进行查询扩展时，其扩展方法也不同，那么不同的查询扩展技术根据其实现的方法不同又可进行不同的分类，查询扩展技术的分类方法如图 11-1 所示。

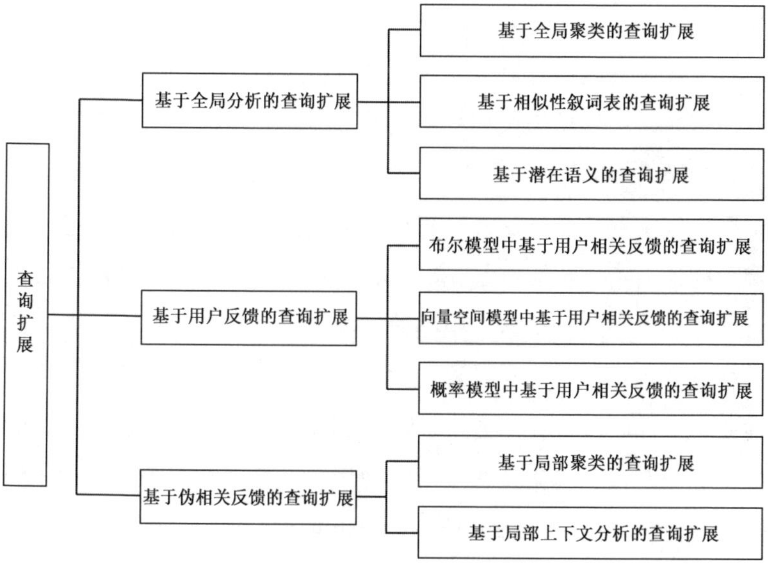

图 11-1　查询扩展技术的分类方法

其中基于用户相关反馈的查询扩展过程为：首先是进行初次检索，把结果返回给用户，此时用户会对结果进行相关性判断，标注为相关或不相关，然后系统根据用户标注的相关性文档，用技术和策略抽取关键词对原检索词进行扩展，得到最终的新查询检索词。可以看出在此过程中，要和用户进行交互，虽然这种扩展方法比较精确，也会更加满足用户的意愿，但由于需要人工的参与，因此实现起来也不现实。

基于伪相关反馈（也称盲相关反馈）的查询扩展，提供了一种自动局部分析的方法，其基本思路是：进行初次正常的检索过程，利用返回的初始结果中的前 n 篇文档，并且假设这 n 篇文档都是相关的，进行自动分析，对查询进行扩展。此方法最大的特点就是把相关反馈方法中必须与用户进行交互的人工操作部分实现自动化，这样就可以使检索性能得到提高。

（3）查询扩展方法，根据跨语言信息检索的特点，采用伪相关反馈方法来对跨语言信息检索中的查询扩展进行解决。既然在跨语言信息检索中必须要经历翻译这一过程，那么就在翻译前后都对其进行查询扩展。根据查询扩展发生在翻译过程的顺序不同，可分为翻译前和翻译后查询扩展，以及查询扩展同时发生在两者中。翻译前查询扩展，就是在对原始查询检索式进行翻译前，再与此对应的同种语言文档中进行检索。这些文档必须与目标语言文档具有相似性，根据结果选择权重高的标引词，然后对原始查询检索式进行查询扩展。简单来说，先在与目标文档相关的源语言文档中进行单语言检索，根据结果进行扩展。经过这一过程后，查询检索式中的概念就得到了进一步的强调。翻译后查询扩展就是先对原查询检索式进行翻译，根据翻译后检索式在目标文档集中进行检索，根据检索结果，对检索式进行扩展，扩展后再次对目标文档进行检索。经过这一过程就会增加更多相关的语义信息，提高检索准确率。同时发生在两者中，就是翻译前查询扩展和翻译后查询扩展相结合，在整个跨语言检索过程中同时使用，这样查询式中的概念和翻译后的语义同时都得到了强调。Ballestors 和 Croft 两位学者对这三种方法的不同组合进行了试验，试验结果证明翻译前查询扩展方法可以提高跨语言检索的效率。

在藏汉跨语言信息检索中，对藏文翻译时可用的资源毕竟有限，面临这种情况，对翻译前和翻译后查询扩展进行结合的方法是十分行之有效的，其示意图如图 11-2 所示。

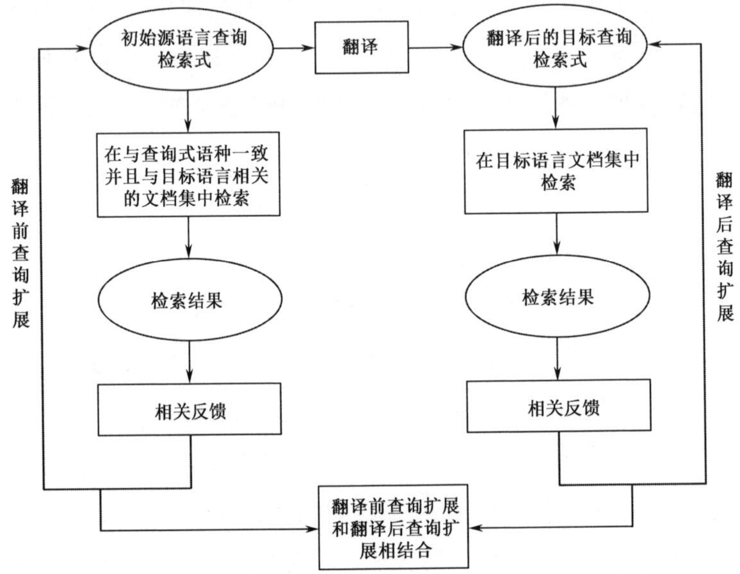

图 11-2 翻译前与翻译后查询扩展方法相结合示意图

第三节　跨语言垂直搜索引擎需求分析

一、系统功能需求分析

目前，国内对农产品的网购较普遍，如何让少数民族地区的网民快速地挑选出符合需求的农产品是本设计系统的主要目的之一，因此，垂直搜索系统主要满足两个功能需求：第一是系统跨语言功能，第二是垂直搜索引擎基本功能。

（一）系统跨语言功能

特色农产品电子商务平台跨语言垂直搜索引擎是垂直搜索引擎的一个扩展，除了具有“专、精、深”行业特色之外，还有多种语言转换功能。这里跨语言垂直搜索引擎中跨语言是指汉语、英语、藏语三种语言之间相互转换，即指用户提交了一个自己熟悉的语言的关键字，通过多语言词典翻译，将翻译结果和原输入的关键词一起交给系统处理，然后从每种语言所对应的索引库中搜索出符合用户需求的商品，最后把三种语言描述的商品在权重分析之后，按照一定的顺序展现在同一个窗口中，即源语言是一种语言，目标语言是多种语言。综上，在本系统跨语言功能的实现其实是指对查询式的翻译，以藏语为例，总体跨语言功能示意图如图 11-3 所示。

（二）垂直搜索引擎基本功能

根据系统的需求分析及总体目标，将特色农产品电子商务平台跨语言垂直搜索引擎系统的基本功能划分为以下四个模块。

（1）信息采集模块。通过专业网络爬虫对指定网站的网页信息进行采集，首先根据需求制定一个抓取条件，然后抓取符合这个抓取条件的网页，最终抓取的网页全是系统所需要的。筛选条件是在对指定网站的结构进行分析后设定的，具体实现以 Heritrix 为基础进行功能扩展。

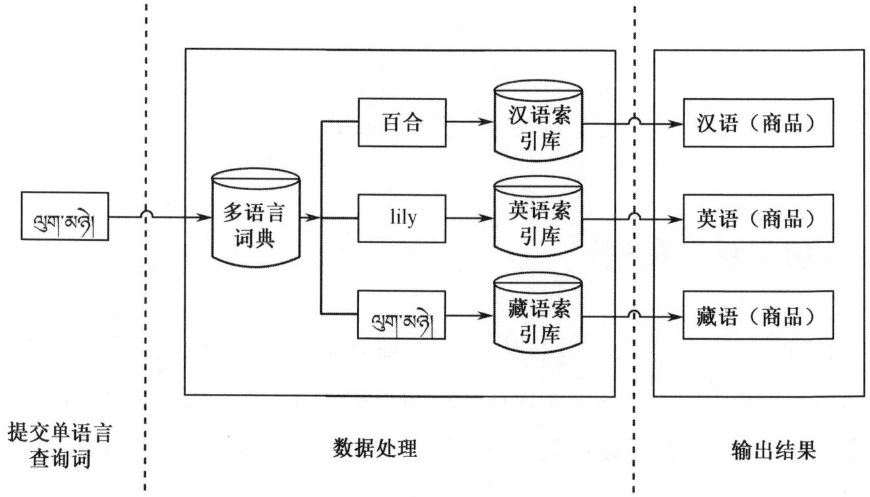

图 11-3　总体跨语言功能示意图

（2）信息抽取与索引模块。该模块对采集到的网页做处理，采集的网页含有多种类型的数据，主要包含 HTML 网页，然而 HTLM 网页中存在大量无用标签，这就要求把无用标签去掉，把需要的结构化数据从中提取出来，然后把需要索引的数据建立索引，并存入索引数据库中。

（3）搜索模块。其功能是当收到用户的查询请求后，去索引库里查找与用户输入的查询匹配的倒排索引列表，然后根据用户的需求以及相关度评价，对倒排列表重新排序，形成检索结果，最后以某种排列格式将搜索文档中的关键信息返回给用户，包括图片、产品名称、价格、库存等关键信息。

（4）用户接口。是用户直接接触的界面，即人机交互的窗口，它提供用户输入查询的搜索框和将搜索结果返回用户的页面。

二、系统性能需求分析

系统性能需求分析包括满足具体功能的需求，以及系统整体运行和维护过程中应该具有的性能，如系统的易操作性、可扩展性、安全性、可维护性和准确性等。

（1）易操作性。用户具有不同的知识水平，包括使用计算机熟练程度和审美标准等，为了照顾大多数的用户，开发设计的跨语言垂直搜索系统应做到尽可能的简单上手，布局和谐合理，搜索框大小合适，字体清楚，主要功能突出。

（2）可扩展性。本系统的可扩展性包括两方面，一方面是系统扩展，本系统是支持电子商务平台，同时有翻译模块的接口，因此要求系统有良好的可扩展性，能满足各种平台，如新闻媒体平台、教育平台等；另一方面是功能扩展，现在是搜索农产品，扩展后也可以搜索其他领域的产品，或者搜索多种产品。

（3）安全性。安全性主要指做好系统维护和备份工作，当系统出现不正常时，做到数据丢失最少，恢复最快。另外，能够做好加密工作，使用加密算法对涉及的隐私数据自动加密，再存储到数据库，即便是管理员也不能获取用户的隐私信息。此外，本系统对系统异常处理和负载过大的处理也有一定的要求，用常用的方法就能完成。

（4）可维护性。可维护性指当技术发生改变或者需求发生改变时要重新处理系统数据，包括添加、修改、定义等处理，然而，系统中包含的数据量很大，系统的运行效率会随之降低，为了保证即便发生变化也可正常运行，需要对系统的数据进行专门维护和及时调整。

（5）准确性。该系统是支持多语言的，因此为了避免因为翻译过程中出现一词多义而导致系统功能不能正常实现，就要求在进行多种语言转换时保证翻译的准确性。本系统使用人工编写的多语言词典，可以保证词汇翻译的准确性，提高了搜索结果的准确性。

第四节　系统设计

一、跨语言垂直搜索引擎系统架构

该系统主要分为 6 个模块：信息采集模块、信息提取模块、索引构建模块、搜索模块、查询词翻译模块和用户接口模块。其中信息采集模块是通过对 Heritrix 中 Extractor 和 Frontier Scheduler 类的扩展抓取“一带一路特产网”的特定网页，并下载到本地建立的镜像文件夹中；信息提取模块使用 HTML Parser，从下载的商品页面信息中将商品的元数据提取出来形成结构化数据。本系统抽取了网页中的图片地址、标题、内容、原始 URL 地址等数据，同时，将这些信息插入到 MySQL 数据库中；索引构建模块是通过对 Lucene 的功能扩展将商品的元数据信息构建全文检索，并生成索引库；搜索模块使用 Lucene 将用户输入的查询词和索引库匹配，并将搜索结果反馈给用户；查询词翻译模块通过多语言词典库将单语言的查询词翻译成多语言的查询词，并统一交给系统等待检索。跨语言垂直搜索引擎系统架构如图 11-4 所示。

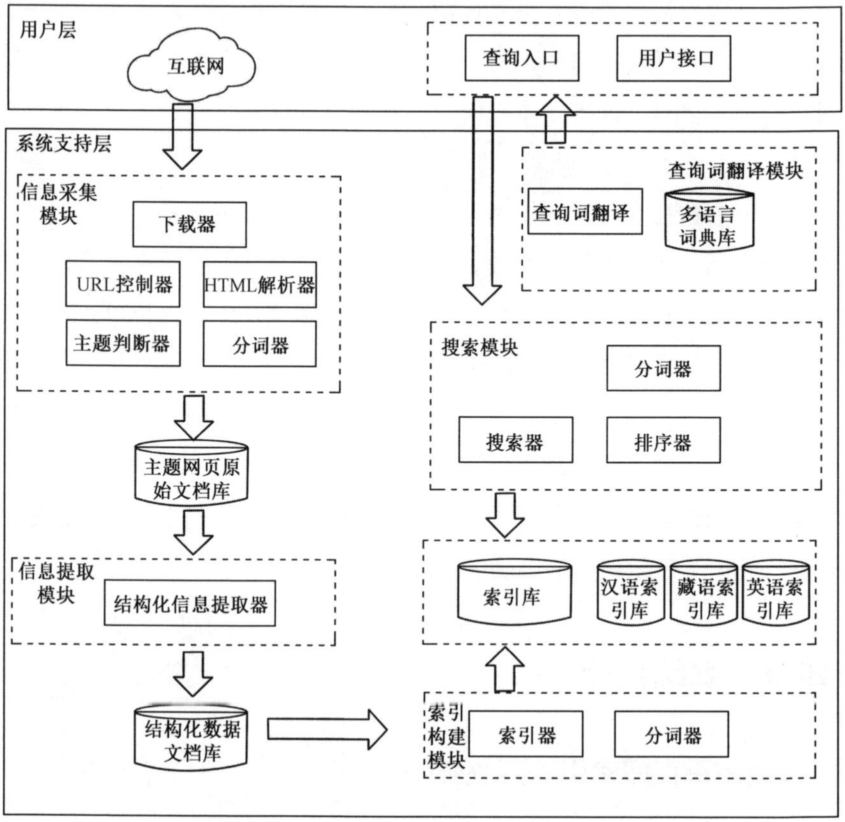

图 11-4　跨语言垂直搜索引擎系统架构

二、信息采集模块的设计

信息采集的方式有两种，一种是将所依托电商平台的数据直接转移到本系统数据库；另一种是利用网络爬虫的下载器抓取电商平台数据，保存到主题原始数据库。为了满足系统的可扩展性，使得该系统不仅应用在农产品领域，也可涉足其他领域，所以本系统主要使用网络爬虫的方式抓取电商平台的数据。

本系统使用 Heritrix 作为自动采集信息的工具，因为它只是一个框架，所以如果不对其进行设置和扩展就直接使用，将会出现很严重的后果甚至瘫痪。因为不对爬虫设置约束限制，它就会无穷尽地抓取网页，显然这是不允许的，所以需要预先增加约束条件。爬虫 Heritrix 在执行任何抓取任务之前，都需要对抓取内容做详细分析，首先了解网站的基本结构和网页 URL 组成，以确定种子链接，也就是选定抓取的起始链接。种子的选取工作需要人为分析选择。这一步骤的实现其实不难，分析需要的页面 URL 即可，这也是实现定向抓取的必需步骤。这里使用网络蜘蛛模块的整体流程，如图 11-5 所示。

Heritrix 内嵌的 Extractor 具有抓取功能，但没有定向抓取功能，它只是将全部网页信息抓取下来，往往用户会有特殊要求，比如只抓取某种格式的网页链接，因此本设计中首先需要对 Extractor 进行定制，具体方法是根据所需网页的 URL 的特点分析，制定一个正则表达式，然后判断当前的 URL 是否符合制定的正则表达式，只有符合的才能抓取。然后在实际运行 Heritrix 时，在 Setting 项 Extractor 中选中定制的 Extractor 类替代原先内嵌的类即可。

系统所需的原始 URL 有 7 个：蔬菜所有商品页面、水果所有商品页面、肉类所有商品页面、粮油米面所有商品页面、中草药材所有商品页面、农副产品所有商品页面和农业服务所有商品页面。其次，进一步扩展 Frontier Scheduler 实现抓取指定类型的内容。该类是一个 Post Professor，它的作用是将前面 Extractor 分析得到的链接加入 Frontier 中，以待继续处理。由于定制的爬虫要求只保存与主题相关的URL，其实这种扩展是一个URL选择策略，过滤无用的URL，保存有效的URL。构造新的Frontier Scheduler类，继承自带Frontier Scheduler，并根据自己需求修改或添加约束的字符串，从而限制Heritrix的抓取行为，以成功下载所需的网页信息。

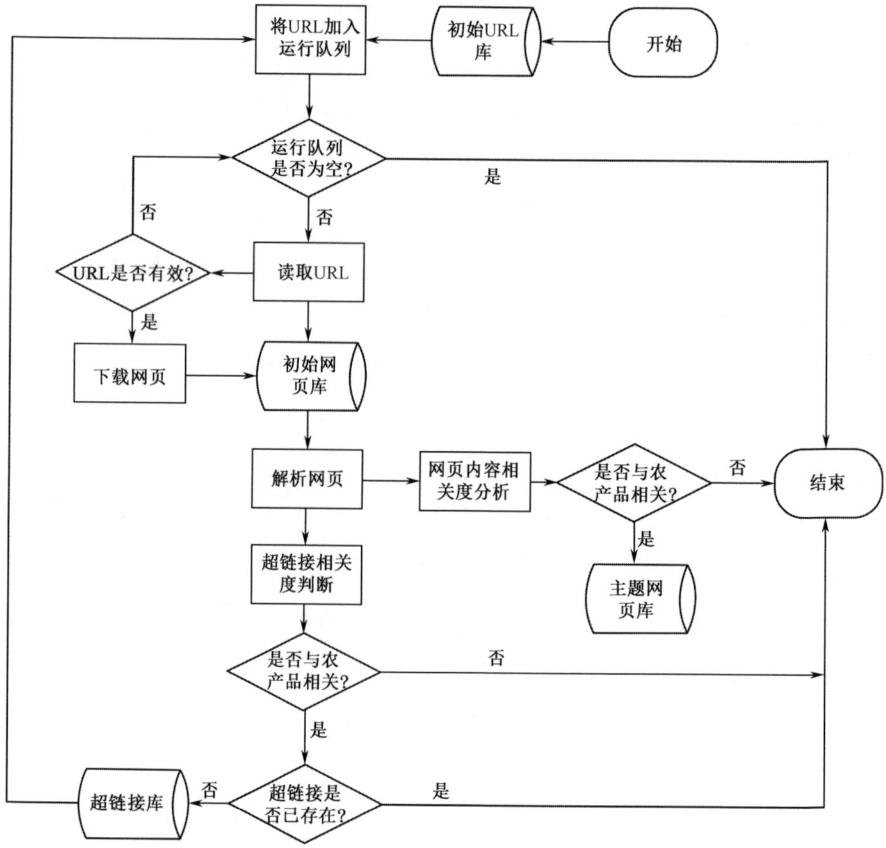

图 11-5　网络蜘蛛模块的整体流程

三、信息提取模块的设计

对于网页中的信息，根据网页内容一般分为三种形态：结构化数据、半结构化数据和非结构化数据。结构化数据是指数据以固定格式存在，如表格；

非结构化数据与结构化数据相反，是指不能以严格固定格式存在的自然描述的数据，如视频、图像等；而半结构化数据就是介于这两者之间的，网页中普遍存在的 HTML 文档就是属于半结构化数据。然而通过 Heritrix 抓取下来的网页的源码中包含大量的 HTML 的标签，这对垂直搜索引擎来说是没有价值的信息，需要从中提取出需要的信息并保存，以便建立索引时使用。Lucene 无法对半结构化数据直接建立索引，必须采用结构化信息提取技术，将半结构化数据提取成结构化数据，为了可以一次建立多个索引，需要设定一个文档标准格式。

由上述文件标准格式分析得出，由于商品信息存储在文档里，文档里不同商品的信息可以以段落划分，一个商品的信息是一大段，以便文件顺利读取。为了快速读取文件，本系统使用专门提取 Word 信息的工具 WordExtractor，原因是这个工具可以按段落读取，读取之后按每一段的内容分析解读，再将关键的信息解析出来。通过解读抓取页面的源代码格式，根据 HTML 标签的层级关系，去掉无用的标签里的内容，提取有用的数据。本系统选择结构化信息提取工具 HtmlParser，根据网页标签的含义和属性提取不同的内容数据。虽然 HTML 文件内容不可能完全相同，但是它们有一个相同的基础框架

从基础框架可以看出一个 HTML 文件包括一个头文件和一个主题文件，头文件里包含标题文件和 meta 数据。其中 head 是头部信息，包含各种脚本，body 是主题，包含用户可见的参数部分、正文部分，meta 定义文件信息，对网页文件进行说明便于搜索引擎查找，但是它的数据用户看不到，因此信息抽取要提取的信息是在<body></body>之间的主题部分。

四、索引构建模块的设计

索引的作用类似于图书目录的作用，根据目录中的页码可迅速找到所需要的详细内容信息。索引是专门针对大量数据而建立的，每个索引项里都有指向文档记录的逻辑指针。索引的建立靠索引器生成，把上个环节提取的结

构化数据生成索引。索引库就是存放索引的地方，有了索引库，用户不是直接和庞大的数据库直接接触，而是通过小小的索引库找到索引项，然后根据索引项的逻辑指针，快速地找到文档记录，这样大大提高了索引速度。索引结构也是影响查询速度的一个重要因素，所以索引结构的选定非常重要，本系统选用 Lucene 的倒排索引结构，倒排索引的相关内容已在第 2 章介绍，此处不再赘述。

在本系统中，索引项的来源主要有两个，一个是从网页中提取之后的内容，一个是从结构化信息中抽取之后的内容。第一部分网页抽取之后的内容主要包括网页 URL、网页标题和网页正文。不是每一个信息都需要索引，有的只需要存储，URL 只保存而不需要被索引，标题和正文需要保存、被分词和索引。该部分网页内容索引建立方法如图 11-6 所示。另一部分是从之前的结构化数据里抽取部分建立索引，每个数据对应一个 field 域，该过程的索引建立方法如图 11-7 所示。

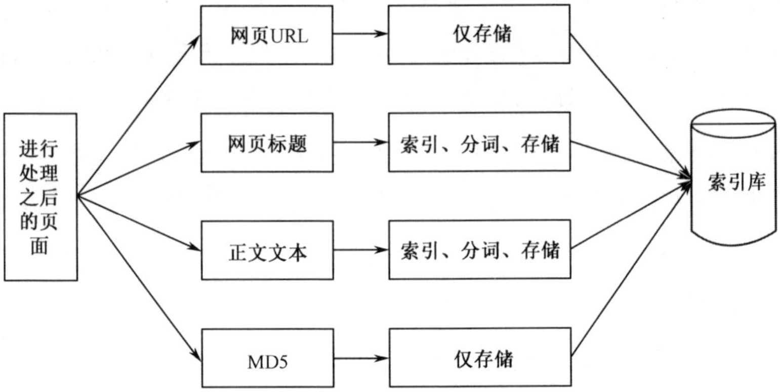

图 11-6　网页内容索引建立方法

本系统使用 Lucene 建立索引。Lucene 创建索引的主要过程是：首先创建 Directory，其次创建 IndexWriter 对象，然后创建 Document，接着为 Document 添加对象，最后写索引。索引的核心过程是创建 IndexWriter 对象和加 Document 这两个过程。

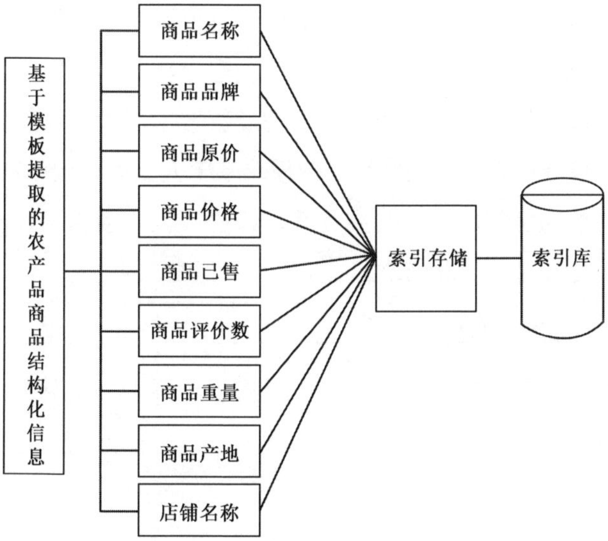

图 11-7　商品结构化信息索引建立方法

五、查询词翻译模块的设计

跨语言信息检索的实质是单语言的查询词与多语言的被检索资源之间的匹配，本系统使用基于词典的查询翻译方法，翻译原理是以单语言信息检索系统为根基，在这之上添加一个语言转换器。用户输入查询词后，通过语言转换器翻译为系统支持的其他语言书写的查询词，再进行单语言信息检索。显然，这个语言转换器是实现查询词翻译技术的核心，该系统中的多语言词典就是这个语言转换器。

（一）多语言词典

多语言词典是西北民族大学中国民族信息技术研究院的科研团队通过对民族特色农产品资源进行挖掘与整理，手工建立的多语言民族特色农产品词典库（简称多语言词典），内容主要包含两部分，分别是多语言词典基础部分和多语言词典更新部分。多语言词典基础部分主要是对现有的多语言词典抽取出农产品相关的词汇进行数字化建设；多语言词典更新部分是对实时的多语言语料和从多个电商平台有关农产品的信息资源中进行挖掘获得。可以看出，本系统使用的多语言词典其实是一个动态更新的词典库，它不仅包含固有的词汇，而且还能够收集到当前出现的最新数据，满足特色农产品电子商务平台跨语言垂直搜索引擎的需求。本模块基于人工翻译的多语言词典实现，保证了单词与单词之间的正确对应关系，相比较机器翻译，解决了“一词多义”的问题，大大提高了准确率。

（二）查询词翻译模型

基于对查询词翻译的分析与设计，以汉语、英语、藏语三种语言为例建立了查询词翻译模型，如图 11-8 所示。

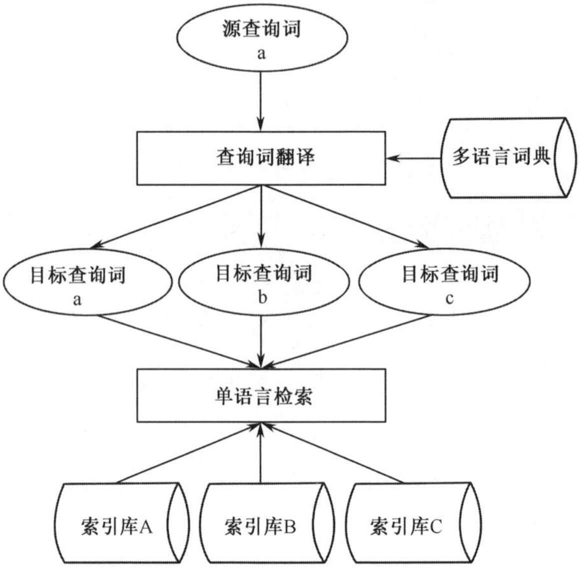

图 11-8　查询词翻译模型

源查询词 a 表示藏语查询词，目标查询词 a 表示原来的藏语查询词，目标查询词 b 表示汉语查询词，目标查询词 c 表示英语查询词。索引库 A 表示藏语的索引库，索引库 B 表示汉语的索引库，索引库 C 表示英语的索引库。当源查询词被翻译成多种语言目标查询词后，把全部查询词统一交给系统，然后分别进行单语言检索，用到的索引库是对应语种的索引库。

第 12 章

面向电子商务平台的藏汉跨语言信息检索技术

第一节　面向电子商务平台的藏汉跨语言信息检索绪论

一、跨语言信息检索的概念

跨语言信息检索是指用户输入某一种语言的查询式可检索出系统所支持的所有语言描述的信息，它可消除不同语种之间的障碍，成为用户查询式与全部语言资源交流的纽带。而单语言信息检索只能检索出与查询式同种语言的信息，使用查询到的信息不全面，存在局限性。两者比较，跨语言信息检索的优点就是检索的信息更全面，而且促进了跨国跨地区之间的信息交流。

由此可以看出，在技术方面，跨语言信息检索的关键之处就是，虽然提问式与被检索文档所用的语言不同，但可以使不同语种统一起来。关于查询翻译的方法，国内的研究已经比较成熟，查询翻译的工作原理是把一种语言的查询词（源查询式）映射到另一种语言的查询词（目标查询式），从而让查询词和被检索文档处于同一个特征空间里，然后转为简单的单语种信息检索，所以，对跨语言信息检索研究就转换为对翻译技术和方法的研究。

二、藏汉跨语言信息检索国内研究现状

目前对藏汉跨语言信息检索系统的整体研究文献报告很少，基本上都是在研究跨语言信息检索中藏文本体语言如何进行处理的技术和方法，如语料库的构建方法、查询翻译方法研究、消除歧义性问题、分词方法、命名实体的识别等，对整个藏汉跨语言系统研究的文献能检索到的还很少。这是由于藏文语种的适用范围以及使用人数在过去还存在区域限制，大部分是对藏文熟悉或者从事语言信息处理方面的学者在进行研究分析。

随着西部经济大步伐发展，藏文被大多数人认识，这是发展西部经济最重要的一个突破口，尤其在自然语言处理方面可以提供一种解决思路。陈玉忠等对藏文自动分词系统的具体实现流程进行了详细的阐述，其中包括策略、算法设计和实例，并给出了实验结果。跨语言信息检索就是用户用某一种语言（源语言）发出检索请求，可以检索出用其他语言（目标语言）描述的信息。

20 世纪 70 年代，Saltons 教授有突破性研究，他在已有的技术之上基于人工翻译的英德单词，对应表进行跨语言信息检索。实验证明，跨语言信息检索系统基于严格编制的多语种词表，可以完成单语种信息检索。随后，Saltons 教授用同样的方法又编制英法词表并验证了结论正确性。而在此时，Pevzner 教授进行了英俄跨语言信息检索实验，提出利用受控词表进行查询翻译是一种非常好的方法。

20 世纪 80 年代，对受控词表跨语言信息检索成为研究热点，基于受控词表法，从双语的跨语言研究到多语言之间的跨语言，使源词语和目标词语一一对应起来。

20 世纪 90 年代，学者们从对受控词表延伸到对自由文本信息的研究，并且相继提出了新的方法：多语言转换策略以及匹配机制。后来研发了一种基于语料库的跨语言自由文本检索技术，对跨语言信息检索取得了突破性的进展。

在国内，自 2000 年后才开始对跨语言信息检索深入研究，虽然相对国外起步较晚，但是发展速度比较快，尤其是近年来研究成果很多。2000 年，吴立德等人实现英语对汉语单方向的跨语言信息检索，并发表论文《基于英汉机译实现跨语言信息检索》。赖茂生教授对相关理论和技术做了进一步研究，发表了《情报学进展（第五卷）》等文献。2005 年，相关文献提出并详细阐述三种基本的跨语言文本检索的方法：询问翻译、文献翻译和不翻译方法。陆宝益等人对研究跨语言网络信息检索技术系统进行了研究，并以 Mulinex 系统为例，阐述了该系统的工作原理、结构以及实现的功能。

第二节　面向电子商务平台的藏汉跨语言信息检索相关理论与技术

一、面向电子商务平台的藏汉跨语言信息检索理论

跨语言信息检索技术出现在单语言信息检索技术之后，跨语言信息检索技术旨在解决因语言不同导致检索信息时出现的问题，为用户提供更广泛的信息范围，以满足用户对信息的需求。本节主要是对跨语言信息检索领域相关的理论和技术进行研究，为解决藏汉跨语言信息检索中的问题寻找方法。

（一）跨语言信息检索理论

单语言信息检索只是对用户查询式处理后和被检索文档建立的索引库进行检索，这种技术只能在一种语种文档中进行信息检索，检索范围是有限的，得到的信息不全面。而跨语言信息检索就是为用户检索出系统所支持语种的所有信息，用一种语言查询式可以检索出用另外一种语言表述的信息。它和单语言信息检索最大的区别在于根据用户查询式，在和其语种不同的文档中进行信息检索，把更多的信息返回给用户。由此可以看出，藏汉跨语言信息检索流程的特殊之处在于用户的提问式和文档所使用的语言不同。如果语言

不同，那么它们所形成的特征空间也是不同的，则原有的相似度计算方法就会失效，随之索引策略和排序算法也会发生改变。这也是藏汉跨语言信息检索研究的重点和难点。

实现跨语言信息检索的方法，首先是翻译，通过翻译的方式把一种语言的词语映射到另一种语言上，让它们处于同一个特征空间上，转换到单语言信息检索上来。所以，在对藏汉跨语言信息检索技术的研究中最关键的一步就是对翻译技术和方法进行研究。下面是通过对中英跨语言信息检索流程进行分析后得到的跨语言信息检索一般流程图，如图 12-1 所示。

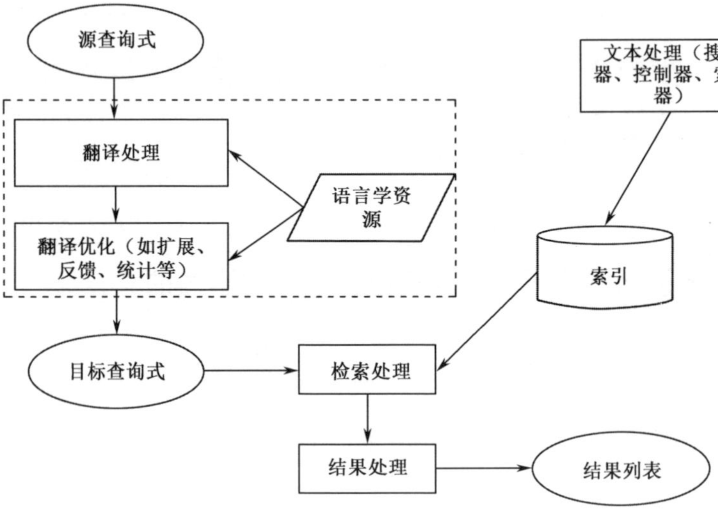

图 12-1　跨语言信息检索一般流程图

（二）跨语言信息检索翻译方法研究

目前在跨语言信息检索中实现语种统一的主流方法有：文档翻译、查询翻译、中间语言技术、非翻译方法以及同源匹配方法。

（1）文档翻译。该方法是对被检索的文档进行翻译，把其翻译为和查询提问式的语种一致，两者之间就处在同一个语种空间，此时就转换到普通的单语言检索过程。文档翻译一般是在线下进行的，一个源语言的文档通过自动翻译（如机器翻译）转换为提问式语言下的文档。由于翻译的目的就是传递意愿、表达思想，但相同的语言在不同的语境中会具有不同的意思，比如现在的“苹果”一词，它不仅有水果名的含义，也有苹果手机的含义，不同场景有不同的含义。所以，这种技术最大的优点就是在翻译时具有一定的语境，可以根据文档上下文的语境进行翻译，可利用的背景信息也会增多，这样可以提供相对较准确的翻译，翻译过程中出现歧义问题的概率就会降低。其缺点是：如果文档数量较大，则需要更多的时间和更多的存储空间，实用性较差，如果要跨多种语言，那么文档就要翻译到多种语言，占用的存储空间过多，这是一个浩大的工程。另外，对于大多数人而言，面对不同语言的文档使其完全理解也不太现实，更何况机器。鉴于此，无论是学术界还是工业界，都不采用这种方法。

（2）查询翻译。该方法是指对查询检索式进行翻译，翻译为和文档语种一致的语言，也就是翻译为系统支持的语言，当查询式和文档处在同一个语种空间中时，进行同种语言之间的信息检索。主要是通过对其进行分词，找出关键词，然后找出正确的译文。根据上述对文档翻译技术的分析，可以看出文档翻译和查询翻译在宏观上是翻译对象的不同，正是这种差异性导致对查询式进行翻译时依赖的语境特别少，几乎是没有语境的，那么这时就会出现语义含糊的问题，无法捕捉到用户真正想要检索的信息。这正是这种技术所具有的最大缺点，但此技术也有无法企及的优点，由于提问式一般比较简短，这种技术使用起来就比较灵活、速度快，效率高，并且可以和其他的技术进行结合。正是基于这样的优点和特点，此技术被广泛运用，对于过程中出现的问题，学者们研究出对应的解决方法，比如消歧的方法、查询扩展方法等。本系统研究内容主要是针对农产品实现藏汉跨语言信息检索，也采用此方法。

（3）中间语言技术。该方法是借助第三方语言进行转换，有两种方式，第一种是把提问式和文档都进行翻译，都翻译成第三方语言，一般选择计算机比较容易处理的语言，比如英语。第二种是把提问式翻译成中间语言，再把中间语言翻译成文档目标语言。这种技术方法多用在多语种的跨语言中，或者不同语言之间无法进行直接翻译中，或者是两种语言进行翻译时所需要的语言资源不足。由于藏文本身就很复杂，如果把它进行中间语言转换会变得更加烦琐。

（4）非翻译方法。20 世纪 90 年代，Deerwester 等提出了潜在语义标引法，将英语词汇、法语词汇以及英法双语文件都映射到同一个向量空间中，然后对它们进行语义上的匹配，不需要进行翻译过程，后来这种方法被运用到跨语言信息检索中。这就是现在经常提到的非翻译方法，对提问式和文档语言都不需进行翻译，即潜语义索引。由于不需要翻译，所以就不再需要词典、词表等资源，也没有歧义问题的出现，灵活性高。但是它是一种经验型的工作，是完全靠语义上的相似匹配，很难获取训练文档，另外向量空间模型的构造也不简单。

（5）同源匹配方法。同源匹配是在一个语言系统中对一个陌生的词，根据它和另外一种语言的拼写形式或读音的相似度来判断，直接把这种语言的拼写或读音来代表这个陌生词的意义，不进行任何翻译。一个例子就是法语可以被认为是有拼写错误的英语单词，那么就直接对英语进行处理即可。当对专有名词问题进行解决时，这种方法常被采用。虽然这种方法是可以进行单独使用的，但从它的实现原理可以看出，一般的翻译不采用，都是和其他方法结合起来使用，因为单独使用这种方法得到的结果太不精确。另外，在跨语言信息检索中，毕竟是两种完全不同的语种，不同的词法和句法，实现这种方法的可能性比较小，很少采用这种方法。

根据以上的分析可以得出跨语言信息检索中有很多不同的翻译方法，不同的方法支持其实现的技术和方式也有不同。下面是在跨语言信息检索中所使用的技术方法及其分类的系统研究分析图，如图 12-2 所示。

二、面向电子商务平台的藏汉跨语言信息检索模型设计

在信息检索领域中，各种检索系统的区别是所使用的检索模型不同。信息检索模型是信息检索系统的核心部分。本节主要是设计藏汉跨语言信息检索模型，所研究的内容也是以模型中各个模块的实现为目的进行展开的。

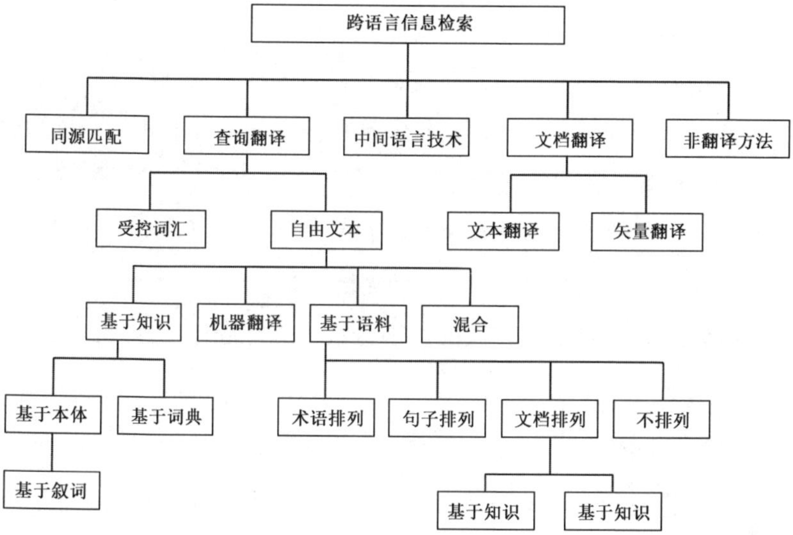

图 12-2　系统研究分析图

（一）藏汉跨语言信息检索模型

解决在不同语言之间进行农产品信息检索存在的障碍，关键就是要在用户输入的查询语言和目标文档使用的语言之间建立对应翻译关系。通过对现有农产品电子商务平台中用户的信息索求特点分析，以及对其他的跨语言信息检索系统或检索模型相关成果报告分析，对研究的内容进行藏汉跨语言信息检索模型设计，并结合语言学资源来实现。藏汉跨语言信息检索模型如图 12-3 所示。

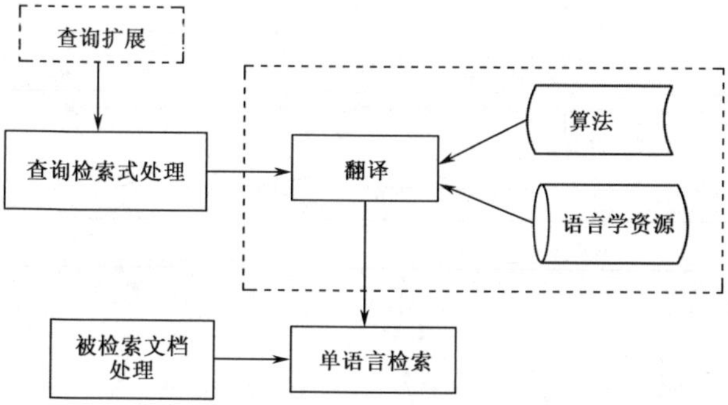

图 12-3　藏汉跨语言信息检索模型

整个藏汉跨语言信息检索模型主要包括：

（1）查询检索式处理模块，对查询检索式进行词法分析、切分处理，形成具有实际意义的词项，并对其进行查询扩展处理，使其更符合用户的检索意图，提高与检索文档的匹配程度；

（2）文档处理模块，对文档进行语言学处理，包括切分，标引，去停用词，动词，虚词归一化处理等，然后为文档建立索引；

（3）翻译模块，对处理完成的查询检索式进行翻译，翻译到目标文档语种下，进行检索。

（二）语言学资源

系统采用的是基于词典的藏汉跨语言信息检索方法，在整个过程中会涉及几种语言学资源。在整个检索模型中所用到的语言学资源有藏汉双语词典、同义词词典、词频词典。

（1）藏汉双语电子词典。藏汉双语电子词典利用西北民族大学中国民族信息技术研究院开发的多语言（藏汉英）电子词典，它是一个跨平台系统中能够兼容的词典应用软件，其网络在线藏汉英词典已经投入使用。此电子词典中藏文词典库的来源有藏汉大辞典（上中下）、安多口语词典、藏文同音字典、格西曲扎藏文词典、拉萨口语词典、新编藏文字典以及藏语成语词典、藏族地名词典等专业词典库，大约 12 万藏汉互译词条，完全可以实现在线藏语和汉语的单词互译。

（2）同义词词典。目前针对中文的同义词资源有《同义词词林》并且有其扩展版，但针对藏文的同义词词典还没有可以利用的资源，2011 年中国民族信息技术研究院设计的双语术语列表包含了在双语词典中跨语言的同义词，根据其所建立的术语列表进行手工扩大词汇量，为了方便叙述，将术语列表先暂记为同义词词典。

（3）词频统计。对藏文文本和中文文本采用的分词系统，分词后设置词项计数参数，采用统计的方法对词项进行词频统计，得到一个小容量的词频词典。

系统主要是为藏汉跨语言信息检索提供一种策略方案，为此课题项目提供理论和技术支持，关键是要验证策略方案的正确可行性，不能以资源不足而停止研究。课题承担的项目最终会开发上线甚至商业化，这期间会对所需要的语言学资源进行完善。

（三）模型构建方法

（1）提问式处理方法。分词是利用计算机程序自动识别汉语文本中词的边界的过程。分词是对于任何自然语言信息处理的一个基础。由于本书研究的是面向电子商务平台中农产品信息的跨语言检索，用户输入的提问式一般也比较简短，通过分词后就可以利用结果对其进行关键词提取以及查询扩展等。在对中文进行分词时，采用的是现在已形成的软件产品并进入商业使用阶段的、分词效率出色的 ICTCLAS 系统。通过互联网资料查询以及该软件产品介绍，此系统现在的功能包括中文分词、词性标注、命名实体识别、新词识别、关键词提取，并且支持用户词典，另外，系统支持 GBK 编码、UTF-8 编码、Unicode 等多种编码格式，支持简体和繁体中文，分词精度高。系统支持 Linux、Windows 等系列操作系统，是目前使用范围广、效果最好的中文分词系统之一。其下载压缩包在网络上很容易获取，并且有详细的接口代码，可以很方便地加载到工程中。

藏文分词方面，藏文是一种拼音文字，属辅音字母文字型，分辅音字母、元音字母 2 个部分，其中有 30 个辅音字母，4 个元音字母和 6 种标点符号形式，由字母组成音节，由音节构成词。由此可见，藏文分词原理就是以音节为基本单位，将连续音节序列组合成词序列。另外，对藏文分词方法的研究基础相对薄弱，基本上都是依据中文分词技术，通过改进已有的方法探索适应藏文分词的方法，这都给藏文提问式的处理增加了难度和复杂性。

经过学者的研究，目前藏文分词的方法已经有很多种，主要有基于词典的方法、基于统计的方法以及两者相结合的方法等。藏文分词系统的开发也在如火如荼地进行中，建立的分词系统必须具有易扩充、可维护性以及可移植性。另外，提问式的分词处理方法和文档的分词处理方法必须一致，否则就会产生不同的分词结果。上述介绍的 ICTCLAS 分词系统，对中文同时可以实现词性标注、关键词提取等，那么对于藏文也是同样要实现类似功能。面对这些问题，该系统使用“TibetWordSegmentEx”藏文分词软件系统。

（2）文档处理方法。文档处理的任务主要包括分词和索引等。对文档的分词实现方法必须与提问式分词的方法一致，这样才能保证相同的字符串分词后有相同的分词结果，并且对中文和藏文分词的同时都实现了词性标注。上述所使用的分词系统提供了词频数（中文分词系统），那么就利用这个数值进行词频数统计，在程序中设置变量来计算其词频数并建立一个词频词典以便后续使用，对于汉语部分利用 LCMC 词频词典进行词频的统计。

（3）翻译方法。对于跨语言信息检索来说，翻译提供了查询检索式和被检索文档所用语言之间的沟通桥梁。采用基于词典的查询翻译方法，通过利用语言学资源来完成翻译过程。由于藏文在翻译的过程中会有一定程度的形态、语义变化，因此，采用双向翻译选择方法来获取最佳翻译结果，并设计双向翻译选择算法。

翻译过程就是把用户输入的查询检索式经过处理后，通过藏汉双语电子词典把在藏汉（汉藏）词典中的每个藏语（汉语）词项翻译到对应的汉语（藏语）意义下。如果在双语电子词典中没有找到对应的翻译，那么这个词项很可能有其相应的同义词，接着转入到在同义词词典中进行查找；如果查找到对应的同义词则进行记录，便于接下来的翻译查找。由于藏文在翻译的过程中形态、语义会发生一定的变化，对查找到的翻译词再进行一次倒退翻译过程，即进行双向翻译选择，这样获取的最佳翻译概率就会大大提高。

对翻译过程进行分析后，设计双向翻译选择算法。其双向翻译基本思想就是先在双语词典中（如藏汉）找到一组翻译序列，接着反过来再用双语词典（汉藏）查找翻译再一次进行筛选，得到一组翻译序列。如果这组翻译到的藏文中包含了原来的藏文词，那么就将其作为对应的翻译结果，然后结合频率得到最终结果。

（4）去停用词。对查询检索式和文档进行处理后，二者产生的关键词项应该是一致的，但在处理的过程中由于二者形式的不同，特别是一些词，比如，像“静宁多汁的苹果”中“的”，还有文档中的一些语气词“啊”“的”“呀”“དེ”“ང”“ཏོ”“ཡིན”、助词等，在进行二者匹配时，没有匹配的价值和意义或者不会造成影响，那么就要对这类词进行去除，即所谓的停用词去除。一般这些词都是人工输入，不是自动化生成的。在整个检索系统不断向前发展的进程中，停用词表的大小也在不断发生着变化。现在也出现了不用停用词的趋势，像现在的一些 Web 检索引擎就不用停用词表。由于本书的研究只是在初级阶段，尤其是对藏文的处理刚起点，仍然采取去除停用词这种最常用的方法，即利用一个常用的生成停用词表（将词项根据其在文档集中的频率大小进行排序，然后手工把那些与文档不太相关的高频词选择出来）进行去除，这样也可以大大减少系统所需存储的倒排记录表的数量。

第三节　面向电子商务平台的藏汉跨语言信息检索系统设计

一、总体结构设计

通过以上对藏汉跨语言信息检索系统的理论研究，本节针对电子商务平台中的农产品实现藏汉跨语言信息检索系统研究和设计，主要目的就是为了验证所提供的策略方案是否具有可行性，实现输入中文商品信息可以同时检索到相关的中文和藏文信息，输入藏文信息也可以检索到相关的藏文和中文信息，为用户提供更多的农产品信息。

（一）需求分析

（1）系统研究目标分析。电子商务的实质就是以信息网络技术为手段，以商品交换为中心的商务活动，把传统的商业活动和活动中的各环节都实现网络化和信息化。通过这个平台可以不谋面直接进行买卖或者进行商品营销等商业活动，足不出户就可以进行交易。如今互联网也是农产品网站、生鲜网站等重要导入渠道，但如果是一个不理解中文的网购者或者商家，就无法进入到电子商务平台中进行商品交易。现实中，中国是一个多民族的国家，每一个民族都有属于自己的语言，语言的不同使得人们无法进行顺利地沟通，他们对资源进行网络交易时也只是在特定的平台中进行，甚至仍然是以集市、运输等传统方式进行。丝绸之路经济带的特色农产品进入电子商务平台中，让买家和卖家都可以运用现在的网络资源方便地进行商品交易。面对这样的问题，以现在的互联网电子商务平台为研究环境，对电子商务中农产品信息实现藏汉跨语言信息检索进行研究。当用户用中文/藏文输入农产品信息时，可以检索出系统所支持的语言描述的所有与用户检索信息有关的结果。例如，当用中文检索农产品时，可以同时检索到中文农产品信息库和藏文农产品信息库中的信息，同时把结果返回给用户，为用户提供更多的选择线索，系统研究目标图如图 12-4 所示。

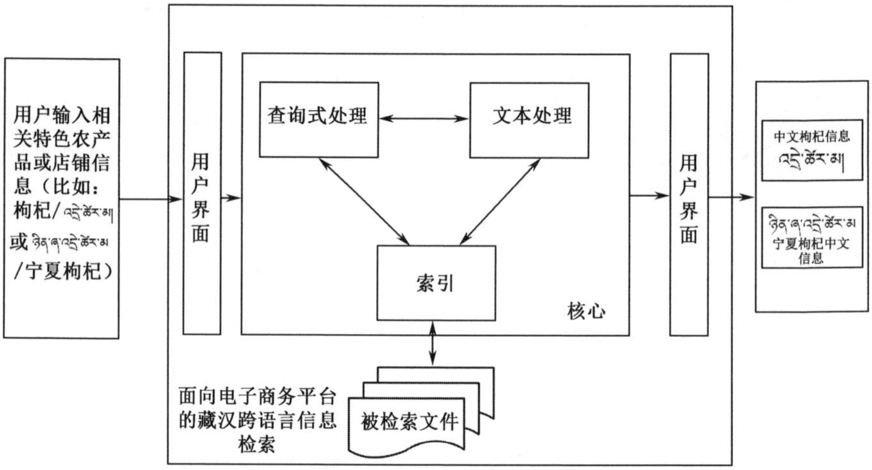

图 12-4　系统研究目标图

（2）检索系统数据传递分析。在进行整体的系统设计时，要明确在检索系统中各部分的数据是如何进行传递的，一个检索系统所具有的基本结构包括语言分析器、索引器以及查询分析器，各部分的数据传递如图 12-5 所示。

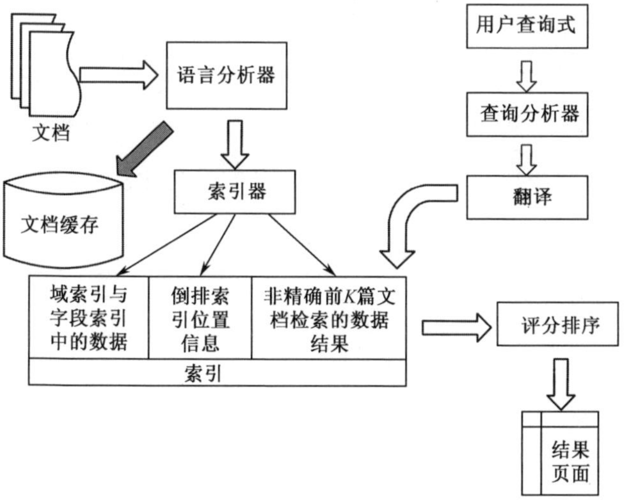

图 12-5　检索系统的数据传递

首先，被检索文档进入语言分析器，进行语言学处理，包括语种和格式识别、词条化等。处理后得到词条序列等数据进入两个方向：文档缓存和索引器。文档缓存中存放的是每个被分析过的文档，用来产生每篇文档的摘要（利用文档摘要自动生成方法），用简单的文本说明文档和查询提问式的相关原因；词条序列的另一副本进入到索引器中，产生相关的一系列索引结构，即域索引、字段索引、倒排索引位置信息等。对于用户的查询提问式也要进入到查询分析器，对其进行语言学处理，包括分词、翻译等。查询式经过处理并翻译后，把索引调入内存，和查询式进行检索匹配，设定返回的文档数量，将结果送入评分部分，对文档进行评分排序，根据顺序大小把结果返回给用户。

（3）系统模块分析。根据系统的研究目标，在藏汉跨语言信息检索系统中主要设计了三大功能模块来达到研究目标，分别是翻译模块、索引模块和检索模块。

翻译模块主要实现对用户查询检索式的处理和翻译，索引模块用来对被检索文档建立索引并进行存储，检索模块对经过处理后的用户查询检索式与建立的数据库进行库检索，把结果返回给用户。

（二）系统技术路线设计

对藏汉跨语言信息检索系统进行需求分析，确定研究目标，以及研究数据传递后，设计本系统的技术路线图，如图 12-6 所示。

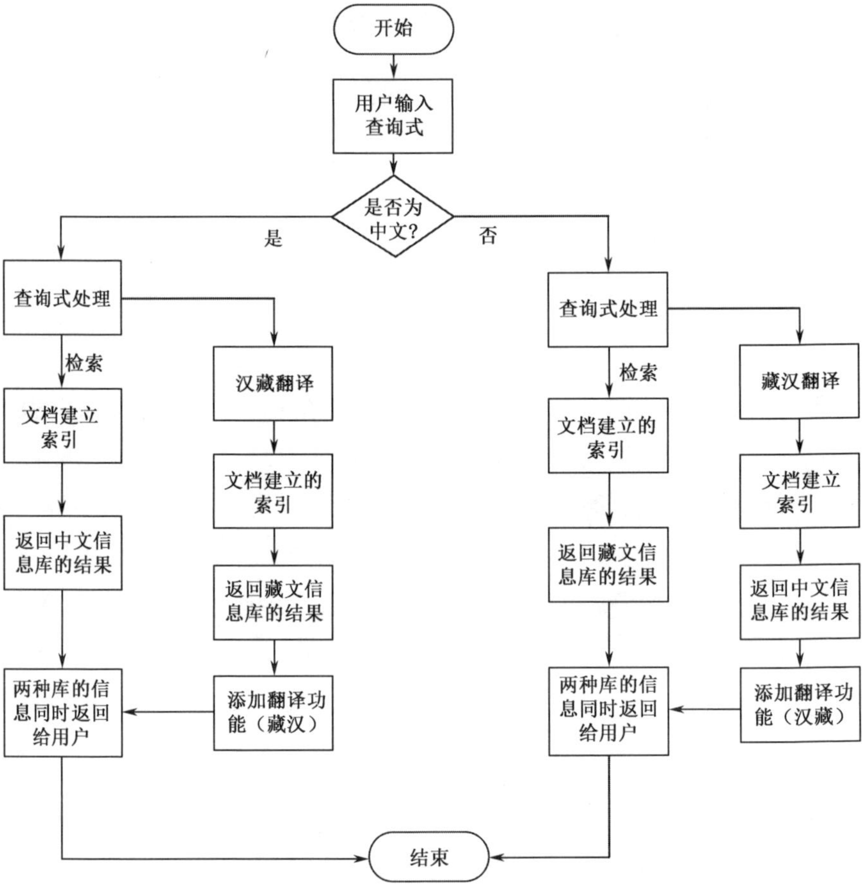

图 12-6　本系统的技术路线图

当用户输入相关信息时，系统获取信息后，进行以下操作：

（1）无论是藏文还是中文检索式，首先对输入的信息进行语言学分析，对其进行分词、去停用词、提取关键词和查询扩展等处理，并进行存储等待调用和被检索文档进行检索匹配。

（2）对信息库中的被检索文档也进行处理和分析，经过分词、去停用词等建立索引并把建立的索引进行存储。

（3）首先进行单语言的信息检索，然后对查询式进行翻译，进行跨语言信息的检索，经过翻译后，其实质就是单语言信息检索，把经过处理后的查询式关键词项和库中的信息进行检索。

（4）对文档进行评分，根据相似度的大小排序把检索到的文档返回给用户。

（5）把系统所支持的语种信息返回给用户，供用户选择。后期考虑到用户使用不同语言的成熟度，对检索到的藏文（或中文）文档翻译为与用户源语言语种一致的文字，让用户根据需要自行决定信息的索取。

数据库设计方面主要包括以下几个方面。

（1）数据库设计需求分析。本阶段的目的主要是为了准确了解和分析用户需求。所研究的内容建立在电子商务平台上，通过对中文文本和藏文文本的处理后建立的索引文件，能够检索出系统所支持语言的信息文本，在现实中就是可以检索出更多信息的网页。以现有的电子商务平台“一淘网”进行前期的分析，在这个平台中，当用户进行信息检索时，就会把所有与检索内容有关的信息检索出来，给用户更多的信息选择，根据返回的信息，用户选择所需进入的产品详情界面。

（2）数据库概念结构设计。本阶段的目的主要是反映现实世界，包括事物和事物之间的联系，能满足对数据的处理要求。一个完整的检索引擎包括搜索器、索引器、索引数据库、检索器以及用户接口。其中索引器的功能是理解搜索器所搜索的纯文本信息，对其进行自然语言处理，从中抽取索引项（属性），建立倒排索引，进而建立索引数据库。以上对文档建立倒排索引的研究过程，为本章建立数据库提供了坚实的理论和方法支持，通过高权重优先网页选取策略对检索到的信息进行评分排序。根据以上的分析以及对现有电子商务平台的剖析，农产品一般具有的属性有：商品名称、价格、重量、产地、规格、颜色、季节、月销量、库存量等，根据这些属性信息，得到农产品的实体属性关系图，如图 12-7 所示。

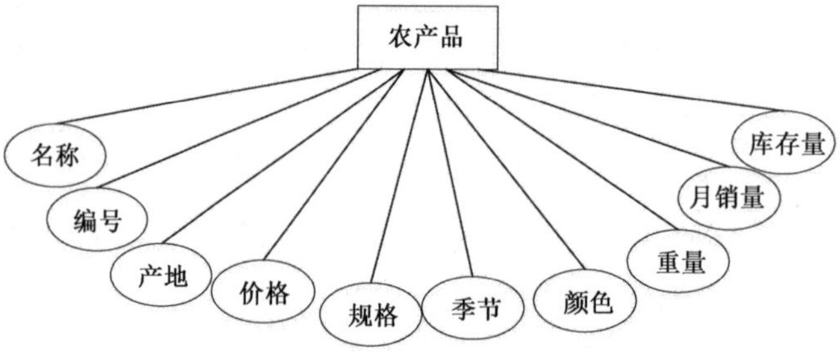

图 12-7　农产品实体属性关系图

二、系统详细设计

（1）用户查询提问式翻译模块。该模块的目的是把用户查询提问式语言通过翻译处理后和检索文档语言保持一致。有关词典的加载都与此类似。

（2）索引模块。该模块为被检索文档集建立索引，其最主要的步骤有：创建 Directory，创建 IndexWriter 对象，创建 Document，加载 Document，写索引。其中创建 IndexWriter 对象和加载 Document 是最核心的过程。

（3）检索模块。该模块把经过处理后的原查询提问式和经过翻译后的查询提问式进行组合，用这两个查询式分别和已建立好的索引文件进行匹配检索，然后根据相关度返回结果。

三、系统搭建及界面设计

（一）翻译词典库建立

翻译词典库是实现藏汉跨语言信息检索的核心，利用已有的藏汉双语词典，又添加了约 12 万条与农产品信息有关以及一些新词内容的藏汉翻译词条。

（二）系统设计

（1）当用户用中文进行信息检索时，首先通过翻译词典把用户输入的查询式进行翻译，然后把翻译后的词条在库中进行检索，最后把检索结果返回给用户。这样就把系统所支持的语言并且与用户的查询信息相关的信息（中文农产品信息和藏文农产品信息）呈现给用户，根据用户的需求进行选择，然后进入相应的农产品详情页面。

（2）当用户用藏文进行信息检索时，首先通过翻译词典把用户输入的查询式进行翻译，然后把翻译后的词条在库中进行检索，最后把检索结果返回给用户。这样就把系统所支持的语言并且与用户的查询信息相关的信息（中文农产品信息和藏文农产品信息）同时呈现给用户，根据用户的需求进行选择，然后进入相应的农产品详情页面。

第 13 章

面向电子商务平台的数据挖掘与智能推荐技术简介

第一节　数据挖掘的常规方法

数据挖掘利用的技术越多，得出的结果精确性就越高。原因很简单，对于某一种技术不适用的问题，其他方法可能奏效，这主要取决于问题的类型以及数据的类型和规模。数据挖掘所处理的数据至少具有如下特点：数据源是丰富多彩的。数据量巨大，有结构化的数据，但更多的是半结构化的数据。有用数据不是直观明了地表现出来，而是隐藏在海量的数据之中。有用数据能被人们所理解，以人们熟知的模式反映数据的本质特征。数据挖掘的方法大致可分为机器学习方法、统计方法、神经网络方法和数据库方法。

其中，机器学习又可分为归纳学习方法、基于范例学习、遗传算法等。统计方法可分为回归分析、判别分析、聚类分析、探索性分析等。神经网络方法可分为前向神经网络、自组织神经网络等。数据库方法有多维数据分析、面向属性归纳的方法。这里介绍几种比较典型的方法，分别是关联分析、序列模式分析、分类分析和聚类分析。

第二节　数据挖掘的相关技术

（一）关联分析

关联分析，即利用关联规则进行数据挖掘。在数据挖掘研究领域，对于关联分析的研究开展得比较深入，人们提出了多种关联规则的挖掘算法，如 APRIORI、STEM、AIS、DHP 等算法。关联分析的目的是挖掘隐藏在数据间的相互关系，能发现数据库中类似“90%的顾客在一次购买活动中购买商品 A 的同时购买商品 B”之类的知识。

（二）序列模式分析

序列模式分析和关联分析相似，其目的也是为了挖掘数据之间的联系，但序列模式分析的侧重点在于分析数据间的前后序列关系，能发现数据库中类似“在某一段时间内，顾客购买商品 A，接着购买商品 B，而后购买商品 C，即序列 A→B→C 出现的频度较高”之类的知识。序列模式分析描述的问题是：在给定交易序列数据库中，每个序列是按照交易时间排列的一组交易集，挖掘序列函数并作用在这个交易序列数据库上，返回该数据库中出现的高频序列。在进行序列模式分析时，同样也需要由用户输入最小置信度 C 和最小支持度 S。

（三）分类分析

设有一个数据库和一组具有不同特征的类别（标记），该数据库中的每一个记录都赋予一个类别的标记，这样的数据库称为示例数据库或训练集。分类分析就是通过分析示例数据库中的数据，为每个类别做出准确的描述，建立分析模型或挖掘出分类规则，然后用这个分类规则对其他数据库中的记录进行分类。举一个简单的例子，信用卡公司的数据库中保存着各持卡人的记录，公司根据信誉程度，已将持卡人记录分成三类：良好、一般、较差，并且将类别标记赋给了各个记录。分类分析就是分析该数据库的记录数据，对每个信誉等级做出准确描述，或挖掘分类规则，如“信誉良好的客户是指那些年收入在 5 万元以上，年龄在 40～50 岁的人士”，然后根据分类规则对其他拥有相同属性的数据库记录进行分类。目前已有多种分类分析模型得到应用，其中几种典型模型是线性回归模型、决策树模型、基本规则模型和神经网络模型。

（四）聚类分析

与分类分析不同，聚类分析输入的是一组未分类记录，并且事先未知这些记录应分成几类。聚类分析就是通过分析数据库中的记录数据，根据一定的分类规则，合理地划分记录集合，确定每个记录所在类别。它所采用的分类规则是由聚类分析工具决定的。聚类分析的方法很多，其中包括系统聚类法、分解法、加入法、动态聚类法、模糊聚类法、运筹方法等。采用不同的聚类方法，对于相同的记录集合可能有不同的划分结果。

第三节　电子商务与智能推荐系统

（一）电子商务的发展与需求

电子商务有广义和狭义之分，狭义的电子商务主要利用 Web 在网上进行交易，称作电子交易（E-Commerce），广义的电子商务包括基于 Web 的全部商业活动，称作电子商业（E-Business）。

电子商务的根本目标是在压缩企业运营成本、给企业带来利润的同时给客户带来更大的方便与自由选择的空间。在电子商务中，无论是 B2C 还是 B2B，都是利用互联网开展业务，因此，对客户大量数据的管理和应用水平是企业电子商务能否成功的重要因素。尤其是随着客户关系管理（CRM）系统日渐被重视，企业为了建立更好的售前、销售以及售后渠道，同时为客户提供更加方便快捷及个性化的服务，便需要建立自己的业务资料库及客户信息资料库。

企业发展 CRM，目的有两个：一是帮助营销人员管理好自己的销售服务，二是从客户数据分析中挖掘服务发展方向。企业的商业资料库为企业提供了以往交易的历史信息，但这并不是建立商业资料库的最终目的。建立商业资料库的目的是，在历史经验数据的基础之上得出对于将来的交易、商业运作有指导意义的知识，即企业应当朝着什么方向发展、哪些信息和服务才是客户所真正需要的、企业潜在的市场以及潜在的客户在哪里？

企业的竞争升级到一定程度必定带来对新技术的渴求，企业希望通过技术手段提高自己的竞争力并加强对市场形势及客户的掌握。数据挖掘满足了企业部分需求，同时 Web 挖掘的兴起更给本身以 Internet 为基础的电子商务带来了更多的生机和活力。网站内容和电子商务本身的个性化、提供有针对性的信息提示和推荐、客户细分是当前电子商务领域的研究热点。

（二）网上智能

自 21 世纪初钟宁教授等学者提出网上智能的概念以来，网上智能已经迅速成为计算机科学中一个活跃而开放的研究分枝。网上智能就是应用人工智能技术和高级信息技术来设计和实现智能 Web 信息系统（Intelligent Web Information System）。网上智能系统是一种高级的基于 Web 的智能信息系统，它能够实现类似于人类智能的一些功能，包括推理、学习和自适应等功能。

Web 中丰富而复杂的内容使其成为一个非常有用且独一无二的计算机应用和研究平台，为其他相关技术提供了一个新的应用环境，也给计算机界的科学家带来了新的机遇和挑战。网上智能是 Web 和智能 Agent 时代关键且最迫切的一个 IT 研究领域，它开辟了科学研究和发展的一种新的方向。

网上智能技术掀起了一场信息收集、存储、处理、表示、共享和使用方式的革命，该技术具有电子化、虚拟化、全球化、标准化、个性化和门户化等特征。个性化是网上智能系统的一个重要特征，利用网上智能技术实现客户个性化特征的获取，基于用户的概要信息和使用行为对网上用户进行动态的推荐，根据用户需要，自动修改站点内容和内容的组织结构。

将市场营销数据和 Web 使用数据相结合，为营销者提供客户如何使用网站的信息。这些任务的完成无疑会增加商务站点的销售额并增强企业的竞争力。当然，为了实现个性化服务，Web 门户站点必须调查访问者的概要特征和在线行为，而不是简单地统计网页的浏览次数，因而需要利用 Web 挖掘技术来捕获和发现客户行为模式，并据此实现网上智能系统。

可见，网上智能的基石是有能力识别和了解用户，对客户特征的获取是网上智能系统实现个性化和一对一服务的基础。面对复杂多变的 Web 环境，如何使用一种能适应新环境和新要求的具有鲁棒性的知识处理技术来实现对客户个性化特征的发现，是该领域的一项重要研究课题。

网上智能为智能交易系统的开发和新一代基于 Web 的信息处理技术的研究和发展提供了极其丰富的研究课题。随着 Web 的快速增长，网上智能已引起人们的极大兴趣，已经实现了许多具体的应用系统，这些系统涉及电子商务（Electronic Commerce）、电子银行（Electronic Bank）、电子诊所（Electronic Clinic）、电子图书馆（Electronic Library）、电子教育（Electronic Education）等诸多领域。

（三）智能推荐系统

当前利用 Web 挖掘技术捕获和发现客户的行为模式并实现商务智能，正逐渐成为人们关注的热点。基于互联网的网上推荐系统就是基于这样的应用之一。在众多的网上智能系统当中，智能推荐系统是最为重要的系统之一，也被使用者关注的最多。

随着基于互联网的各种服务领域及其辅助行业的不断发展和完善，网上提供的信息、商品和服务越来越多，使得用户无法快速发现自己感兴趣的对象。用户既不愿意花太多时间在漫无边际的网上进行寻找，也不可能像在现实环境下那样检查商品的质量，因此，用户希望能有一个智能化的网上助手来提供实时、有效的推荐。

网上智能推荐系统是利用互联网向客户提供信息和建议，帮助用户决定应该选择什么、如何进行选择等问题，模拟服务人员帮助用户完成查找或选择过程的应用系统。它可以根据用户的兴趣爱好，推荐符合用户兴趣爱好的对象。智能推荐系统也称为个性化推荐系统。

根据推荐对象的特点，目前主要有两种类型的推荐系统，一种是以网页为推荐对象的搜索系统，主要采用 Web 数据挖掘的方法与技术，为用户推荐符合其兴趣爱好的网页，如 Google 等；另一种是网上购物环境下以商品为推荐对象的个性化推荐系统，为用户推荐符合兴趣爱好的商品，如书籍、音像等。本书所介绍的智能推荐系统主要指后者，前者也称为信息智能过滤检索系统。

作为网上智能系统的一种，智能推荐系统大量应用了数据挖掘、传统人工智能和数据库等领域的技术成果，向用户提供个性化、智能化的服务，是个性化网络服务系统的代表。

（四）智能推荐系统在电子商务中的作用

在电子商务中，系统通过跟踪用户的访问操作行为，了解供应商和消费者之间的关联关系，实现有针对性的个性化服务。“如果我在网上有三百万个客户，那么我就拥有了三百万个网上商店”，这是亚马逊网站 CEO 当初的一句豪言壮语，而使每个客户拥有一个真正属于自己的个性化网上商店这一梦想，必定在数据挖掘等相关技术的推动下最终成为现实。

个性化电子商务平台在国外已经被广泛应用，很多成功的电子商务网站诸如亚马逊、电子港湾（Ebay）等，已经使用了大量的数据挖掘技术来提高自己的网上服务质量、维持客户忠诚度，其中个性化的产品推荐服务已被应用，其效果也基本令人满意。

在当前具有代表性的电子商务中，智能推荐是在用户登录后可以实时得到推荐。国内的电子商务网站众多，但在这方面的应用还很少，并且限于很简单的应用层次之上，没有很好地应用数据挖掘等先进的技术手段来为网上的销售服务。考虑到国内外电子商务智能推荐领域的现状，这方面的工作也是很有实际意义的。

智能推荐系统可以在电子商务中以下三个方面起到作用。

（1）吸引新客户。将浏览者转变为购买者。有时人们只是看看网站的内容而没有购买的意思，推荐系统可以帮客户找到他们感兴趣的、愿意购买的商品。

（2）增加交叉销售。基于用户已经购买的商品，系统推荐客户购买一些相关的商品，提高销售额和销售利润。

（3）提高客户忠诚度。客户往往愿意到那些最能满足自己需求的网站购物。用户使用推荐系统的次数越多，越能够积攒系统对该用户的了解程度，也就越能够提高推荐结果的准确性。

使用数据挖掘技术，一方面分析了每位顾客特有的兴趣爱好，另一方面经过对全体用户整体数据的分析和评价，使得每位用户无偿地分享了其他人的经验。研究表明，电子商务等销售行业使用个性化推荐系统后，销售额能有明显提高，尤其在书籍、电影、CD 音像、日用百货等产品相对较为低廉且商品种类繁多的行业，推荐系统能大大提高企业的销售额。用户定制和个性化成为了当前电子商务的发展趋势。

第四节　智能推荐相关技术

在智能推荐领域，基于数据挖掘的智能推荐技术主要有三种：基于内容聚类的协同过滤推荐、基于用户聚类的协同过滤推荐和关联规则推荐。

（1）基于内容聚类的协同过滤推荐是以项目的实际内容为基础，而像基于用户的过滤推荐是依据用户的评价，更多地需要用机器学习的方法提取特征模式来计算兴趣度。

（2）基于用户聚类的协同过滤推荐一般采用最近邻技术，利用用户的兴趣信息计算用户之间的远近程度。兴趣度相似度高则这两个用户近，然后找到目标用户的最近邻居用户，从而预测目标用户兴趣程度，并进行推荐。

（3）关联规则推荐是指发现有趣的关联或相关的频繁项集。著名的“商品购物车分析”就是采取关联规则发现客户经常一起买什么，其直观的意义就是用户在购买某些商品的时候有多大倾向去购买另外一些商品。

三种推荐技术各有适用的范围：基于内容的协同过滤推荐方法的优点是，在用户推荐后再推荐给其他用户推荐效果十分显著，但容易出现稀疏问题；基于用户的协同过滤推荐可以处理更复杂的非结构化对象，但存在稀疏问题和冷启动问题。

经过多年的发展和不断探索，智能推荐系统在传统数据挖掘算法的基础上已经发展出一系列适合网上推荐特点的新方法，根据算法的智能性和适用环境的不同，每种算法都拥有各自的特点，以下对各种推荐算法进行简单的介绍。

（一）人工方法和简单的统计算法

网站可以利用现有专家的经验，使用人工方法对网上的用户、信息和产品进行分类，然后针对不同类别的用户给予不同类别的推荐。也可以手工方式产生交叉销售的列表，提高销售效果。

使用简单的统计方法，可以向用户推荐诸如“当前销售最好的十种商品”之类的排名，或者向用户显示其他用户的总体评价和打分情况。使用简单的查询技术可以使用户知道诸如购买同样商品的人还买了什么其他商品、某本图书作者其他著作的销售情况如何等信息。

另外，可以使用现有的网上搜索技术对用户输入的关键字进行匹配，给用户返回有意义的结果。这是最容易实现的、当前应用最多的，但也是个性化最差的一类推荐方法。

（二）关联规则

关联规则是最有代表性的一种数据挖掘方法，关联规则既可用来分析商品间的关联模式，也可以向客户推荐商品，提高交叉销售能力。关联规则还可以离线进行，随着商品数目的增加，规则的数量呈指数增加，但决策者通过对支持度和置信度的选择、对感兴趣模式以及算法的选取，也可以提高效率。

在应用于智能推荐领域时，关联规则推荐方法不适合在用户信息变化非常快的环境下使用，因为规则的学习总是离线进行的，并且是一个耗时的过程，而在线推荐程序只能根据最后一次规则学习的结果来进行。

（三）协同过滤

Goldberg 等人首次提出了关于“协同过滤”的描述，继而这一技术经过不断的改进后成为了很好的推荐方法。协同过滤技术也称为面向用户的技术，它使用像 K-最近邻方法（KNN）这样的技术，通过分析历史数据，生成与当前用户行为兴趣最相近的用户集，将他们最感兴趣而当前用户还并未购买或浏览的项作为当前用户的推荐结果，即 Top-N 推荐。

评估值与项的内容有关，如果项是电子商务中的货品，则表示用户订购与否。协同推荐的实现基于客户对商品的评价，评价的获得可以是显式或隐式的。显式即客户对商品的文字评论或等级评分；隐式评价可以是顾客的兴趣强度的函数，对商品的兴趣强弱则可以通过客户（在电子商务当中的）购买情况、（电子图书馆的）借阅浏览情况以及浏览相关网页的时间和次数来衡量。显示输入评价时，用户输入的真实性无法保证，因此对推荐结果造成了负面影响；而用户很少更新自己输入的一些兴趣爱好，也造成推荐结果无法与用户动态的需求相适应。隐式评价方法克服了这方面的问题，协同过滤方法可在客户信息更新速度很快的环境中应用。因为它每次都要根据最新的数据重新计算客户间的紧密程度，而后给出推荐结果，但由此带来的缺点就是，在大数据环境下计算得出 k 个最近邻居的速度很慢。该方法在稀疏数据时的效果也不能令人满意，尤其是面对新产品和新用户时。同时协同过滤技术的可扩展性也并不是很好。针对这类问题有人用聚类技术、维数简化等方法来进行弥补。

（四）分类方法

分类分析就是通过分析示例数据库中的数据，为每个类别做出准确的描述、建立分析模型或挖掘出分类规则，然后用这个分类规则对新的数据记录进行分类。目前已有多种分类分析模型得到应用，其中几种典型的模型是线性回归模型、决策树模型、基本规则模型等。决策树是一个简单而且应用广泛的分类方法，已经被应用于网上智能推荐中。

在推荐算法中，可以将产品信息和用户信息作为推荐系统的输入，而将推荐程度以数值等级形式作为输出。贝叶斯分类器是一种常用的分类器。将分类方法与其他方法的结合也被很多研究者所关注，N.Good 将分类方法结合到协同过滤技术中，取得了不错的效果。

（五）聚类方法

聚类技术将具有相似爱好、购物兴趣的用户分配到相同的簇(Cluster)中。聚类产生之后，根据该簇中其他客户对指定商品的评价，就可以得到系统给本簇内未购买该商品用户的推荐值。聚类分析还可以帮助市场分析人员从客户信息库中发现不同的客户群，并且用购买模式来描述不同客户群的特征。

数据挖掘的聚类分析方法很多，包括系统聚类法、分解法、加入法、动态聚类法、模糊聚类法、运筹方法等。对于相同的记录集合，采用不同的聚类方法可能有不同的划分结果。在智能推荐系统当中，聚类过程可以离线进行，然后根据聚类结果在线进行推荐，这时的推荐速度将令人非常满意。但如果某客户处于一个聚类的边缘，则对该客户的推荐精度会比较低，甚至非常差。

改进的聚类方法可以将一个用户置于不同的簇中，然后根据在各个簇中的权值产生一个最终的推荐结果。与其他智能推荐方法相比，聚类方法产生推荐集合在个性化方面要稍微差一些。

研究人员经常将聚类作为其他推荐方法的预处理步骤，以降低后面推荐方法的计算复杂度，例如，把聚类分析作为协同过滤最临近算法的预处理，即通过聚类分析来减小候选集，最临近算法就可以在一个较小的数据集合中进行，从而加快了推荐速度提高了实时性。

第五节　推荐算法的评价标准

我们使用商品推荐的准确率（Precision）和覆盖率（Coverage）这两个参数来作为网上智能推荐系统的评价标准。在此定义 R 为推荐系统给出的推荐集合，定义 Ebuy 为用户真正购买的商品集合。准确率是指由系统推荐并被客户最终购买的商品个数与推荐集中商品总个数比率。由系统推荐并被客户最终购买的商品个数与用户所购买的商品总个数的比率，称为推荐商品的覆盖率。

准确率描述系统推荐引擎产生正确推荐集的程度，而覆盖率度量推荐引擎产生所有可能被用户购买的商品的能力。这两种度量是评价电子商务中商品推荐系统效力必不可少的技术指标。

因为在电子商务的营销中，低的准确率很容易让用户对不正确推荐商品的产生不满或愤怒，而低的覆盖率会造成用户在网站漫游时迷失方向，从而使商家丢失交叉销售（Cross-Selling）的机会。

同时这两个参数也相互制约，过高的准确率必定带来覆盖率的下降，而过高的覆盖率也自然会使得准确率降低，因此这两个参数的结合可以对推荐结果产生一个合理的综合评价。

参考文献

[1] 劳帼龄. 电子商务10年发展理论综述[J]. 软件导刊, 2005（14）：37-41.

[2] 王利明. 电子商务法律制度：冲击与因应[M]. 北京：高等教育出版社, 2005.

[3] 曹则新. 云存储中开放网络资源定存储机制的研究与实现[D]. 武汉：华中科技大学, 2011.

[4] 张宽海. 电产商务物流[M]. 成都：西南财经大学出版社，2008.

[5] 杨静. 电子商务综合实训教程[M]. 重庆：西南师范大学出版社, 2016.

[6] 张铎. 电子商务物流管理案例评析[M]. 北京：高等教育出版社, 2006.

[7] 周婕, 张成功. 电子商务实训教程[M]. 北京：清华大学出版社, 2011.

[8] 赵卫东. 电子商务模式[M]. 北京：高等教育出版社, 2006.

[9] 徐林海. 电子商务实验实训教程[M]. 南京：东南大学出版社, 2016.

[10] 杜梅. 电子商务的经济学分析[M]. 成都：西南财经大学出版社, 2001.

[11] 张宽海. 电子商务概论[M]. 北京：机械工业出版社, 2008.

[12] 袁咏梅. 电子商务的信息经济学基础[J]. 天府新论, 2004.

[13] 阮晓龙, 耿方方, 许成刚. Web 前端开发[M]. 北京：中国水利水电出版社, 2016.

[14] 雷光复. 电子商务学[M]. 北京：经济科学出版社, 2003.

[15] 陈东海. 行业IC储值卡存在的问题及对策建议[J]. 金融与经济, 2008.

[16] 邵兵家, 杨霖华, 等. 电子商务概论[M]. 3 版. 北京：高等教育出版社, 2011.

[17] 高昂, 魏惠茹, 李晓东, 等. MVC 设计模式研究[J]. 电脑知识与技术, 2016(4)：88-89.

[18] 段文奇. 跨境电子商务平台选择与运营仿真实验教程[M]. 杭州：浙江大学出版社, 2016.

[19] 黄芳铭. 结构方程模型：理论与应用[M]. 北京：中国税务出版社, 2005.
[20] 刘志扬, 邓超. 浅析市场调研数据分析中常用的分析方法[J]. 硅谷, 2011(2).
[21] 周建良. 电子商务实训教程[M]. 北京：海洋出版社, 2009.
[22] 岳云康. 电子商务实训教程[M]. 沈阳：东北财经大学出版社, 2008.
[23] 彭丽芳, 储新民, 李琪. 现代管理学与经济学、工学融合发展——以电子商务专业发展为例[D]. 管理学发展及其方法论问题学术研讨会论文集, 2005.
[24] 李少霞. 技工学校开设电子商务为公共课程的必要性及教学建议探析[J]. 电子商务, 2017(8)：85-87.
[25] 杨文彬. 基于 ASP 的网上商店的设计与实现[J]. 廊坊师范学院学报：自然科学版, 2011(6)：32-35.
[26] 侯欢欢, 李超军. 基于 Android 的校园跳蚤市场 APP 的设计与实现[J]. 数字技术与应用, 2017(1)：172-173.
[27] 马玲. 非连续创新与协同产品研发管理[M]. 上海：上海财经大学出版社, 2007.
[28] Wesley Chun. Python 核心编程[M]. 3 版. 孙波翔,李斌,李晗,译. 北京：人民邮电出版社，2016.
[29] 张宽海, 梁成华. 电子商务概论[M]. 北京：电子工业出版社, 2003.
[30] 丁俊发. 以零售业为突破口的中国流通变革——关于“新零售”的几点看法[J]. 中国流通经济, 2017(9)：3-7.
[31] 张婷. “一带一路”十大重要节点[J]. 中国科技投资, 2017(10)：1-3.
[32] 王谦. 面向电子商务的服务运营支撑体系的若干关键技术研究[D]. 北京：北京邮电大学, 2015.
[33] 叶辉群. 面向对象技术在网络考试系统中的研究与实现[D]. 北京：北京邮电大学, 2003.
[34] 冯强. 财税库银横向联网下储蓄扣税系统的设计与实现[D]. 厦门：厦门大学, 2013.

[35] 张宽海, 等. 网上支付与结算[M]. 北京：机械工业出版社, 2008.
[36] 许丽霞, 刘续. 电子商务[M]. 银川：阳光出版社, 2014.
[37] 罗明, 张敬伟. 电子商务实训教程[M]. 上海：上海交通大学出版社, 2007.
[38] 何京霖. 基于 B2C 模式的移动电子商务平台的设计与实现[D]. 成都：电子科技大学, 2014.
[39] 刘霄, 陈秀莉, 僧德文. 微商城系统需求分析与设计[J]. 电脑迷, 2017(7).
[40] 张宽海, 李良华. 网上支付与结算[M]. 北京：高等教育出版社, 2007.
[41] 刘伟. 浅谈即时通讯软件与电子商务的发展[J]. 通讯世界, 2013(13)：20-22.
[42] 叶纯敏. 电商深度融合 IM, 移动支付仍是瓶颈[J]. 金融科技时代, 2014(1)：17.
[43] 张宽海. 金融与电子支付[M]. 北京：北京大学出版社, 2008.
[44] 朱芸，金镝. 网络经济中的正反馈机制解析[J]. 商业时代, 2008（17）：93-94.
[45] 王丽萍. 浅谈电子商务的现状及发展趋势[J]. 现代经济信息, 2014(12)：400-401.
[46] Peng Haixia, Zhao Hai, Lin Chuan. A Web Client System Design and Implementation for IOS Platform [J]. American Scientific Research Press, 2013(1)：38-42.
[47] Pei-Ju Wu, Kun-Chen Lin. Unstructured Big Data Analytics for Retrieving E-commerce Logistics Knowledge[J]. Telematics and Informatics,2018(1)：237-244.

反侵权盗版声明

举报电话：（010）88254396；（010）88258888

传　　真：（010）88254397

E-mail:　dbqq@phei.com.cn

通信地址：北京市万寿路 173 信箱

　　　　　电子工业出版社总编办公室

邮　　编：100036